# 信息素养与信息检索

岳修志 主编

清华大学出版社

北京

## 内 容 简 介

本书主要介绍信息素养、各类型信息资源的检索与分析。通过广泛收集相关资料，并立足于新的信息技术、数据库功能、信息分析的知识点，力求做到涵盖信息素养与信息检索的最新知识。

全书共 10 章，分为三大部分。第一部分由第 1 章～第 4 章组成，介绍信息素养、信息资源、信息检索效果与技术、单类型文献检索等内容，使读者可以在充分了解信息素养的情况下，开始信息检索为辅的初步学习和研究。第二部分由第 5 章～第 9 章组成，包括专利信息检索、综合型信息资源、科学知识图谱和文献信息可视化、文献管理工具、信息写作等内容。相对于第一部分，第二部分在内容上更专业和深入，增加信息检索的难度、信息分析的比重，完成信息从检索、分析到写作的过程。第三部分即第 10 章，重点介绍大数据、人工智能和阅读对用户信息素养与信息检索的影响等。

本书可供高等院校各专业本科生和研究生学习使用，也可供各行业信息管理、信息咨询工作者阅读参考。

本书封面贴有清华大学出版社防伪标签，无标签者不得销售。
版权所有，侵权必究。举报：010-62782989，beiqinquan@tup.tsinghua.edu.cn。

图书在版编目(CIP)数据

信息素养与信息检索 / 岳修志主编. —北京：清华大学出版社，2021.8（2024.8重印）
ISBN 978-7-302-58511-4

I. ①信⋯ II. ①岳⋯ III. ①信息学②情报检索 IV. ①G201②G252.7

中国版本图书馆 CIP 数据核字(2021)第 113744 号

责任编辑：王　定
封面设计：周晓亮
版式设计：思创景点
责任校对：成凤进
责任印制：刘海龙

出版发行：清华大学出版社
网　　址：https://www.tup.com.cn，https://www.wqxuetang.com
地　　址：北京清华大学学研大厦 A 座
邮　　编：100084
社 总 机：010-83470000
邮　　购：010-62786544
投稿与读者服务：010-62776969，c-service@tup.tsinghua.edu.cn
质 量 反 馈：010-62772015，zhiliang@tup.tsinghua.edu.cn

印 装 者：小森印刷霸州有限公司
经　　销：全国新华书店
开　　本：185mm×260mm　　印　张：14.75　　字　数：341 千字
版　　次：2021 年 8 月第 1 版　　印　次：2024 年 8 月第 3 次印刷
定　　价：59.80 元

产品编号：091386-01

# 序

在"信息检索"相关课程的发展过程中,经历了目录学、工具书利用、文献检索、计算机检索和信息素养(素质)五个教育阶段。编写组于2011年提出文献检索课程的路向与对策,即明确教学目标、凝练教学内容、设计教学体系、完善教学理论、壮大教学队伍、丰富教学资源、研究教学方法、创新教学手段、组织教学活动、实施教学评价等。在路向与对策中,教材或手册编写具有重要的综合性作用,本书编写组陆续编写并出版了相关教材。

信息技术的发展对社会、教育的影响越来越大,信息环境更加复杂,大学生信息素养和信息检索能力得到更多的重视,尤其是相关文献数据库出现了多样化、综合型、特色化、个性化的发展趋势。简单的信息检索技术与分析已不足以满足大学生成长的需要,因此有必要编写一本适应新形势的综合性信息素养与信息检索的教材。

在编写前,考虑到本书是面向大学生和研究生的通用型图书,要充分结合用户群体的特点和需求。除了需要介绍信息检索基础知识,较为复杂和具有一定难度的知识也要介绍,包括:宏观信息环境下的信息素养及其重要性;数据库的一些相关内容(如 CNKI 数据库中文献之间的关系、如何查找自己需要的文献);万方和 CNKI 中知识图谱分析等;专利、CiteSapce、NoteExpress 文献管理等知识;不同的图书、期刊、硕/博士论文、综合数据库等评价或分析,结合同类免费数据库的功能,重点围绕如何有效、高效地查找文献进行介绍;微信平台有关信息检索或数据库;免费(开放获取)数据库资源等。在每一章中,以场景、思考题等介绍信息检索知识,以思考和探索型问题为主布置作业,以网页或微信辅助教学。

不同于一般形式的教材,编写组探索将本书定位为"思考型"或"研究型"教材,不是简单地罗列知识,而是通过提出问题,将主要概念与相关知识联系起来,切实帮助读者提高信息素养与信息检索的能力。

本书由岳修志负责策划、大纲设计、统稿等工作。编写分工如下:第 1 章~第 4 章由岳修志编写;第 5 章由吴红艳编写;第 6 章由刘巧英编写;第 7 章和第 8 章由赵建建编写;第 9 章由耿伟杰编写;第 10 章由赵春辉编写。

本书得到中原工学院研究生教育质量提升工程项目和一流本科课程建设项目的资助,及清华大学出版社王定老师的热情指导,对此表示衷心感谢!

在编写本书的过程中,参考了大量同行编写的教材、专著、论文等,也参考了相关数据库、网络资源等,不再一一列出,仅在参考文献里列出主要文献,在此对同行以及相关作者表示衷心感谢!

随着信息技术的快速发展,信息检索的方式也在推陈出新。由于作者水平有限,书中不足之处在所难免,敬请读者批评指正。

本书教学课件、教学大纲、电子教案可扫下列二维码下载。

  教学课件    教学大纲    电子教案

岳修志

2021 年 4 月 1 日

# 目 录

## 第 1 章 视野篇：信息素养 …… 1
### 1.1 信息素养概述 …… 1
#### 1.1.1 高等教育信息素养能力标准 … 1
#### 1.1.2 高等教育信息素养框架 …… 5
### 1.2 个人信息世界 …… 7
#### 1.2.1 数字鸿沟与信息公平 …… 8
#### 1.2.2 理解"个人信息世界"的前提 …… 8
#### 1.2.3 个人信息世界的含义 …… 8
#### 1.2.4 个人信息世界的内容要素 …… 9
#### 1.2.5 个人信息世界的边界要素 …… 9
#### 1.2.6 个人信息世界的动力要素 …… 10
#### 1.2.7 个人信息世界的定义 …… 10
#### 1.2.8 个人信息世界的总结 …… 10
### 1.3 核心素养 …… 10
#### 1.3.1 核心素养与信息素养 …… 11
#### 1.3.2 核心素养的概念 …… 11
#### 1.3.3 21 世纪核心素养的框架及要素 …… 11
### 小结 …… 12
### 思考练习 …… 12

## 第 2 章 基础篇：信息资源 …… 14
### 2.1 信息与信息资源 …… 14
#### 2.1.1 相关概念 …… 14
#### 2.1.2 信息、信息资源与信息检索的关系 …… 17
#### 2.1.3 信息如何成为资源 …… 18
### 2.2 信息资源分类 …… 19
#### 2.2.1 信息的分类 …… 19
#### 2.2.2 信息资源的分类 …… 21
### 2.3 图书及其信息资源 …… 21
#### 2.3.1 图书基本知识 …… 21
#### 2.3.2 图书检索与资源示例 …… 23
### 2.4 期刊及其信息资源 …… 25
#### 2.4.1 期刊基础知识 …… 25
#### 2.4.2 期刊检索与资源示例 …… 26
### 2.5 学位论文及其信息资源 …… 28
#### 2.5.1 学位论文基础知识 …… 28
#### 2.5.2 学位论文数据库示例 …… 28
### 2.6 报纸及其信息资源 …… 29
#### 2.6.1 报纸基础知识 …… 29
#### 2.6.2 报纸数据库资源示例 …… 29
### 2.7 会议文献及其信息资源 …… 31
#### 2.7.1 会议文献基础知识 …… 31
#### 2.7.2 会议文献数据库资源 …… 31
### 2.8 科技报告及其信息资源 …… 33
#### 2.8.1 科技报告基础知识 …… 33
#### 2.8.2 科技报告示例 …… 33
#### 2.8.3 科技报告检索资源 …… 35
### 2.9 其他类型信息资源 …… 35
#### 2.9.1 手稿数据库 …… 35
#### 2.9.2 古籍数据库 …… 36
### 小结 …… 36
### 思考练习 …… 36

## 第 3 章 原理篇：信息检索效果与技术 …… 38
### 3.1 信息检索效果评价指标 …… 38
#### 3.1.1 信息检索效果评价指标概述 …… 38
#### 3.1.2 查全率 …… 41
#### 3.1.3 查准率 …… 42

3.2 信息检索基本技术 ……………… 44
　　3.2.1 布尔逻辑检索 ……………… 44
　　3.2.2 初级检索 …………………… 45
　　3.2.3 高级检索 …………………… 45
　　3.2.4 引文检索 …………………… 45
3.3 信息检索的过程 ………………… 46
　　3.3.1 规划课题 …………………… 46
　　3.3.2 制定关键词 ………………… 46
　　3.3.3 限定检索范围 ……………… 47
　　3.3.4 评估检索结果 ……………… 47
　　3.3.5 完成检索 …………………… 47
小结 …………………………………… 48
思考练习 ……………………………… 48

**第 4 章　深入篇：单类型文献检索** ……… 49
4.1 图书检索 ………………………… 49
　　4.1.1 纸质图书检索 ……………… 49
　　4.1.2 电子图书检索 ……………… 53
　　4.1.3 图书阅读社区(平台) ……… 54
　　4.1.4 图书推荐及排行榜信息 …… 55
4.2 期刊论文数据库检索 …………… 56
　　4.2.1 期刊论文数据库功能简介 … 57
　　4.2.2 期刊论文检索的确定过程 … 58
　　4.2.3 期刊论文之间的关系 ……… 62
　　4.2.4 基于期刊论文统计分析的学术
　　　　　热点和学术趋势 …………… 63
4.3 基于特殊需求的特种文献
　　检索 ……………………………… 65
　　4.3.1 硕/博士学位论文检索概述 … 65
　　4.3.2 学位论文数据库中专业与学校
　　　　　及导师的匹配检索 ………… 66
小结 …………………………………… 67
思考练习 ……………………………… 67

**第 5 章　专题篇：专利信息检索** ………… 68
5.1 专利信息检索基础知识 ………… 69
　　5.1.1 专利基础知识 ……………… 69
　　5.1.2 专利信息基础知识 ………… 70
　　5.1.3 专利文献基础知识 ………… 74

5.2 专利信息检索概述 ……………… 81
　　5.2.1 专利信息检索的概念 ……… 81
　　5.2.2 专利信息检索的分类 ……… 81
　　5.2.3 专利检索工具 ……………… 82
　　5.2.4 专利检索基本流程与步骤 … 90
5.3 专利信息分析 …………………… 91
　　5.3.1 专利分析基础知识 ………… 91
　　5.3.2 专利分析 …………………… 91
5.4 专利申请审查过程中的信息
　　资源 ……………………………… 96
　　5.4.1 专利申请文件概述 ………… 96
　　5.4.2 专利撰写基本知识 ………… 98
　　5.4.3 专利申请及审查基本知识 … 103
小结 …………………………………… 106
思考练习 ……………………………… 107

**第 6 章　扩展篇：综合型信息资源** …… 108
6.1 常见中文综合型信息资源 ……… 108
　　6.1.1 中国知网 …………………… 108
　　6.1.2 超星发现系统 ……………… 114
　　6.1.3 万方数据知识服务平台 …… 117
6.2 常见外文综合型信息资源 ……… 120
　　6.2.1 科学引文索引(SCI) ……… 120
　　6.2.2 工程索引(EI) ……………… 122
6.3 辅助(特殊)综合型信息资源 … 122
　　6.3.1 写作助手 …………………… 122
　　6.3.2 开放获取信息资源集成
　　　　　平台 ………………………… 125
　　6.3.3 科研项目数据库 …………… 126
小结 …………………………………… 127
思考练习 ……………………………… 127

**第 7 章　提高篇：科学知识图谱和文献
　　　　　信息可视化** …………………… 128
7.1 科学知识图谱基础知识 ………… 128
　　7.1.1 科学知识图谱的概念 ……… 128
　　7.1.2 科学知识图谱绘制方法 …… 128

7.1.3　科学知识图谱应用 …………… 131
7.2　CiteSpace ……………………………… 131
　　7.2.1　系统概述 …………………… 131
　　7.2.2　CiteSpace 的主要功能 ……… 132
　　7.2.3　数据采集及处理 …………… 136
7.3　中国知网的知识可视化 ……………… 142
　　7.3.1　知网的计量可视化分析 …… 142
　　7.3.2　CNKI 的学术趋势与热点 …… 147
7.4　万方知识服务平台的知识
　　　可视化 ………………………………… 149
　　7.4.1　万方分析 …………………… 149
　　7.4.2　万方学术圈 ………………… 158
小结 …………………………………………… 158
思考练习 ……………………………………… 159

## 第8章　管理篇：文献管理工具 ……… 160
8.1　NoteExpress 文献管理工具 ………… 160
　　8.1.1　NoteExpress 简介 …………… 160
　　8.1.2　NoteExpress 下载 …………… 160
　　8.1.3　用 NoteExpress 新建数据库和
　　　　　分类目录 …………………… 161
　　8.1.4　使用 NoteExpress 采集
　　　　　数据 ………………………… 161
　　8.1.5　使用 NoteExpress 管理文献
　　　　　信息 ………………………… 164
　　8.1.6　NoteExpress 文献信息统计
　　　　　分析 ………………………… 167
　　8.1.7　综述预览 …………………… 168
　　8.1.8　NoteExpress 的写作插件 …… 168
8.2　EndNote 文献管理工具 ……………… 169
　　8.2.1　EndNote 简介 ………………… 169
　　8.2.2　EndNote 软件菜单主要
　　　　　功能 ………………………… 169
　　8.2.3　EndNote 个人数据库的
　　　　　建立 ………………………… 171
　　8.2.4　EndNote 网络版 …………… 176
8.3　逻辑表达管理工具 …………………… 182

　　8.3.1　头脑风暴工具 ……………… 182
　　8.3.2　思维导图工具 ……………… 182
　　8.3.3　卡片式写作工具 …………… 183
小结 …………………………………………… 183
思考练习 ……………………………………… 184

## 第9章　运用篇：信息写作 …………… 185
9.1　摘要 …………………………………… 186
　　9.1.1　摘要的基本要素 …………… 186
　　9.1.2　摘要的特点 ………………… 186
　　9.1.3　摘要的类型 ………………… 186
　　9.1.4　编写摘要的注意事项 ……… 187
　　9.1.5　摘要的写作误区 …………… 187
9.2　关键词 ………………………………… 188
　　9.2.1　关键词的作用 ……………… 188
　　9.2.2　关键词标引的执行标准 …… 188
　　9.2.3　如何正确标引关键词 ……… 188
　　9.2.4　标引关键词常见的问题 …… 189
9.3　综述 …………………………………… 190
　　9.3.1　综述的特点 ………………… 190
　　9.3.2　综述的种类 ………………… 190
　　9.3.3　综述的作用 ………………… 191
　　9.3.4　综述的意义 ………………… 191
　　9.3.5　综述的撰写步骤 …………… 192
　　9.3.6　撰写综述时常见的问题 …… 194
　　9.3.7　综述文章退稿的原因 ……… 195
9.4　学位论文的写作规范 ………………… 195
　　9.4.1　内容要求 …………………… 195
　　9.4.2　格式要求 …………………… 195
9.5　学术道德规范 ………………………… 197
　　9.5.1　大学生学术道德规范的
　　　　　三个层次 …………………… 197
　　9.5.2　大学生学术道德不规范
　　　　　行为 ………………………… 198
　　9.5.3　案例学习 …………………… 199
小结 …………………………………………… 199
思考练习 ……………………………………… 199

# 第 10 章　展望篇：信息素养教育趋势 ······ 201

## 10.1　大数据与信息素养 ······ 201
### 10.1.1　大数据与信息素养的时代背景 ······ 201
### 10.1.2　大数据给用户信息素养提升带来的机遇 ······ 203
### 10.1.3　大数据在用户信息素养提升中的应用 ······ 205

## 10.2　人工智能与信息素养 ······ 208
### 10.2.1　人工智能与信息素养的时代背景 ······ 208
### 10.2.2　人工智能给用户信息素养提升带来的机遇 ······ 210
### 10.2.3　人工智能在提升用户信息素养中的应用 ······ 211

## 10.3　阅读与信息素养 ······ 213
### 10.3.1　阅读与信息素养的内在联系 ······ 214
### 10.3.2　阅读与信息能力 ······ 214
### 10.3.3　阅读与信息道德 ······ 216
### 10.3.4　阅读提升用户信息素养应用案例 ······ 218

## 10.4　信息素养综合提升路径 ······ 220
### 10.4.1　信息素养发展的主脉络 ······ 220
### 10.4.2　信息素养主体与外界的互动 ······ 221
### 10.4.3　信息素养的超越 ······ 221

**小结** ······ 222

**思考练习** ······ 222

**参考文献** ······ 223

# 第1章 视野篇：信息素养

信息检索，对于大学生来说，要了解主要类型的文献及数据库的检索方法和初步的信息写作要求，还需要了解信息检索相关理论知识，如信息素养及其相关的概念(个人信息世界、核心素养等)。

**【场景】** 作为一名大学生，尝试描述你在校一天或一段时间的经历：你有多少时间在上课、看电脑、看手机、学习、参加社会(社团)实践活动，甚至休息？你是否兼职工作？你的结课(毕业)论文是怎样完成的，你对你的结课(毕业)论文满意吗？你的书架上有哪些类型的书籍？你的电脑或手机里有哪些学习型资料？你每年的纸质图书阅读量有多少？你还看过哪些类型的文献或信息？你有没有申请专利的打算？你了解你所研究方向的专利吗？其他爱好是否占据了你的时间？你如何处理学习、读书、运动、娱乐的关系？你的人际交往主要通过什么方式展开？当你遇到问题时，你会采取哪些方式来了解和解决问题？你是否已经有了明确的学习和研究方向？对于以后的工作或进一步攻读学位你是否已有所计划？基于上述事情的考虑，可以判断大学阶段你对信息的基本看法和利用情况，以及你的信息素养。

## 1.1 信息素养概述

信息素养，关键从"素养"上理解"信息"。也就是说，你是否具备用信息来解决问题的素养？进一步讲，你是否从对信息的了解、获取、分析、撰写等方面来解决问题，并且遵守一定的法律和道德规范来利用信息。

美国图书馆协会(美国大学与研究图书馆协会)对于信息素养的研究有两份重要的文献，分别是 *Information Literacy Competency Standards for Higher Education* 和 *Framework for Information Literacy for Higher Education*，中文版即《美国高等教育信息素养能力标准》(2002)和《高等教育信息素养框架》(2015)。本节内容主要来自这两篇文献。

### 1.1.1 高等教育信息素养能力标准

#### 1. 信息素养的主要内容

信息素养定义；信息素养和信息技术；信息素养和高等教育；信息素养和教学；标准的使用；信息素养及其评估；信息素养标准、表现指标和成果等。

#### 2. 信息素养的定义

信息素养是指个人能认识到何时需要信息，并能有效地搜索、评估和使用所需信息的能力。

对于信息素养概念,要注意以下三点:第一,在什么情况下——何时;第二,对于信息的几个动词——需要、搜索、评估、使用;第三,关于信息的几个关键词——认识、能力、信息。

编外话:一次有意思的搜索——基于网络链接失效的问题

我想查找 Information Literacy Competency Standards for Higher Education 参考文献原文:Presidential Committee on Information Literacy: Final Report,在浏览器中输入以前记录的参考文献的网址:

http://www.ala.org/files/content/ala/acrl/acrlpubs/whitepapers/presidential.htm,显示结果如图 1-1 所示:We can't find that page on our server. (404)。

图 1-1 查找文献中信息素养定义的相关网址出现的问题

该网页显示的内容翻译如下:

我们在服务器上找不到该页面。(404)

它可能已被移动或删除。但不要放弃。

续约或其他购买交易出现问题?再试一次。仍然不能正常工作?请填写 ALA 网站反馈表,以便我们进行调查并回复您。缺少所需资源?我们可以帮忙。如果您是通过书签或链接到达此处的,请使用网站搜索。如果你仍然找不到你需要的东西,可以填写 ALA 网站的反馈表或者给 ALA 的图书管理员发一封电子邮件。通常在一个工作日内,您就可以收到回复。谢谢光临。

【思考题 1-1】文档或信息在原网站上变迁的问题如何解决?

我们可以在百度或谷歌上搜索。但是,如何在 ALA 网站上找到该文献呢?

**解决思路:** 在百度首页(https://www.baidu.com/)单击右上角的"设置"→"高级搜索"命令,在相应位置输入需要的信息,如图 1-2 所示。

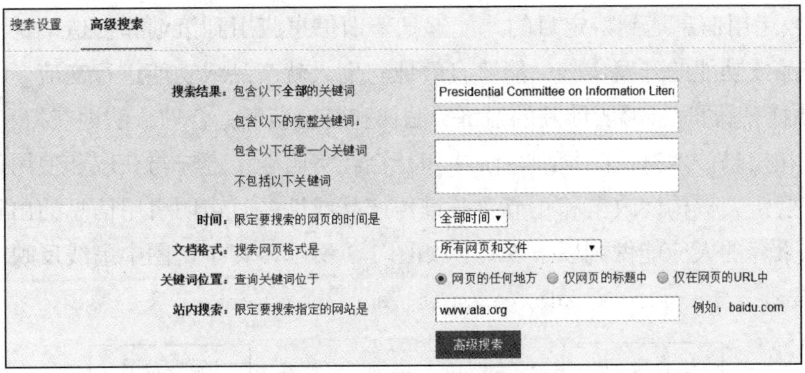

图 1-2　百度的高级搜索

图 1-2 中，在"包含以下全部的关键词"中输入相应的关键词或语句，在"站内搜索：限定要搜索指定的网站是"中输入相应的网址，其他选项可以选择默认，如时间、文档格式等。检索语言：site:(www.ala.org/) Presidential Committee on Information Literacy。出现结果：http://www.ala.org/acrl/publications/whitepapers/presidential，以及 https://alair.ala.org/handle/11213/7668。

### 3. 信息素养提出的背景

(1) 信息数量巨大。信息及其资源越来越丰富。
(2) 选择信息及其来源困难。信息可以来自图书馆、社区、行业协会、媒体和互联网。
(3) 理解和判断信息困难。不同意见的信息的真实性、正确性和可靠性难以判断。
(4) 吸收和消化信息困难。大量信息本身并不能直接地转化为个人的知识。

当前我们正面临着大数据、人工智能等技术和应用，带来专业和行业、职业的挑战也增加了信息的复杂性，但同时带来更多的机遇。

### 4. 信息素养的 5 种能力

信息素养为终身学习奠定基础，它适用于各学科、各种学习环境和教育水平。它可以让学习者掌握内容，扩展研究的范围，有更多的主动性和自主性。

(1) 确定所需信息的范围。了解信息是怎样正式或非正式地产生、组织和散布的；认识到把知识按学科分类可以影响获取信息的方式；区分主要来源和次要来源，并认识到它们在不同学科有不同的用处和重要性；认识到信息有时要从主要来源的原始数据综合而来。

(2) 有效地获取所需信息。选择最适合的研究方法或信息检索系统来查找需要的信息；构思和实现有效的搜索策略；运用各种各样的方法从网上或亲自获取信息；改进现有的搜索策略；摘录、记录和管理信息及其出处。

(3) 严格评价信息及其相关资源，把所选信息融合到个人的知识库中。从收集的信息中总结要点，清晰表达并运用初步的标准来评估信息及其出处；综合主要思想来构建新概念；通过对比新旧知识来判断信息是否增值、是否前后相符、是否独具特色；确定新的知识对个人的价值体系是否有影响，并采取措施消除分歧；通过与其他人、学科专家或行家的讨论来验证对信息的诠释和理解；确定是否修改现有的查询。

(4) 有效运用信息达到特定目的。能够把新旧信息应用到策划和创造某种产品或功能中；修改产品或功能的开发步骤；能够有效地与别人就产品或功能进行交流。

(5) 运用信息同时了解所涉及的经济、法律和社会范畴，合理合法地获得和利用信息。了解与信息和信息技术有关的伦理、法律和社会经济问题；遵守与获取和使用信息资源相关的法律、规定、机构性政策和礼节；在宣传产品或性能时声明引用信息的出处。

有信息素养的人应能做到以下 5 点，如图 1-3 所示，其中，图中虚线反映了信息使用的一般过程。

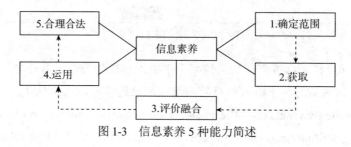

图 1-3　信息素养 5 种能力简述

表 1-1 为信息素养标准及其子标准。

表 1-1　信息素养标准及子标准

| 标准 | 序号 | 子标准 |
| --- | --- | --- |
| 确定信息的范围和性质 | 1 | 定义和描述工作中的信息需求 |
| | 2 | 知道并能找到多种类型和格式的信息来源 |
| | 3 | 权衡从各种渠道获取各类信息的成本和收益 |
| | 4 | 重新评估所需信息的性质和范围 |
| 获取信息 | 5 | 选择最适合的研究方法或信息检索系统来查找需要的信息 |
| | 6 | 构思和实现有效的搜索或查找策略 |
| | 7 | 运用各种各样的方法从网上或亲自获取信息 |
| | 8 | 改进现有的搜索或查找策略 |
| | 9 | 摘录、记录和管理信息及其出处 |
| 评价与融合信息 | 10 | 从收集的信息中总结要点 |
| | 11 | 清晰表达并运用初步的标准来评估信息及其出处 |
| | 12 | 综合主要思想来构建新概念或新观点 |
| | 13 | 通过对比新旧知识来判断信息是否增值、是否前后相符、是否独具特色 |
| | 14 | 确定新的知识对个人的价值体系是否有影响，并采取措施消除分歧 |
| | 15 | 通过与其他人、专家、行家的讨论来验证对信息的解释和理解 |
| | 16 | 确定是否修改现有的查询 |
| 运用信息 | 17 | 利用信息融入工作 |
| | 18 | 利用信息改善工作 |
| | 19 | 利用信息进行管理沟通 |
| 遵守信息伦理和法律 | 20 | 了解信息伦理、法律和社会经济问题 |
| | 21 | 遵守组织内部的信息制度 |
| | 22 | 清楚并能申明信息的出处 |

## 1.1.2 高等教育信息素养框架

《高等教育信息素养框架》(2015)(以下简称《框架》)文献由美国大学与研究图书馆协会(ACRL)董事会于 2015 年 2 月 2 日发布，中文版由 ACRL 授权清华大学图书馆翻译。

**1. 时代背景**

迅速变化的高等教育环境，以及用户工作和生活中的动态及不确定的信息生态系统，需要把新的注意力集中在这个生态系统的基本思想。学生在以下方面有更大的作用和责任：创造新的知识，理解信息世界的轮廓及其动态变化，有道德地使用信息、数据和学术。教师承担有更大的责任：设计旨在加强信息及学术成果的核心概念与本学科相融合的课程及作业。图书馆员在以下方面将有更大的责任：识别自己知识领域内可以拓展学生学习的核心理念、创设紧密结合的信息素养新课程、与教师开展更广泛的合作。

**【思考题 1-2】** 作为一名信息系统(或平台)的使用者，你是否经常与系统或其他用户互动，你是否也在平台上创造过信息呢？你认为，没有互动的平台还能吸引用户吗？

**解决思路**：随着信息技术和新媒体的发展，用户时刻在利用各种系统和平台，用户与系统交互的信息都保留在系统中，这种情况已成为常态。要从生活和学习的角度，观察和总结个人对各种信息平台的使用情况，思考学习和学术研究中各种信息系统或平台的现状、要求和发展趋势。

**2. 主要内容**

这里提出的内容被有意地称为一个框架，因为它是基于一组相互关联的核心概念，以及能够实施的灵活选项，而不是一组标准或学习成果，或任何规定的技能枚举。这个框架的核心是概念性的理解，它组织了许多关于信息、研究、学术的概念和思想，并将它们组成一个连贯的整体。在相关概念中，"知识技能"体现了学习者增强对信息素养概念理解的方式；"行为方式"描述了处理对待学习的情感、态度或评价维度的方式。

《框架》给出了信息素养的新概念：包括对信息的反思性发现，对信息如何产生和评价的理解，以及利用信息创造新知识并合理参与学习团体的一组综合能力。

大学生作为信息消费者和创造者成功参与合作性领域所需的一组全面的综合能力，它为我们开启了信息素养的全新愿景。《框架》强调的是信息生态圈中有权威，但权威是逐渐产生的，而且是动态变化的。信息的发布可以通过正式渠道，也可以通过非传统和非正式的渠道，但有时候有价值的信息是从非正式渠道产生的。信息的创建需要一个过程，不同的渠道产生不同形式和格式的信息，产生的信息具有多元价值性，需要用户根据情况判断。研究是一个过程，是一个探究式的过程，要通过各种渠道参与对话式学术讨论。信息检索具有战略性，随着研究的深入和研究层次的提高将更加显现其战略性和复杂性。《高等教育信息素养框架》(2015)的 6 个方面如图 1-4 所示。

(1) 权威的构建性与情境性。信息资源反映了创建者的专业水平和可信度，人们基于信息需求和使用情境对其进行评估。初学者会批判性地审视所有证据，不管这是一篇博客短文，还是一篇经同行评审的会议论文，并会就信息的来源、背景，以及对当前信息需求的适用性提出疑问。

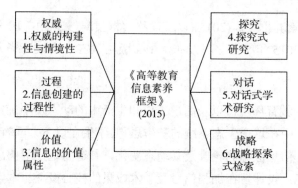

图 1-4 《高等教育信息素养框架》(2015)

要学会在信息来源以及信息生态圈中理解对于(学术)权威的尊重、反思和质疑。权威的形成要求其有一定的发展并已成型，权威及其权威知识也会改变(主动和被动)，知识权威的发布也有可能通过非常识渠道；对待各种信息，要具有开放性和包容性。

(2) 信息创建的过程性。任何形式的信息都是为了传递某个消息而生成，并通过特定的传送方式实现共享。研究、创造、修改和传播信息的迭代过程不同，最终的信息产品也会有差异。初学者开始认识到信息创造过程的意义后，就会在匹配信息需求与信息产品时做出更精准的选择。

知道信息在哪个环境、哪个阶段产生的，各自具有不同的价值，这要用户自行判断。

(3) 信息的价值属性。信息拥有多方面的价值，它可以是商品、教育手段、影响方式以及谈判和认知世界的途径。法律和社会经济利益影响信息的产生和传播。信息的价值在多种情况下都有体现，包括出版业、信息获取、个人信息的商业化和知识产权法。恰当地注明出处和引用，表达对他人原创观点的尊重。

信息具有多元价值性，在利用信息时要注意自己的权利和义务。每个人不仅仅是信息消费者，也会是信息的贡献者。

(4) 探究式研究。在任何领域，研究都永无止境，它依赖于越来越复杂的或新的问题的提出，而获得的答案反过来又会衍生出更多问题或探究思路。探究是一个过程，在此过程中需要关注的是学科内或学科外开放的或未解决的难题、疑惑。学科内的协作能够扩展同领域的知识。探究的过程会超越学术界而延伸至社会大众领域，也可能会聚焦到个人、专业或社会需求。

信息检索与分析用来进行探究式研究，要多维度收集信息、判断信息，甚至要明白信息的模糊性在探究式研究中是有用的。要善于利用各种研究方法，要能将复杂问题分解成简单问题。

(5) 对话式学术研究。由于视角和理解各异，不同的学者、研究人员或专业人士团体会不断地带着新见解和新发现参与持续的学术对话。学术和专业领域的研究是一种话语实践，在此实践过程中观点的形成、争论、相互权衡要经历相当长一段时间。

要能理性评判他人在参与式信息环境中所做的贡献。清楚自己参与的是正在进行的学术对话，而不是已结束的对话。在更好地理解学术对话大背景之前，不对某一具体学术作品的价值进行判断。由于语言表达不流畅或不熟悉学科流程，会削弱学习者参与和深入对话的能力。

(6) 战略探索式检索。检索行为往往始于某一问题，这个问题指导寻找所需信息的行为。检索过程包括查询、发现和偶然所得，需要识别可能相关的信息源，以及获取这些信息源的途径。

专家认为信息检索是一种与情境相关的、复杂的经历，影响着检索者的认知、情感和社会层面，反之也受到这些因素影响。初学者可能检索到的是有限的资源，而专家则可以通过更广泛、深入的检索来确定项目领域内最合适的信息。初学者往往很少使用检索策略，而专家依据信息需求的来源、范围和背景在多样化的检索策略中进行选择。

信息检索与信息素养框架的关系解析：新框架不是按照信息利用的过程展开的，而是从用户如何融入和开展学术研究角度展开的。从用户面向的信息世界开始，告诉用户这个现存的学术信息世界是有权威的，至于学术权威怎么来的，它会怎么变化，是有一般规律的。你能否对学术权威提出挑战，取决于你如何了解、学习、跟进、参与、发展、成长、接近学术信息和学术权威圈。用户要了解信息的创建过程，是来自正式的还是非正式的渠道，大多数时候，正式渠道显示了信息的权威程度，但不一定完全如此。这些信息，有时候会呈现出多样化、矛盾，甚至自相矛盾的现象，但这恰恰是学术发展之路。这些都需要用户自行判断，自己决定要向哪个方向发展，要向哪个权威提出挑战。在当今的学术研究中，合作式、开放式、对话式研究已成趋势。信息检索的水平和过程无疑体现了用户自身学术水平。

在新框架下，信息素养不单单是为了完成一个学术问题的研究，而是知道如何进行学术研究。而信息检索在这个框架里始终存在，单纯的信息检索能力及其发展已经融入学术研究过程和学术研究水平中。

## 1.2　个人信息世界

在对信息检索能力进行单独研究时，考虑的内容会更具体、详细，但会局限于研究内容。如果把信息检索能力与个人的生活、工作、学习联系起来，会发现信息检索能力或信息素养不是那么简单，它会和所处的环境密切相关。或者说，我们自己的改变，包括信息检索能力和信息素养的改变，可能是与我们接触到的信息密切相关，无法将之归功于哪类信息，这往往发生在不知不觉的状态下。

【思考题 1-3】信息素养能力方面，你觉得你在哪个方面最强？哪个方面最弱？为什么会是这样？

**解决思路：** 在自我评估信息素养的现状后，要深入思考造成现状的原因。在信息素养方面，哪些具有先天性，哪些有培养和提升的后天性，要有所区别。另外，要思考个人成长过程中的习惯和行为，哪些与信息素养相关。

### 1.2.1 数字鸿沟与信息公平

个人在获取和利用信息时，往往是根据自己的需要和能力来进行的。一般不会与他人对比，但有可能会和自己以前利用信息的环境和能力对比。有识之士却能将信息的获取和利用放在整个社会环境下进行分析，从而发现更深层次的社会现象和社会问题。

**1. 数字鸿沟**

"数字鸿沟"一词描述了社会群体之间获取信息技术渠道的不对称分布。比如拥有获取电视、电脑和网络信息的完善渠道的人们和只有有限地或是根本没有获取这些东西的渠道的人们的巨大差距。当然，数字鸿沟还可能用来指社会经济、种族或地域之间的差别。

**2. 信息公平**

信息公平，即信息在个人、群体、地区、族群以及其他各种社会组织之间的公平合理分配，使所有人在生活中都有机会获得对他们来说至关重要及有意义的所有信息。同时，信息公平问题作为一个关系到人的生存权和发展权的社会政治问题，受到国际社会的广泛关注。

**【思考题 1-4】**你觉得信息公平或数字鸿沟的问题，在你身上存在吗？能否举一些例子。
**解决思路：**可以考虑在个人健康、拥有设备或技术的能力、识别信息含义、掌握信息渠道方面形成的习惯和能力。并与他人相比较，对于信息的获取、理解、判别上进行分析与比较。

### 1.2.2 理解"个人信息世界"的前提

信息资源的分布规律不可避免地体现着信息本身的二重性——它既是个人认知的基本材料，也是经济社会发展的战略资源。作为个人的认知资源，信息的生产、获取、利用受制于认知过程的特性与规律，如建构性、情境依赖性等；而作为社会的战略资源，其生产、传播、获取、利用又遵循这类资源的运动和分布规律，如与资本和权势密不可分。这种二重性决定在信息贫困和信息不平等的发生过程中，个人与社会、结构与主体能动性之间肯定会发生复杂的交互作用。

### 1.2.3 个人信息世界的含义

个人信息世界是个人作为信息主体(即信息生产、传播、搜索、利用等行为的主体)的活动领域，或者说它是个人生活世界的一个领域。在这里，个人作为信息主体的经历和体验得以展开、充实、积累。

有什么样的要素，就有什么样的个人信息世界。这三大要素是：**内容、边界和动力**。

个人信息世界的要素及内容，如图 1-5 所示。

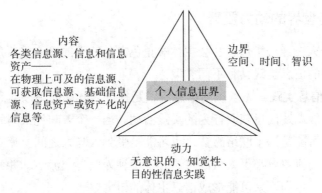

图 1-5 个人信息世界的要素及内容

## 1.2.4 个人信息世界的内容要素

个人信息世界的内容要素指信息主体活动的对象,包括各类信息源、信息和信息资产。个人信息世界中存在的、可作为信息实践对象的内容事实上分为不同层次。

(1) 信息主体**在物理上可及的信息源**。如分布在信息主体生活区域内的图书馆资源、信息中心的资源、各种咨询机构的专家、私人藏书、亲戚朋友的藏书等。

(2) 位于信息主体从事信息活动的空间之内、有时间获取和利用的、能够被认知所处理的信息源——**可获取信息源**。这些资源不仅是信息主体在物理上可及的,也必须是在时间上和智识上可及的。

(3) 可获取信息源中那些被信息主体常规性利用的种类。这些信息源不仅是信息主体在物理、时间及智识上可及,而且也是他(她)的利用习惯可及的——**基础信息源**。

(4) 那些确实被信息主体利用过的信息产品及其产生的认知结果。这些资源经过了信息主体的利用,与他(她)发生了认知上的亲密接触,至少在一定程度上成为信息主体记忆可及的,这部分资源及其产生的结果被称为**信息资产或资产化的信息**。

【思考题 1-5】如果你计划报考研究生,会通过什么渠道来了解信息并做出判断?

**解决思路:** 把你可以接触到的信息尽量按照上述要求进行分类。分析这些信息源以及信息对你了解和做决定的影响程度。

## 1.2.5 个人信息世界的边界要素

个人信息世界的边界包含三个维度:**空间、时间、智识**。

空间指有意识的信息活动(知觉性和目的性信息实践活动)发生的场所,如家庭、图书馆、博物馆、书店、教室或培训场所、报告厅、实验室、办公室、广场、集市、地铁、火车站、飞机场等。

个人信息世界的时间边界是指个人在日常生活和工作中有意识地分配给信息活动的时间。

智识水平指个人信息活动可以达到的智力和知识水平,在特定时间点上个人已经获得的认知技能的总和,包括认字与计算能力、语言能力、分析能力、信息检索能力等。

### 1.2.6 个人信息世界的动力要素

信息主体是个人在经济主体、社会主体等角色之外获得的又一重要角色。个人在日常生活和工作中开展的信息实践具有不同类型。

(1) **无意识的信息实践**。无意识的信息实践是指个人开展的不以信息生产、获取或利用为目的，但有可能偶发信息获取行为的实践活动。当一个人与他人闲聊，其目的可能是为了避免冷场，也可能是为了联络感情，也可能是受到人与人之间交流本能的驱动，但无论属于哪种情况，交流双方都不太可能将这一过程视为信息交流活动并为此调动相关的主观能动性，换言之，他们不太可能形成信息主体的自觉。

(2) **知觉性信息实践**。知觉性信息实践是指个人为了实现一般的信息目标(如为了增长见识或为了在某一方面保持知晓度)而开展的信息活动，或应他人的要求/邀请而参与的信息活动。

(3) **目的性信息实践**。这是信息主体为了解决具体问题、支持具体决策或行为、填补具体的认识空白而主动开展的信息活动。

### 1.2.7 个人信息世界的定义

如果按内容、边界、动力这 3 个基本要素来定义个人信息世界，可以将其定义为：由**空间、时间、智识 3 个边界限定的信息主体活动领域**。在这里，信息主体通过其信息实践，从物理世界、客观知识世界、主观精神世界的信息源中获取信息，汲取信息效用，积累信息资产。

### 1.2.8 个人信息世界的总结

个人作为信息主体的实践活动发生在怎样的**空间**中，作为信息主体的活动领域就具有怎样的空间特征；个人作为信息主体的实践发生在怎样的**时段**和**时间长度**，作为信息主体的活动领域就具有怎样的时间特征；个人作为信息主体的实践达到怎样的**智识水平**，作为信息主体的活动领域就具有怎样的智识特征。

同样，个人作为信息主体的实践以哪类信息和信息源为客体，其个人信息世界就具有怎样的**内容**特征。

要改变个人信息世界的边界或内容，就需要改变信息主体的实践。可以说，个人信息世界的形成、维护和发展是通过信息主体的实践实现的。知觉性和目的性信息实践因此构成了个人信息世界发展变化的基本动力。

## 1.3 核心素养

对于信息检索来说，信息素养是一个较为广泛的概念，个人信息世界把信息从个人放在社会和世界的角度来进行研究。但个人是不完全利用信息来认识和改造世界。一个人在成长的过程中,还要具备更多的素养,或者说要具备一些核心素养,才能更好地完成人生之旅。

### 1.3.1 核心素养与信息素养

世界教育创新峰会(World Innovation Summit for Education,WISE)与北京师范大学中国教育创新研究院共同发布《**面向未来:21 世纪核心素养教育的全球经验**》研究报告。报告以包括中国在内的 24 个经济体和 5 个国际组织的 21 世纪核心素养框架为分析对象。结果显示,最受各经济体和国际组织重视的七大素养分别是:**沟通与合作、信息素养、创造性与问题解决、自我认识与自我调控、批判性思维、学会学习与终身学习、公民责任与社会参与**。

**【思考题 1-6】** 如何找到《面向未来:21 世纪核心素养教育的全球经验》研究报告?

**解决思路:** 采用关键词或句子:面向未来;21 世纪核心素养教育的全球经验;世界教育创新峰会;北京师范大学中国教育创新研究院。搜索渠道可以是百度、中国知网等。

### 1.3.2 核心素养的概念

素养是人在特定情境中综合运用知识、技能和态度解决问题的高级能力与人性能力。核心素养也称"21 世纪素养",是人适应信息时代和知识社会的需要,解决复杂问题和适应不可预测情境的高级能力与人性能力。核心素养是对农业和工业时代"基本技能"的发展与超越,其核心是创造性思维能力和复杂交往能力。核心素养具有时代性、综合性、跨领域性与复杂性。

### 1.3.3 21 世纪核心素养的框架及要素

各国际组织和经济体教育目标的共性与特性,决定了它们在选取素养、搭建素养框架方面存在异同。《面向未来:21 世纪核心素养教育的全球经验》报告首先呈现了 5 个代表性的素养框架案例,分析了它们的不同特色。然后,通过分析 29 个素养框架的结构和要素,从中提取涵盖认知、个人和社会性三个维度的 18 项素养,进而统计、分析这 18 项素养得到关注的情况,对比不同收入水平经济体在素养选取方面的异同。在这 18 项素养中,9 项是与某个特定领域密切相关的素养,领域素养又可分为基础领域素养(6 项)和新兴领域素养(3 项);9 项是通用素养,分别指向高阶认知(3 项)、个人成长(2 项)、社会性发展(4 项)。18 项素养如表 1-2 所示。

表 1-2 从素养框架中提取的 18 项素养

| 维度 | 素养 |
| --- | --- |
| 领域素养 | **基础领域素养**:语言素养、数学素养、科技素养、人文与社会素养、艺术素养、运动与健康素养<br>**新兴领域素养**:信息素养、环境素养、财商素养 |
| 通用素养 | **高阶认知**:批判性思维、创造性与问题解决、学会学习与终身学习<br>**个人成长**:自我认识与自我调控、人生规划与幸福生活<br>**社会性发展**:沟通与合作、领导力、跨文化与国际理解、公民责任与社会参与 |

**【思考题 1-7】** 请思考信息素养与其他核心素养的关系。

**解决思路：** 可以参考《面向未来：21世纪核心素养教育的全球经验》中的内容。如第29页：美国P21的21世纪学习框架中"信息、媒体与技术素养"(信息素养，媒体素养，信息、交流与技术素养)；第32页：两个维度18项素养中"人生规划与幸福生活"素养必然包括科技、信息素养所提供的关键技能，人文、艺术素养所提供的个人修养的提升，沟通与合作所提供的人际交流能力等。第33页：信息素养涉及与现代社会信息使用、信息传播相关的伦理标准。第35页：我们所处的科技发展与信息时代，对于公民的信息素养提出更高的要求。第37页：从驱动力到素养框架，驱动力的定位越清晰、明确，越容易在素养框架中予以体现，如信息素养直接指向信息时代的需求。第55页：不同素养教育实践的进程非常不均衡，部分素养的教育实践经过不断的探索，形成了相对成熟的方案，如科学素养、信息素养。

# 小 结

本章介绍了信息素养主要相关文献：《高等教育信息素养能力标准》(2002)、《高等教育信息素养框架》(2015)。但是信息的获取、占有和利用不仅仅是个人问题，还是社会问题，需要进一步关注个人信息世界的现状，以及如何改善个人信息世界状况等问题。在快速发展的时代，一个人不仅仅要关注他的信息素养，更应该关注他的核心素养。因此，信息检索、信息素养、个人信息世界、核心素养等是不断扩展、密切联系的概念。在以后的各章节学习中，会偏重信息检索的方法、相关数据库以及信息利用等专门知识，但要注意和信息素养整体框架相结合，并思考学习内容与个人信息世界、核心素养的关系。当前，信息检索和信息素养处于快速发展的阶段，需要我们与时俱进，终身学习。

# 思考练习

1. 学习《高等教育信息素养能力标准》(2002)，详细了解这6种能力的详细内容。并思考以下问题：你在这6个方面，哪个方面最强？哪个方面最弱？你打算改变你的弱点，还是扬长避短？如何实现？

2. 阅读全文：韩丽风，王茜，李津，等. 高等教育信息素养框架[J].大学图书馆学报，2015(6):118-126。了解新的信息素养框架，思考探究式、对话式研究为何变得如此重要，你会怎样实现？何为战略探索式检索？

3. 请了解"信息边缘化""信息断裂""信息贫困"等相关概念，谈谈你的理解，并了解相关政府和机构在解决信息公平问题方面采取了哪些措施。

4. 请从以下几方面描述你的信息世界：内容、边界、动力。如何改善你的信息世界——如何增加内容，如何扩展边界，如何提升动力？

5. 在人类几千年的历史长河中，除了与时俱进的教育目标以外，是否还有在各时代的教育中永远存在的、永恒不变的素养？如果有，这些素养是什么？这些永恒不变的素养与适应时代变化而提出的新的素养需求之间的关系是什么？(此问题出现在《面向未来：21世纪核心素养教育的全球经验》的第 39 页)

# 第2章 基础篇：信息资源

用户在检索或获取信息时，一般不考虑找到的信息类型是 CAJ 格式、PDF 格式还是网页格式，尤其是人们在利用搜索引擎时，在意的是找到结果或答案。但是作为一名学术研究者，就不能不考虑信息的格式、来源，因为不同的格式和来源代表着信息的重要与合适程度。另外，作为研究者，一定要考虑不同的信息来源具有不同的含义。本章将偏重学术型文献信息及其资源的分类，明确不同类型的信息对于学术研究的重要性和作用。

【场景】为了写一篇结课论文，你需要查找资料。你要思考需要什么资料，这些资料在哪里。你是否仅仅是在相关搜索引擎上输入几个关键词或语句，就认为可以找到你想要的答案呢？搜索引擎上对于信息的分类，如网页、资讯、视频、图片等，你觉得能否满足你的需要呢？对于不同网页上出现的类似信息，你如何判断它的真伪或权威性，哪些可以作为参考文献呢？有很多不同类型文献的专门数据库，这些数据库中的文献在特点上有什么区别？具有相似内容的不同类型的文献，你会参考哪些类型的文献呢？对于相近内容但不同版本的图书或期刊论文，你在学术研究中如何选择呢？有些内容，如企业或行业信息、专利信息、统计信息，是在相关网站上查找，还是在图书或期刊论文中查找呢？面对各种类型的信息及其来源，如何在结课论文中体现呢？

## 2.1 信息与信息资源

什么是信息？什么是信息资源？两者有什么区别？信息、信息资源与信息检索又有什么关系呢？

### 2.1.1 相关概念

#### 1. 信息的概念及层次

信息的概念，有时很简单，有时很复杂。简单来说，信息就是信号和消息的合称。信息的概念有很多，从学术研究的角度，笔者赞同的是：信息是事物呈现的运动状态及其变化方式。这是一个具有高度且富有内涵的定义。关于信息的概念，在此无须进行考究。我们更应该关注的是检索或获取到的信息，是哪个事物呈现的运动状态及其变化方式？是事物本身吗？还是对于事物本身运动状态及其变化方式的描述和在多渠道传播后呈现给我们的二手或多手信息？

钟义信在《信息科学原理》一书中已给出了答案：主体关于某事物的认识论信息，是指主体表述的该事物运动状态及其变化方式，包括运动状态及其变化的外在形式，内在含义和效用价值。

　　注意，钟义信认为信息具有层次性，分为本体论信息和认识论信息。也就是说，最高的层次是没有约束条件的层次，叫作"**本体论层次**"。在这个层次，定义的信息是最广泛意义的信息，它的适用范围最广。对本体论层次信息定义引入一个约束——必须有主体(如人、生物或机器系统)，且必须从主体的立场出发来定义信息，那么，本体论层次信息定义就转化为**认识论层次**信息定义，认识论层次信息定义的适用范围显然要比本体论层次信息定义的适用范围窄，因为它受到了上述条件的约束。在本体论层次上，信息的存在与否不以主体的存在为转移，即使根本不存在主体，信息也仍然存在。认识论层次上有三种信息：**语法信息**，仅把计及其中的形式因素的信息部分称为"语法信息"(外在)；**语义信息**，把计及其中的含义因素的信息部分称为"语义信息"(含义)；**语用信息**，把计及其中的效用因素的信息部分称为"语用信息"(用途)。

　　【思考题 2-1】讨论本体论信息和认识论信息，对你来说，有什么意义？

　　**解决思路：** 从本体论和认识论的层次上区分信息以及来源，了解本体论和认识论层次上信息的作用和区别。我们可以通过肉眼观察天气信息，也可以通过官方渠道获取天气信息。另外，要清楚了解通过人们识别后的物质信息，用语言或文字表达出来，就是认识论层次的信息。我们所利用的各种信息，一般来说，是认识论层次的信息。

　　【思考题 2-2】当你在查找一段话或一本书的时候，在百度等搜索引擎上的众多答案中，你会选择哪个？当你要查找某一段话出自哪一本书或一份报纸时，你会在哪里查找？你需要去找原文(原著)吗？原著在学术研究中到底有多重要呢？

　　**解决思路：** 主要看查找信息的目的是什么。作为一般的使用者来说，该信息达到目的即可。在学术研究中，对于关键的语句，还是要找到原著或原出处，因为会存在信息在传播途中发生改变或变异的情况，尤其是在网络信息时代。

### 2. 信息资源的概念

信息资源的定义可以从以下 3 个方面来理解。

(1) 信息具有资源的**战略**意义。因为信息是有用的，也是可以利用的。

(2) 信息经过**管理**后变成了资源。正如孟广均主编的《信息资源管理导论》(第三版)所说：信息是普遍存在的，但信息并非全都是资源，只有满足一定条件的信息才能称之为信息资源。换言之，**只有经过人类开发与组织的信息才是信息资源**。人类围绕信息资源所开展的活动主要包括**信息资源的生产、管理与消费** 3 大部分。其中，信息资源的生产与消费是信息资源管理的两个端点，信息资源管理则是连接信息资源生产与消费的通道和纽带。但现在的状况是，信息资源的生产、管理和消费的边界在逐渐融合，而且信息资源的生产、管理和消费需要全局的、系统的设计和管理。

(3) 信息具有**资源**的特点。资源是指一个国家或一定地区拥有的物力、财力、人力等各种物质要素的总称，分为自然资源和社会资源两大类。前者包括阳光、空气、水、土地、森林、草原、动物、矿藏等；后者包括人力资源、信息资源以及经过劳动创造的各种物质财富。

**信息资源的定义**：经过人类开发与组织的信息，即信息资源。

【思考题 2-3】你知道哪些是信息资源吗？百度是信息资源吗？学校图书馆的各种数据库是信息资源吗？中国国家统计局网站(http://www.stats.gov.cn/)的内容是信息资源吗？那些付费网站里的信息是信息资源吗？

**解决思路**：一般来说，上述网站或数据库都属于信息资源，它们符合信息资源概念要求。现在不少新媒体，包括微信平台或公众号，在信息量不断扩大的情况下，日益成为重要的信息资源。对于学术研究来说，专业数据库是更重要的信息资源。

### 3. 信息检索的概念

信息检索(information retrieval)是用户进行信息**查询和获取**的主要方式，是查找信息的方法和手段。狭义的信息检索仅指信息查询(information search)，即用户**根据需要，采用一定的方法，借助检索工具，从信息集合中找出所需信息的过程**。

信息检索的过程，包括以下 4 个方面。

(1) 信息需求及其表达。这种需求程度会决定采用什么样的方法，借助什么样的检索工具。

(2) 检索方法及其技巧。采取什么样的方法来获取信息，这个也要看需求。深层次的需求，就需要复杂的方法。

【实践题 2-1】在使用百度搜索引擎时，你知道有什么样的搜索方法吗？检索有方法吗？

**解决思路**：首先，了解百度的搜索情况。在"搜索设置"选项中，有"搜索框提示""搜索语言范围""搜索结果显示条数""实时预测功能""搜索历史记录"等设置条件，如图 2-1 所示。

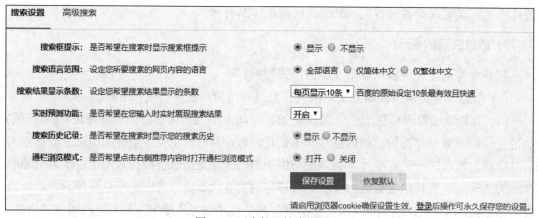

图 2-1 百度的"搜索设置"

接着了解百度"高级搜索"，"搜索结果"设置包括："包含以下全部的关键词""包含以下的完整关键词""包含以下任意一个关键词""不包括以下关键词"等；"时间"设置包括："限定要搜索的网页的时间是"；"文档格式"包括："搜索网页格式是"；"关键词位置"包括："查询关键词位于"；"站内搜索"包括："限定要搜索指定的网站是"，具体如图 2-2 所示。

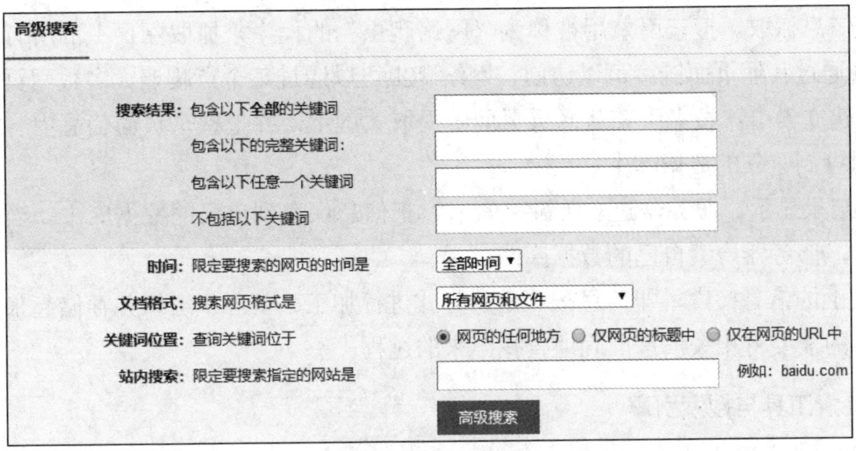

图 2-2　百度高级搜索

(3) 即使有同样的需求，也会有不同层次的检索过程。比如，是否首先用百度等搜索引擎，或直接用学术型、专门型数据库。一般认为百度等搜索引擎是万能的，但有时候，想获取一些特定信息，打电话、发信息可能更有效，或者直接通过实验获取信息更准确。

(4) 信息需求有时是个复杂的问题，你可能需要将复杂的需求分解为几个简单的信息需求，或者将信息需求转换为不同的问题。

**【思考题 2-4】** 你读过《红楼梦》吗？假如读过，请谈一谈对贾宝玉、林黛玉、薛宝钗三人之间感情的看法。像这样的问题，你的信息需求是什么？可以在百度上直接输入"贾宝玉和林黛玉的爱情"吗？搜索的结果和你的看法相似吗？

**解决思路：** 先阅读原著，才能自己体会贾宝玉、林黛玉、薛宝钗三人之间的感情。所以你的信息需求是《红楼梦》，假如已读过，就要注重搜索或找到重点篇章或段落，将整本书中的相关情节串联起来。再结合相关文献资料，经过自己判断，进行分析和解读。通过百度搜索得到的信息，只能参考，而且是在自己阅读原文献的基础上。

即使是理工科的学生，一般会认为科学是客观存在的，通过检索不会存在模棱两可的现象，但是科学界也会对于某个问题有不同答案，比如怎样消除塑料袋的污染？再比如，改性淀粉类绿色化学品开发及应用研究进展中，羧甲基淀粉、氧化淀粉、阳离子淀粉、交联淀粉、接枝淀粉、多元改性淀粉的应用现状和研究成果及其发展趋势如何？这些问题就很难给出一个标准的答案。

## 2.1.2　信息、信息资源与信息检索的关系

从上面的分析中，基本了解了前两者与信息检索之间的关系。信息检索需要检索哪些信息，也取决于用户对于相关信息前期了解的水平，以及用户对于信息源和检索工具的了解程度。因此，信息检索就是在相关信息资源中检索需要的信息，学术研究一定要了解有哪些学术信息，它们存在于哪些信息资源中。

**1. 搜索引擎与信息检索**

搜索引擎的工作一般分为以下 3 个步骤。

(1) 信息抓取。搜索引擎用被称为"网络爬虫"的程序来抓取网页上的所有链接。大多数网页通过其他页面链接可以访问，网络爬虫可以通过某个点爬遍大多数网页。

(2) 建立索引。搜索引擎从网页页面中提取关键字，并把整个页面信息内容按照一定的规则保存到建立的数据库中。

(3) 结果显示。服务器建立关键字索引，把信息保存到自己的数据库中。当用户搜索某词组时，服务器检索自己的数据库即可。

广义上的信息检索，即信息按一定的方式进行加工、整理、组织并存储起来，再根据用户特定的需要将相关信息准确地查找出来的过程。

**2. 检索工具与搜索引擎**

一些信息系统或平台提供检索信息的功能，后台是搜索引擎在起作用。搜索引擎是一门检索技术。在移动互联网时代，即使号称"全球最大的中文搜索引擎"的百度，也难以搜索全网络上的各种信息。如，百度上能搜索到微信上的全部信息吗？比如私聊信息。搜索引擎从搜索方式上分为全文搜索引擎、元搜索引擎、垂直搜索引擎和目录搜索引擎。要想查找微信上的相关信息，就要用微信平台的检索工具。

**【思考题 2-5】**你知道通用的搜索引擎(如百度)在搜索信息的范围上有局限吗？你了解百度等搜索引擎不能搜到的网络公开信息或信息来源吗？

**解决思路：**读者要能够区分搜索引擎的分类。一些网站中的信息，需要注册、登录才能有效访问，如相关专利的网站，或企业(产业)统计数据。这些信息需要网站的专用搜索工具，这类搜索引擎就属于垂直搜索引擎。

### 2.1.3 信息如何成为资源

信息检索要使用到信息资源(或信息集合)。那么信息是如何变为信息资源的呢？关键要理解 3 点：①信息转换为信息资源的过程；②把信息当作资源来管理；③信息经过管理成为资源。

**1. 信息成为资源：信息的战略价值使其成为资源**

信息本身具有价值，如情报——军事情报、经济情报、竞争情报等。情报就是作为交流对象的有用知识或消息，也可以说是用于特定需要的知识或消息。简言之，情报就是重要情况消息的报道。有的时候一条短信就会有不少价值。还有就是专利，专利即一项发明创造的首创者所拥有的受保护的独享权利。以及商业秘密，即不为公众所知悉、能为权利人带来经济利益，具有实用性并经权利人采取保密措施的技术信息和经营信息。商业秘密是企业的财产权利，它关乎企业的竞争力，对企业的发展至关重要，有的甚至直接影响企业的生存，如可口可乐的配方。

**2. 信息经过管理成为资源**

信息经过积累，由量变到质变。以图书馆为例，一本图书不算资源，但 100 万本图书呢？这 100 万本图书在图书馆经历了采购、查重、编目、贴条、典藏等手续，才进入书库或阅览室。这样用户才能方便地使用图书馆的图书。图书馆的价值，不仅仅是 100 万本图书的叠加，这融入了图书馆对于图书的分类、排列，使得图书馆的图书以信息资源的面貌呈现给用户。

信息经过管理成为资源。比如房地产中介，它是买方和卖方的一个桥梁。因为不论买方和卖方，对房地产市场都没有专业人士懂得多，如市场估价、政策分析、税费办理、贷款办理等，中介的作用就是用自己的专业知识为买卖双方服务。企业利用在线信息，经过分析，创造价值，使得信息成为资源。

## 2.2 信息资源分类

了解信息、信息资源的分类，有助于读者在进行学术研究时，知道信息及其资源有哪些，在哪里，分别有哪些作用。

### 2.2.1 信息的分类

**1. 信息分类的方法**

中国国家标准化管理委员会的《信息分类和编码的基本原则与方法》规定，信息分类是根据信息内容的属性或特征，将信息按一定的原则和方法进行区分和归类，并建立分类体系和排列顺序。

信息分类的基本原则：科学性、系统性、可扩延性、兼容性、综合实用性。信息分类的基本方法包括线分类法、面分类法、综合分类法。

(1) 线分类法。

将分类对象按所选定的若干个属性或特征逐次地分成相应的若干个层次的类目，并排成一个有层次的、逐渐展开的分类体系。在这个分类体系中，被划分的类目称为上位类，划分出来的类目称为下位类，由一个类目直接划分出来的下一级各类目，彼此称为同位类。同位类类目之间存在着并列关系，下位类与上位类类目之间存在着隶属关系。

我国行政区划编码，是采用线分类法，6 位数字码。第 1、2 位表示省(自治区、直辖市)，第 3、4 位表示地区(市、州、盟)，第 5、6 位表示县(市、旗、镇、区)的名称。比如 410102，代表河南省郑州市中原区。

(2) 面分类法。

将所选定的分类对象的若干属性或特征视为若干个"面"，每个"面"中又可分成彼此独立的若干个类目。使用时，可根据需要将这些"面"中的类目组合在一起，即可形成一个复合类目。

服装的分类可采用面分类法，选服装所用材料、男女式样、服装款式作为 3 个"面"，每个面又可分为若干个类目。

(3) 综合分类法。

将线分类法和面分类法组合使用，以其中一种分类法为主，另一种作为补充的信息分类方法。

**【思考题 2-6】** 如果要求把你自己的图书进行分类，你会采取哪些分类方法？

**解决思路**：先下意识回忆你的书架上的图书是怎么排列和分类的，是按大小、书名、作者、内容，还是用途？可以参考图书馆书架上的图书分类，以及一些图书网站上的分类。再结合上述 3 种信息分类方法，提出一个合理、实用的图书分类法。

2. 常见的信息分类

(1) 计算机中文件的分类。

Windows 操作系统中对文件的分类如下：文件类型按内容来分主要有视频、音频、软件三大类。文件格式(或文件类型)是指计算机为了存储信息而使用的对信息的特殊编码方式，是用于识别内部储存的资料。每一类信息可以以一种或多种文件格式保存。每一种文件格式通常会有一种或多种扩展名来识别，也可能没有扩展名。扩展名可以帮助应用程序识别文件格式。常见的文件格式有：BAK(备份文件)；BAT(批处理文件)；BIN(二进制文件)等。文件也可分为可执行文件和不可执行文件两种类型。可执行文件指可以自己运行的文件，又称可执行程序，其扩展名主要有 EXE、COM 等；不可执行文件指不能自己运行的文件。应用软件也会产生自己的文件，如 DOC、WPS、PDF 等格式。

(2) 搜索引擎对于其搜索信息的分类。

打开百度首页，会发现在其右上角有"新闻""hao123""地图""直播""视频""贴吧""学术""登录""设置""更多"等选项。选择"更多"→"查看全部百度产品"选项，"搜索服务"里的选项有"百度人工翻译""网页""视频""百度翻译""音乐""地图""新闻""图片""百度识图""太合音乐人""百度学术"等。

**【思考题 2-7】** 百度对于信息的分类，有什么依据，其主要目的是什么？

**解决思路**：通过百度的"关于百度"选项，了解百度公司及其产品的性质，百度是拥有强大互联网基础的领先 AI 公司，拥有搜索引擎核心技术。结合百度的用户特点，对于其信息分类进行思考。

**【实践题 2-2】** 打开 360 搜索首页，了解其对于搜索信息的分类，分析其与百度有什么不同。

**解决思路**：先对 360 导航与百度的网页进行详细观察和比较，再去了解 360 导航所属公司的性质，将之与百度比较，分析两家公司的异同。

(3) 互联网网站的分类。

网站分类，可以根据网站的很多属性进行分类，如可以根据网站所用编程语言、用途、功能、持有者、商业目的进行分类。

**【实践题 2-3】** 分别以百度"网站导航"，360 导航为例，分析两者分类页面的异同。

**解决思路**：同实践题 2-2。

**【思考题 2-8】** 你认为网站应该怎样分类？

**解决思路**：可以参考 hao123 网站的分类，结合自身的经验尝试分类。

(4) 互联网网站新闻的分类。

以百度新闻网站为例,将新闻分为国内、国际、军事、财经、娱乐、体育、互联网、科技、游戏、女人、汽车、房产等类别。以新浪新闻网站为例,将新闻分为:滚动、排行、政务、国内、国际、军事、文化、司法、黑猫投诉、图片、视频、体育、娱乐、财经、科技、专题等类别。

### 2.2.2 信息资源的分类

《信息资源的内容形式和媒体类型标识》是一个由中国国家图书馆负责起草,由中华人民共和国国家质量监督检验检疫总局、中国国家标准化管理委员会发布的推荐性标准。

#### 1. 信息资源的内容形式和媒体类型标识

信息资源从内容形式上可以分为:数据集、图像、运动、音乐、实物、程序、声音、话语、文本、其他内容形式等。信息资源从媒体类型上可以分为:音频、电子、缩微、显微、投影、立体、视频、多媒体、其他媒体等。

#### 2. 文献信息分类

文献是记录知识的一定载体。信息资源从内容形式和媒体类型标识中对文献的分类,包括:会议文献、学术论文、手稿、专著、报纸、古籍、专利文献、期刊、拓片、标准文献、技术报告等。

## 2.3 图书及其信息资源

在学校图书馆或者书店,有成千上万册图书可以挑选。据查询,(截至 2017 年年底)北京大学图书馆纸质藏书 800 余万册,中国国家图书馆馆藏文献超过 3500 万册件,美国国会图书馆(截至 2019 年 9 月)收藏各类文献 1 亿 7012 万件、藏书 2486 万册。2019 年,我国出版新版图书 224762 种。用户也已经习惯利用图书馆的各种数字资源,如 CNKI、超星、万方、维普等数据库。如何在众多的图书中进行检索图书,首先要对图书的基本信息有所了解。

### 2.3.1 图书基本知识

#### 1. 概念

凡由出版社(商)出版的不包括封面和封底在内 49 页以上的印刷品,具有特定的书名和著者名,编有国际标准书号,有定价并取得版权保护的出版物称为图书。

#### 2. 构成要素

第一,要有被传播的知识信息;第二,要有记录知识的文字、图像信号;第三,要有记载文字、图像信号的物质载体；第四，有图书的生产技术和工艺。

### 3. 特点

第一，内容比较系统、全面、成熟、可靠；第二，出版周期较长，传递信息速度较慢。

### 4. 分类

按学科可划分为：社会科学图书和自然科学图书。按文种可划分为：中文图书和外文图书。按用途可划分为：普通图书和工具书。按内容可划分为：小说、儿童读物、非小说类、专业书、工具书、手册、书目、剧本、报告、日记、书集、摄影绘画集。按特征可划分为：线装书、精装书、平装书、袋装书、电子书、有声读物、盲文书、民族语言书。

### 5. 国际标准书号

国际标准书号(International Standard Book Number，ISBN)是专门为识别图书等文献而设计的国际编号。ISBN 由 13 位数字组成，分为 5 段。第一组：978 或 979；第二组：国家、语言或区位代码(中国内地代码为7)；第三组：出版社代码，由各国家或地区的国际标准书号分配中心分给各出版社(如清华大学出版社：302)；第四组：书序码，该出版物代码，由出版社具体给出；第五组：校验码，只有一位，0～9。

如 ISBN978-7-307-21792-8：张怀涛，岳修志，刘巧英，赵春辉.信息检索简编(第 2 版).武汉：武汉大学出版社，2020。国际标准书号查询，参考网址：https://isbnsearch.org/。

### 6. 在版编目

在版编目(cataloguing in publication，CIP)：在图书出版过程中，由某一集中编目机构或某个图书馆的编目部门根据出版机构提供的书稿清样进行的文献编目工作。编目数据一般印在即将出版的图书的特定位置(书名页背面或版权页)，以供各图书馆及其他文献工作机构用以编制各种目录。

图书在版编目数据由 4 部分组成。第一部分是图书在版编目数据标题。第二部分是著录数据，包括：书名与作者项、版本项、出版项等三项连续著录，以及丛书项、附注项、标准书号项。第三部分是检索数据，包括：书名检索点、作者检索点、主题词、分类号。第四部分是其他注记。图书《信息检索简编》CIP 数据核字号查询结果如图 2-3 所示。

图书在版编目（CIP）数据

信息检索简编 / 张怀涛等主编. — 2版. — 武汉：
武汉大学出版社，2020.9
ISBN 978-7-307-21792-8

Ⅰ.①信… Ⅱ.①张… Ⅲ.①信息检索 Ⅳ.
①G254.9

中国版本图书馆CIP数据核字(2020)第178346号

图 2-3　图书 CIP 数据核字号查询结果

### 7. 中国图书馆图书分类法

图书分类法又叫图书分类词表，是按照图书的内容、形式、体裁和读者用途等，在一定的哲学思想指导下，运用知识分类的原理，采用逻辑方法，将所有学科的图书按其学科内容分成几大类，每一大类下分许多小类，每一小类下再分子小类。最后，每一种书都可以分到某一个类目下，每一个类目都有一个类号。《中国图书馆图书分类法》，简称《中图法》，将图书分为马列主义毛泽东思想、哲学、社会科学、自然科学、综合性图书五大部类，22个基本大类，具体如下：A 马列主义毛邓思想；B 哲学宗教；C 社会科学总论；D 政治、法律；E 军事；F 经济；G 文化、科学、教育、体育；H 语言、文字；I 文学；J 艺术；K 历史、地理；N 自然科学总论；O 数理科学和化学；P 天文学、地球科学；Q 生物科学；R 医药、卫生；S 农业科学；T 工业技术；U 交通运输；V 航空、航天；X 环境科学、安全科学；Z 综合性图书。比如信息检索新编的分类号为：G254.9，属于"文献标引与编目"类。

### 2.3.2 图书检索与资源示例

图书数据库可以按照载体不同，分为纸质图书数据库和电子图书数据库。纸质图书数据库又称为图书检索系统，可以由用户所在单位的图书馆提供，主要提供纸质图书相关信息，以及馆藏地点、借阅情况等特殊信息。电子图书数据库，一般来说以相关公司提供给图书馆购买的数据库为主，主要提供电子全文。不过相关电子图书公司也提供独立的网站，以供大众用户使用和消费。当前，提供图书购买的公司，如当当、京东、亚马逊等也提供纸质图书和电子图书供大众消费。

#### 1. 纸质图书检索项

图书馆提供的纸质图书检索系统，一般有书名、作者、主题词、分类号、出版社、检索书号、图书条码、题名缩拼等。有的还提供如下功能：书刊检索、新书通报、期刊导航、课程参考书、购书推荐、信息发布、学位论文、学科导航、我的图书馆、排行榜等。排行榜包括：借阅排行榜、检索排行榜、收藏排行榜、书评排行榜、查看排行榜等。

商业图书馆不仅提供基本检索项，如书名、作者/译者、关键词、出版社、ISBN 等，还提供其他条件，如包装、分类、价格区间、折扣、出版时间、库存状态等。

#### 2. 电子图书检索项

电子图书检索项包括：书名、作者、主题词、年代、分类、中图分类号、搜索结果显示条数等。电子图书数据库主要功能是提供全文检索。电子图书数据库在浏览电子图书内容时，提供页码选择、放大、缩小、文字提取、打印、下载、阅读模式、书内搜索等功能。

商业企业对于电子图书检索除了一般的检索项外，还包括价格、文件大小等选项。在浏览图书基本信息时，还提供内容简介、作者简介、目录、媒体评论、精彩书摘、插图、商品评价等内容。

### 3. 纸质图书检索系统示例

(1) 国内：国家图书馆、新华书店等检索系统。

(2) 国外：美国国会图书馆、哈佛大学图书馆、英国国家图书馆、亚马逊(美国)等检索系统。

### 4. 电子图书检索系统示例

(1) 中文：超星、皮书、中国共产党思想理论资源数据库、畅想之星电子书、扫花书库、国学大师等检索系统。

(2) 外文：RSC 英国皇家化学学会电子书、B‐OK、PDF 图书开放免费下载途径汇集等。

(3) 中外文：(北京大学图书馆提供)中外文电子图书资源简介。

相关图书检索系统及其网址如表 2-1 所示。

表 2-1  相关图书检索系统及其网址

| 名称 | 类型 | 网址(仅供参考) |
| --- | --- | --- |
| 国家图书馆 | 纸质 | http://opac.nlc.cn |
| 新华书店 | 纸质 | https://www.xhsd.com/ |
| 当当图书 | 纸质 | http://book.dangdang.com/ |
| 美国国会图书馆 | 纸质 | https://www.loc.gov |
| 哈佛大学图书馆 | 纸质 | https://hollis.harvard.edu/ |
| 英国国家图书馆 | 纸质 | https://www.bl.uk/<br>http://explore.bl.uk/primo_library/ |
| 亚马逊(美国) | 纸质 | https://www.amazon.com/ |
| 超星 | 电子 | http://sslibbook1.sslibrary.com/ |
| 皮书 | 电子 | https://www.pishu.com.cn/ |
| 中国共产党思想理论资源数据库 | 电子 | http://read.ccpph.com.cn/ |
| 畅想之星电子书 | 电子 | http://www.cxstar.com/ |
| 扫花书库 | 电子 | http://www.saohua.com/shuku |
| 国学大师 | 电子 | http://www.guoxuedashi.com/ |
| 100 部有声书 | 电子 | http://zhuanti.chaoxing.com/ |
| 读书 369 | 电子 | http://www.dushu369.com/ |
| RSC 英国皇家化学学会电子书 | 电子 | http://pubs.rsc.org/ |
| B‐OK | 电子 | http://zh.b-ok.org/ |
| PDF 图书开放免费下载途径汇集 | 电子 | https://mp.weixin.qq.com/ |
| (北京大学图书馆提供)中外文电子图书资源简介 | 电子 | http://www.lib.pku.edu.cn/ |

**【思考题 2-9】** 如果你是图书馆的图书管理员，你将怎样给图书馆的图书分类？你所知道的图书馆中图书的分类，还有哪些需要改进？

**解决思路：** 首先要考虑到图书馆的图书数量较多，绝对不同于一般家庭藏书量。第二，要了解图书馆分类法的基本原理和做法。第三，要了解图书的其他分类方法。第四，结合自己的经验，尤其是对于图书馆图书利用中存在的不足，提出自己的见解。

## 2.4 期刊及其信息资源

期刊形成于一些特殊活动中的宣传小册子,这是一种注重时效的手册。期刊在发展过程中经过装订,加上封面。据国家新闻出版署发布的信息:2019年,全国共出版期刊10171种,平均期印数11957万册,每种平均期印数1.21万册。其中,自然科学、技术类期刊5062种,占期刊总品种49.77%。从某种意义上说,一个国家科学技术的水平可以从其科技期刊的质量中得到反映。据《科技日报》2020年报道,目前我国国际科技论文数量连续多年稳居世界第二。在科技部印发《关于破除科技评价中"唯论文"不良导向的若干措施(试行)》的通知中,当前我国鼓励发表高质量论文,包括发表在具有国际影响力的国内科技期刊的论文、业界公认的国际顶级或重要科技期刊的论文,以及在国内外顶级学术会议上进行报告的论文(简称"三类高质量论文")。

### 2.4.1 期刊基础知识

**1. 概念**

期刊又称杂志,是指有固定名称,用卷、期或者年、季、月顺序编号,按照一定周期出版的成册连续出版物。在中华人民共和国境内从事期刊出版活动,期刊由依法设立的期刊出版单位出版。期刊出版单位出版期刊,必须经新闻出版总署批准,持有国内统一连续出版物号,领取《期刊出版许可证》。

**2. 国际标准连续出版物号**

国际标准连续出版物号(International Standard Serial Number,ISSN)。国际通用的连续出版物识别代码,适用于连续出版发行的印刷或非印刷出版物,包括期刊、报纸、年报以及各种学会会志、记事、会报、汇刊和丛刊等,由冠以ISSN字符的8位数字组成,前后4位数之间用"—"隔开。

**3. 国内统一刊号**

国内统一刊号是指我国报刊的代号,是报刊管理部门为了便于报刊统计、管理而按一定规则进行编排的号码总称。国内统一刊号以GB/T 2659—2000《世界各国和地区名称代码》所规定的中国国别代码"CN"为识别标志。由报刊登记号和分类号两部分组成,两部分之间以斜线"/"分隔。

如大学图书馆学报,ISSN:1002—1027;CN:11—2952/G2。

**4. 期刊分类**

按内容分类可分为以下4类。

(1) 大众期刊,强调知识性与趣味性,读者面广,如《读者》《青年文摘》、*National Geographic*、*Scientific American* 等。

(2) 学术期刊是一种经过同行评审的期刊，发表在学术期刊上的文章通常涉及特定的学科。学术期刊展示了研究领域的成果，并起到了公示的作用，其内容主要以原创研究、综述文章、书评等形式的文章为主，如 Science Bulletin、《中国社会科学》、Nature、Science。

(3) 行业期刊，主要报道各行各业的产品、市场行情、经营管理进展与动态，如《汽车博览》《电子产品世界》《中国服饰》等。

(4) 检索期刊，如我国的《全国报刊索引》、Chemical Abstracts Service。

相关期刊类型与网址如表 2-2 所示。

表 2-2　相关期刊类型与网址

| 期刊名称 | 类型 | 网址(仅供参考) |
| --- | --- | --- |
| 《读者》 | 大众 | http://www.duzhe.com/ |
| National Geographic | 大众 | https://www.nationalgeographic.com/ |
| Scientific American | 学术 | https://www.scientificamerican.com/ |
| Science Bulletin | 学术 | http://engine.scichina.com/ |
| 《中国社会科学》 | 学术 | http://sscp.cssn.cn/ |
| Nature | 学术 | https://www.nature.com/ |
| Science | 学术 | http://www.sciencemag.org/ |
| 《全国报刊索引》 | 检索 | http://www.cnbksy.com/ |
| Chemical Abstracts Service | 检索 | https://www.cas.org/ |

按学术地位分类，可分为科技核心期刊(统计源期刊)、中文核心期刊、CSSCI、CSCD、双核心期刊。不过目前有更多的学术期刊评价机构，在后面的章节中将有所说明。

**5. 期刊学术论文**

某一学术课题在实验性、理论性或预测性上具有的新的科学研究成果或创新见解和知识的科学记录，或是某种已知原理应用中取得新进展的科学总结，用以提供学术会议上宣读、交流、讨论或学术刊物上发表，或用作其他用途的书面文件。学术论文应提供新的科技信息，其内容应有所发现、有所发明、有所创造、有所前进，而不是重复、模仿、抄袭前人的工作。

### 2.4.2　期刊检索与资源示例

**1. 期刊及论文检索项**

期刊及论文检索项一般分为：主题、篇名、关键词、作者、单位、刊名、ISSN、CN、期、基金、摘要、全文、参考文献、中图分类号、DOI、栏目信息等。

DOI(digital object unique identifier，数字对象唯一标识符)，是一套识别数字资源的机制，包括的对象有视频、报告或书籍等。它既有一套为资源命名的机制，也有一套将识别号解析为具体地址的协议。DOI 的体现形式主要包括：二维码、条形码、字符码、网络域名等。数字对象唯一性是 DOI 的典型特征，也是数字时代"身份证"号码。如岳修志在《大学图书馆学报》发表的论文《基于公共项目视角的阅读推广活动绩效评价体系框架研究》

的 DOI 是 10.16603/j.issn1002-1027.2018.06.011。

### 2. 期刊资源数据库示例

**学术类期刊数据库**：中国知网学术期刊网络版；维普资讯中文期刊资源服务平台；超星期刊数据库；Elsevier SD 数据库；Springer-Link 外文期刊数据库；EBSCOhost 外文全文数据库等。

**大众类期刊数据库**：中邮阅读网；博看网期刊数据库；龙源期刊网。

**相关集成链接**：中国国家图书馆期刊资源库；清华大学图书馆电子期刊导航系统。

**开放存取资源期刊数据库**：中国科技论文在线；中国预印本服务系统；GoOA 开放获取论文一站式发现平台；Scientific Research Publishing；DOAJ(Directory of Open Access Journals)；Spischolar 学术资源在线；Worldlib-Sci 精品学术论文。

开放存取是基于订阅的传统出版模式以外的另一种选择。通过新的数字技术和网络化通信，任何人都可以及时、免费、不受任何限制地通过网络获取各类文献，包括经过同行评议过的期刊文章、参考文献、技术报告、学位论文等全文信息，用于科研教育及其他活动。这是一种新的学术信息交流的方法，作者提交作品不期望得到直接的金钱回报，而是使公众可以在公共网络上利用这些作品。

期刊(检索)数据库示例如表 2-3 所示。

表 2-3 期刊(检索)数据库示例

| 期刊数据库名称 | 类型 | 网址(仅供参考) |
| --- | --- | --- |
| 中国知网学术期刊 | 学术 | http://kns.cnki.net/ |
| 维普资讯中文期刊资源服务平台 | 学术 | http://qikan.cqvip.com/ |
| 超星期刊 | 学术 | http://qikan.chaoxing.com/ |
| Elsevier SD | 学术 | http://www.sciencedirect.com/ |
| EBSCOhost | 学术 | http://www.ebsco.com/ |
| 博看网期刊 | 大众/学术 | http://new.bookan.com.cn/ |
| 龙源期刊网 | 大众/学术 | http://www.qikan.com/ |
| 中国国家图书馆期刊资源库 | 集成 | http://www.nlc.cn/ |
| 清华大学图书馆电子期刊导航系统 | 集成 | http://thu-ej.cceu.org.cn/ |
| GoOA 开放获取论文一站式发现平台 | 开放存取 | http://gooa.las.ac.cn/external/index.jsp |
| Scientific Research Publishing | 开放存取 | http://www.scirp.org/journal/Index.aspx |
| Spischolar 学术资源在线 | 开放存取 | http://www.spischolar.com/ |
| Worldlib-Sci 精品学术论文 | 开放存取 | http://sci.worldlib.com.cn/ |

**【思考题 2-10】** 你看过哪些期刊？你可知道图书馆的专业或普通期刊阅览室在哪里？你是否使用过呢？你在网络上看过哪些期刊吗？专业期刊有什么作用？

**解决思路**：首先要了解期刊和你平常知道的杂志有什么区别。其次，了解图书馆存放期刊的阅览室。再次，网络化时代，期刊基本实现了网络检索和获取，却没有明显的搜索或使用入口，这个问题值得思考。最后，要了解专业期刊与专业学习、专业研究的关系。

## 2.5 学位论文及其信息资源

学位申请人员应当恪守学术道德和学术规范，在指导教师指导下独立完成学位论文。本科毕业论文重点考察本科生基本学术规范和基本学术素养，如选题意义、写作安排、逻辑构建、专业能力以及学术规范等。博士、硕士学位论文重点考察研究生创新性和科研能力。据教育部网站报道，我国高等教育 2020 年在学总人数达到 4002 万，已建成世界规模最大的高等教育体系。2020 年在学研究生总规模达到 300 万人。"十三五"期间授予博士学位 33 万人，硕士学位 339 万人。我国以新工科、新医科、新农科、新文科为代表的高等教育人才培养体系正全面创新。

### 2.5.1 学位论文基础知识

**1. 概念**

学位论文是指为了获得所修学位，被授予学位的人按要求所撰写的论文。根据《中华人民共和国学位条例》的规定，学位分为学士、硕士、博士三级，学位论文分为学士论文、硕士论文、博士论文。

**2. 装订规范**

论文包括：封面、目录、摘要、前言、正文、结论、致谢、参考文献、毕业设计小结、附录、封底。

**3. 检索项**

常用检索字段：主题、题名、关键词、第一作者、作者单位、作者、摘要、DOI、学位-专业、学位、学位授予单位、导师、学位-学位。后四位是学位论文专用检索项。

### 2.5.2 学位论文数据库示例

**1. 中国学位论文查询系统示例**

知网的中国优秀博硕士学位论文全文数据库；万方数据知识服务平台的《中国学位论文全文数据库》；HKMO(港澳)优秀博硕论文全文数据库；台湾学术文献数据库中的学位论文数据库。

**2. 国外学位论文查询系统示例**

PQDT Global(国外博硕士论文全文数据库)；ProQuest 博硕士论文文摘索引数据库。ProQuest 是美国国会图书馆指定的收藏全美国博硕士论文的机构，收录 1743 年至今全球超过 3000 余所高校、科研机构逾 448 万篇博硕士论文信息。其中，博硕士学位论文全文文献逾 218 万篇。涵盖了从 1861 年获得通过的全世界第一篇博士论文(美国)，回溯至 18 世纪的欧洲培养单位的博士论文。学位论文(检索)数据库示例如表 2-4 所示。

表 2-4 学位论文数据库示例

| 学位论文数据库名称 | 网址(仅供参考) |
|---|---|
| 中国知网——中国优秀博硕士学位论文 | http://www.CNKI.net/ |
| 万方——中国学位论文全文数据库 | http://new.wanfangdata.com.cn/ |
| HKMO(港澳)优秀博硕论文 | http://www.hkmolib.com.hk |
| 台湾学术文献数据库 学位论文 | http://www.airitilibrary.cn/Search/DegreeDissertation |
| PQDT 全文及文摘 | http://www.pqdtcn.com/<br>https://about.proquest.com/ |

**【思考题 2-11】** 请比较本科毕业论文、硕士毕业论文、博士毕业论文在格式上有什么不同？

**解决思路：** 首先，要了解三者的基本情况，如格式要求，这些可以在学校相关部门网页上检索。其次，要思考三者在格式上为什么要求不同，不同之处在哪里。第三，要重视学位论文的编写工作。教育部近年来发布相关文件，对大学生论文进行严格要求。如 2018 年发布《教育部关于狠抓新时代全国高等学校本科教育工作会议精神落实的通知》，要"围绕……实习实践、毕业论文等重点领域突出问题进行专题研究部署，制定整改措施，明确时间节点，逐级狠抓落实。"2019 年发布《教育部关于深化本科教育教学改革全面提高人才培养质量的意见》提出：科学合理制定本科毕业设计(论文)要求，严格全过程管理，严肃处理各类学术不端行为。2019 年发布《教育部办公厅关于进一步规范和加强研究生培养管理的通知》提出：个别研究生培养单位在……学位授予等方面仍有学术不端、论文作假等问题发生……探索建立学术论文、学位论文馆际和校际学术共享公开制度。

## 2.6 报纸及其信息资源

据国家新闻出版署报道，2019 年，全国共出版报纸 1851 种，其中全国性和省级报纸 960 种；综合类报纸 857 种，专业类报纸 667 种。与 2018 年相比，种数降低 1.07%。随着互联网和移动客户端的快速发展，传统报纸面临危机和压力，需要转型。

### 2.6.1 报纸基础知识

报纸，或称报章、新闻纸，是一种以重量较轻，价值较低的纸张印刷而成，阅读后即可任意处置的出版品。报纸上通常刊载不同主题的新闻、消息、评论、专栏等，并且常附带有商业广告。报纸一般会是每天发行(日报)或是每周发行(周报)。

### 2.6.2 报纸数据库资源示例

报纸数据库一般是指汇集相关类型的报纸信息，形成可检索的数据库。现在报纸出版机构已建设、开通多种渠道检索的历年来的报纸数据库。常见的报纸数据库有全国报刊索引。

**【学习资料 2-1】**北京大学图书馆提供的各类报纸数据库资源,如表 2-5 所示。网址:http://dbnav.lib.pku.edu.cn/newhomepage?field_fenlei_neirongleixing_tid%5B%5D=34。

表 2-5　北京大学图书馆提供的各类报纸数据库资源

| 序号 | 数据库资源 | 语种 |
| --- | --- | --- |
| 1 | America's Historical Newspapers (AHN 美国历史报纸库) | 英文 |
| 2 | British Library Newspapers(大英图书馆报纸库,GALE 平台) | 英文 |
| 3 | 《参考消息》(1957—2001)全文检索系统 | 中文 |
| 4 | 《大公报》(1902—1949)全文检索数据库 | 中文 |
| 5 | 方正中华数字书苑数字报纸 | 中文 |
| 6 | Illinois Digital Newspaper | 英文 |
| 7 | 近代报纸数据库 | 中文 |
| 8 | 《经济日报》(1983—2003)全文检索系统 | 中文 |
| 9 | 抗日战争与近代中日关系文献数据平台 | 中文 |
| 10 | Newspaper Source(报纸资源数据库) | 英文 |
| 11 | Nineteenth Century U.S. Newspapers(19 世纪美国报纸,GALE 平台) | 英文 |
| 12 | Picture Post Historical Archive, 1938—1957(《图画邮报》数字典藏,GALE 平台) | 英文 |
| 13 | Правда (Pravda Digital Archive, 真理报) | 俄语 |
| 14 | 人民数据库 | 中文 |
| 15 | 《人民日报》图文电子版(1946—2008) | 中文 |
| 16 | 申报(爱如生客户端版) | 中文 |
| 17 | 晚清民国大报库(爱如生) | 中文 |
| 18 | 真理报、苏维埃文化报、电影艺术过刊数据库 | 中文等 |
| 19 | 中国近代报刊数据库(台湾得泓公司) | 中文 |
| 20 | 中国近代中英文报纸全文数据库(上海图书馆) | 中文 |
| 21 | 《中华读书报》(1994—1998)全文检索系统 | 中文 |

另外,报纸其他网络资源,如全国 120 份报纸电子版、360 导航的电子报纸,英、美主要报纸杂志网站大全等。相关报纸数据库及综合网络资源,如表 2-6 所示。

表 2-6　相关报纸数据库及综合网络资源

| 相关报纸数据库名称 | 网址(仅供参考) |
| --- | --- |
| 全国报刊索引 | http://www.cnbksy.com/home |
| America's Historical Newspapers | https://www.readex.com/ |
| British Library Newspapers | https://www.britishnewspaperarchive.co.uk/ |
| 参考消息 | http://www.cankaoxiaoxi.com/ |
| 大公报 | http://www.takungpao.com/ |
| 360 导航　电子报纸 | http://hao.360.cn/baozhi.html |
| 英美主要报纸杂志网站大全 | http://www.24en.com/newspaper/ |

【思考题 2-12】你平常还看报纸吗？一般看纸质还是电子？你手机上有哪些报纸类的微信公众号或 App？

**解决思路：** 报纸的电子化发行和阅读已成发展趋势，尽管还有不少报纸还发行纸质版。利用手机浏览器或微信、QQ 等阅读新闻代替了阅读报纸的部分功能，这些现象该如何解释呢？请根据自身情况思考问题。

## 2.7 会议文献及其信息资源

据 ICCA(国际大会与会议协会)发布 2019 年国际协会会议相关信息，2019 年统计数据共捕获了 13254 个国际会议，中国位列第七(举办了 539 个国际会议)。2019 年中国内地城市举办国际会议的数量中，北京、上海、杭州排前三。一般来说，一个城市举办国际会议的数量，在某种程度上决定着该城市的国际化程度。

### 2.7.1 会议文献基础知识

#### 1. 概念

会议文献是指在学术会议上宣读和交流的论文、报告及其他有关资料。会议文献的特点是传递情报比较及时，内容新颖，专业性和针对性强，种类繁多，出版形式多样。

#### 2. 出版形式

会议文献没有固定的出版形式，有的刊载在学会协会的期刊上，作为专号、特辑或增刊，有些则发表在专门刊载会议录或会议论文摘要的期刊上。

#### 3. 检索项

常用检索字段：主题、篇名、关键词、摘要、全文、论文集名称、参考文献、中图分类号等。

【思考题 2-13】你是否听说过或参加过相关学术型会议？参加学术会议仅仅是听听报告或专家讲座吗？

**解决思路：** 对于学术型会议，当前呈现出线上+线下的趋势，尤其是国际型学术会议。不少会议会邀请学者撰写会议论文，并进行评审，相关成果会被 SCI、EI 收录。会议论文将成为正式研究成果，作为参会人员了解会议的重要部分。

### 2.7.2 会议文献数据库资源

为了更好地利用会议文献，一些国家开发了各种会议文献检索工具或建立数据库。

#### 1. 中国知网的会议文献数据库

中国知网会议，重点收录 1999 年以来，中国科学技术协会系统及国家二级以上的学会、协会，高校、科研院所，政府机关举办的重要会议以及在国内召开的国际会议上发表的文献。其中，国际会议文献占全部文献的20%以上，全国性会议文献超过总量的70%，部分重点会议文献回溯至1953年。中国知网的中国学术会议网收录了许多会议信息。

### 2. 中国学术会议文献数据库

万方数据知识服务平台会议论文数据库包括中文会议和外文会议，中文会议收录始于1982年，年收集3000多个重要学术会议，年增20万篇全文，每月更新。外文会议主要来源于NSTL外文文献数据库，收录了1985年以来世界各主要学协会、出版机构出版的学术会议论文，共计766万篇全文。

### 3.《科技会议录索引》

《科技会议录索引》(Index to Scientific & Technical Proceedings，ISTP)创刊于1978年，由美国科学情报研究所编辑出版。该索引收录生命科学、物理与化学科学、农业、生物和环境科学、工程技术和应用科学等学科的会议文献，包括一般性会议、座谈会、研究会、讨论会、发表会等。其中工程技术与应用科学类文献约占35%，其他涉及学科基本与SCI相同。

**【学习资料2-2】** 中国科技大学图书馆提供的会议文献数据库，部分内容如下：

**NSTL国家科技图书文献中心会议文献检索系统**

**ACM Proceedings**：收录了美国计算机协会(Association for Computing Machinery，ACM)的会议录全文。

**ASCE Proceedings**：提供美国土木工程师学会(The American Society of Civil Engineers，ASCE)会议录全文。

**AIP Conference Proceedings(美国物理联合会会议录网络版)**：收录了美国物理联合会(AIP)自2000年以来出版的约500多种会议录(全文)。

**IEEE/IET Electronic Library(IEL)全文数据库**：提供美国电气电子工程师学会(Institute of Electrical and Electronics Engineers，IEEE)和英国工程技术学会(The Institution of Engineering and Technology，IET)出版的会议录全文。

**INSPEC(英国科学文摘)**：位于Web of Science平台。由英国电气工程师学会(IEE)出版的文摘数据库，是物理学、电子工程、电子学、计算机科学及信息技术领域的1500余种会议记录。

**SPIE Proceedings**：收录了国际光学工程学会(The International Society for Optical Engineering，SPIE)所有的会议录全文。

**中国学术会议在线**：为用户提供学术会议信息预报、会议分类搜索、会议在线报名、会议论文征集、会议资料发布、会议视频点播、会议同步直播等服务。

**allconferences.com**：提供各种会议信息的目录型网站，用户也可以通过搜索目录来获得特定的会议信息，同时该网站提供在线注册、支付程序等服务。网站提供的会议范围包括人文与社会科学、商业、计算机和互联网、教育等各学科领域的学术会议。

## 2.8 科技报告及其信息资源

中国科学技术信息研究所建有"国家科技报告服务系统",向社会公众无偿提供科技报告摘要浏览服务,向专业人员提供在线全文浏览服务,向各级科研管理人员提供统计分析服务。目前提供的报告包括:科学技术部、国家自然科学基金委员会、交通运输部、地方科技报告等 26 万多篇。据我国科技部报道,"十三五"时期,全社会研发经费支出从 2015 年 1.42 万亿元增长到 2019 年 2.21 万亿元,2019 年研发投入强度达到 2.23%。基础研究经费增长近一倍,2019 年达到 1336 亿元。技术市场合同成交额翻一番,2019 年超过 2.2 万亿元。世界知识产权组织发布的全球创新指数显示,我国排名从 2015 年第 29 位跃升至第 14 位。

### 2.8.1 科技报告基础知识

**1. 概念**

技术报告是描述科学研究过程、进展和结果,或者科研过程中遇到问题的文档,与期刊论文、会议论文等科技论文不同,技术报告在发表前很少经过独立审稿过程,即使审稿,也是机构内部审稿。所以对于技术报告,并没有专门的发表刊物等,往往是内部发表或者非正式发表。

**2. 主要内容**

主要内容包括:项目概况、引用标准、设计原则(实用性、创新性、可扩展性)、研究目标及主要技术指标、相关鉴定报告、质检报告,专利情况,项目研究总结。

**3. 检索项**

常用检索字段:标题、关键词、索取号、摘要、作者、作者单位、出版地。

### 2.8.2 科技报告示例

**1. 美国四大科技报告**

(1) PB 报告。1945 年 6 月,美国成立商务部出版局(Publication Board,PB),负责整理、公布从第二次世界大战战败国获取的科技资料,并编号出版,号码前统一冠以"PB"字样。20 世纪 40 年代的 PB 报告(10 万号以前),主要为战败国的科技资料;自 50 年代起(10 万号以后),则主要是美国政府科研机构及其有关合同机构的科技报告。PB 报告的内容绝大部分属科技领域,包括基础理论、生产技术、工艺、材料等。20 世纪 70 年代以后,侧重于民用工程技术。1970—1975 年,每年发表 PB 报告约 8000 件,至 1978 年总共发表约 30 万件。

(2) AD 报告(Armed Services Technical Information Agency Documents,美国国防部军事

技术情报局文献)。PB 报告、AD 报告的主要检索工具为美国《政府报告通报和索引》。

(3) NASA 报告。美国国家航空与宇宙航行局(National Aeronautics & Space Administration, NASA),拥有的研究机构产生的技术报告。其主要内容为:空气动力学、发动机及飞行器结构、材料、试验设备、飞行器的制导及测量仪器等,主要检索工具为《宇航科技报告》(STAR)。

(4) AEC/ERDA/DOE 报告。1946 年美国建立原子能委员会,简称 AEC。AEC 报告即为该委员会所属单位及合同户编写的报告;1975 年,该委员会改名为能源研究与发展署(简称 ERDA),AEC 报告于 1976 年改称 ERDA 报告;1977 年,该署又改组扩大为美国能源部(简称 DOE),1978 年 7 月起逐渐改为冠以 DOE 的科技报告,内容仍以原子能为重点。其主要检索工具为《核子科学文摘》,继之为《能源研究文摘》。

**2. 中国的科技报告**

中国科技报告包括:国家高技术研究发展计划;国家重点基础研究发展计划;国家科技支撑计划;国家科技重大专项;国家重大科学研究计划;国家国际科技合作专项;国家重大科学仪器设备开发专项;国家科学技术奖励项目;国家重点研发计划等。

**【学习资料 2-3】** 相关的中国科技计划。

(1) 国家高技术研究发展计划是中华人民共和国的一项高技术发展计划。该计划是以政府为主导,以一些有限的领域为研究目标的一个基础研究的国家性计划。1986 年 3 月,面对世界高技术蓬勃发展、国际竞争日趋激烈的严峻挑战,邓小平同志在王大珩、王淦昌、杨嘉墀和陈芳允 4 位科学家提出的"关于跟踪研究外国战略性高技术发展的建议"和朱光亚的极力倡导下,做出"此事宜速作决断,不可拖延"的重要批示,在充分论证的基础上,党中央、国务院果断决策,于 1986 年 3 月启动实施了"高技术研究发展计划(863 计划)",旨在提高我国自主创新能力,坚持战略性、前沿性和前瞻性,以前沿技术研究发展为重点,统筹部署高技术的集成应用和产业化示范,充分发挥高技术引领未来发展的先导作用。朱光亚是 863 计划的总负责人,参与了该计划的制订和实施。国家重点研发计划首批重点研发专项指南已于 2016 年 2 月 16 日发布,这标志着整合了多项科技计划的国家重点研发计划从即日起正式启动实施。这也意味着"863 计划"即将成为历史名词。

(2) 国家重点基础研究发展计划。1997 年,中国政府采纳科学家的建议,决定制订国家重点基础研究发展规划,开展面向国家重大需求的重点基础研究。

(3) 国家重点研发计划。国家重点研发计划由原来的 973 计划、863 计划、国家科技支撑计划、国际科技合作与交流专项、产业技术研究与开发基金和公益性行业科研专项等整合而成,是针对事关国计民生的重大社会公益性研究,以及事关产业核心竞争力、整体自主创新能力和国家安全的战略性、基础性、前瞻性重大科学问题、重大共性关键技术和产品,为国民经济和社会发展主要领域提供持续性的支撑和引领。将科技部管理的国家重点基础研究发展计划、国家高技术研究发展计划、国家科技支撑计划、国际科技合作与交流专项,发改委、工信部共同管理的产业技术研究与开发资金,农业部、卫计委等 13 个部门管理的公益性行业科研专项等,整合形成一个国家重点研发计划。

## 2.8.3 科技报告检索资源

中国知网科技报告(部分含全文)；国家科技报告服务系统；国家科技管理信息系统公共服务平台；National Technical Reports Library。部分科技报告检索系统如表 2-7 所示。

表 2-7 部分科技报告检索系统

| 名称 | 网址(仅供参考) |
| --- | --- |
| 中国知网科技报告 | http://r.CNKI.net/KNS/brief/result.aspx?dbPrefix=kjbg |
| 国家科技报告服务系统 | http://www.wanfangdata.com.cn/tech/techindex.do |
| 国家科技管理信息系统公共服务平台 | http://service.most.cn/index/ |
| National Technical Reports Library | https://ntrl.ntis.gov/NTRL/dashboard/searchResults.xhtml |

**【思考题 2-14】** 科技报告与图书、期刊论文、会议论文在内容和格式上有什么不同？科技报告的主要用途是什么？

**解决思路：** 可以在图书馆各数据库或相关网站上浏览或下载某科技报告，再结合图书、期刊论文、会议论文等内容，进行分析。关键要思考几者之间的特点。可以在上述相关网站上了解科技报告的用途，以及科技报告的参考文献的类型。学术或科研成果在参考文献上是互相联系、互相支持的。

# 2.9 其他类型信息资源

其他类型信息资源，包括年鉴、地方志、民国文献、家谱、视频资料、老照片、非物质遗产、少数民族资源、少儿资源、年画、科普科教、历史文化等，本节仅简单介绍手稿数据库、古籍数据库。读者可以根据学习或科研需要，了解更多信息。

## 2.9.1 手稿数据库

### 1. 手稿的概念

作者亲手书写在纸张、布帛或者竹简之上的原稿称为手稿。手稿范围广泛，类型多样，如钞本、稿木、笔记、注释、日记、书信、手抄乐谱、手绘地图等，学界一般也将用手工打字机打印的文稿作为手稿。

国家图书馆和上海图书馆分别建立了手稿特藏室。国家图书馆馆藏珍品特藏包含敦煌遗书、名家手稿等 280 余万册件。

### 2. 手稿数据库示例

Nineteenth Century Collections Online(19 世纪作品在线，NCCO)；敦煌文献数字图书馆；纳西手稿集数字化平台；数字化牛顿手稿等。

### 2.9.2 古籍数据库

**1. 古籍的概念**

古人写、印的书籍,一般指辛亥革命(1911年)之前历朝写本、刻本、稿本、拓本等。辛亥革命以后影印、排印的线装书籍(如《四部丛刊》《四部备要》等)也属古籍。现存古籍约有10余万种,绝大多数为线装,也有不少为卷轴装、经折装、蝴蝶装、包背装等形式。

**2. 古籍数据库示例**

中国国家图书馆的古籍资源库,包括:中华古籍资源库;中华医药典籍资源库(测试版);甲骨世界;碑帖菁华;敦煌遗珍;西夏碎金;数字方志;年画撷英;民国图书;民国期刊;民国法律;前尘旧影;宋人文集;中华古籍善本国际联合书目系统;东京大学东洋文化研究所汉籍全文影像数据库;哈佛大学哈佛燕京图书馆善本特藏资源;徽州善本家谱;古代典籍;四部丛刊;全宋诗分析系统;全唐诗分析系统;二十五史研习系统;国学宝典;四部丛刊增补版;中国基本古籍库;宝卷新集;中国经典库(道藏篇);敦煌文献库;二十五史考补;明清实录;中国方志库;全四库;历代石刻史料汇编;中国类书库;中国谱牒库;等等。

# 小 结

本章首先介绍信息与信息资源、信息检索等相关概念,以及三者之间的关系,信息是如何转换成信息资源的。然后介绍信息资源的分类,尤其是学术型信息资源。信息资源以数据库为主,提供各种检索项,检索项有通用的,有专门的,根据信息资源数据库的特点而定。读者要对各类信息资源的文档从格式和内容上了解,并明白它们的特点。第3章将介绍信息检索的一般方法和技巧,对各类信息资源数据库及其来源了解越多,就越能够更好地提升信息检索的范围和效果。

# 思考练习

1. 请分析信息、知识、情报的关系与异同。你在生活、学习中是否有将信息转换为知识、情报的经历,试谈谈三者转换的过程。

2. 请自行查找下列名词的概念,了解这些概念的特点,并说明查找的相关资料来源,评价这些获得的信息及其来源的权威性。名词如下:会议文献、学术论文、手稿、专著、报纸、古籍、专利文献、期刊、拓片、标准文献、技术报告。

3. 请尝试找出所在学校图书馆馆藏和电子数据库中本专业的相关资源,以及网络资源中本专业可以利用的资源。其中，本专业中文纸质图书 5 本，外文纸质图书 5 本，中文电子图书全文 5 本，外文电子图书全文 5 本，共计 20 本。要求：

(1) 纸质图书：列出纸质书籍的基本信息、馆藏地点；

(2) 电子图书：下载电子图书全文到本地硬盘后，列出书目信息；

(3) 写出搜索过程，心得体会。

4. 请分析比较图书、期刊论文、学位论文、报纸、科技报告等文献的特点。

# 第3章　原理篇：信息检索效果与技术

对于初级研究者来说，信息检索要解决的问题就是提高查全率和查准率，但前提是信息需求或问题要明确。单就文献类型来说，能够高效高质地获取图书和论文信息是科研的基本要求和主要要求，图书和论文的数字化格式不同，在检索中侧重点有所区别。对于特种文献的检索在科研中有时也是重要的。

【场景】你了解哪些信息资源以及它们的特点？现在有一个具体的任务，即写一篇与某门课程或专业相关的结课论文或报告。需要在构思结课论文或报告名称的基础上，确定一些检索词，你应该会在每一个类型的数据库中去检索并获取相关文献的内容。但是你是否清楚自己确定的关键词是否有效，是否足够呢？你是否就要开始漫长而琐碎的检索信息之旅呢？当你输入一些关键词后，发现有成千上万的文献信息，你是否觉得足够了呢？这些文献是否满足你的需要，如果满足了，你需要将这些文献信息一一阅读吗？是不是检索到越多的文献就意味着你的信息需求就得到更多的满足呢？当你面对相似内容的文献信息，你如何确定哪些需要重视，哪些可以忽略呢？所以，先别着急去检索，而是来看看信息检索有哪些技巧和注意事项吧。

## 3.1　信息检索效果评价指标

个人信息世界的内容要素包括各类信息源、信息和信息资产。而信息源对于个人来说，分为信息主体在物理上可及的信息源、可获取信息源、基础信息源、信息资产或资产化的信息。这4类信息对于个人来说使用频率和习惯更加密切。举例来说，互联网上的大多数信息对于每个人都是公开的。网络上流行过一句话："你朋友圈的平均水平，就是你的水平。"那么是什么导致每个人的信息世界不同呢？个人信息世界的边界包含三个维度：空间、时间、智识。经常利用信息的空间、时间和知识确定了每个人利用信息的特点，同时个人利用信息的动力决定了你的信息世界是否能够变化的因素。本节假设个人信息世界因素不变的情况下，如何提高查全率和查准率。

### 3.1.1　信息检索效果评价指标概述

检索效果是指检索系统检索的有效程度，它反映检索系统的能力，也涉及实施检索的人所能发挥检索系统的最大能力、效益等因素。检索效果包括6个评价指标：收录范围、查全率、查准率、响应时间、用户负担及输出形式。其中两个主要的衡量指标是查全率(recall ratio)和查准率(precision ratio)。

【思考题 3-1】信息检索效果包括6个评价指标，这种说法的原始参考文献是哪篇文献？它的原始内容是什么呢？怎么查找？

**解决思路：** 在查找查全率和查准率相关文献时候，得知一篇文献包含有以下相关内容：安兴茹,周咏仪.检索效果评价的数学模型研究[J]. 情报杂志, 2007(1): 61-63, 66. 该文论述"检索效果评价指标"部分见其参考文献 2：张保明.集合的重合度与检索效果评价指标[J]. 情报学报,1982,1(1):44-49. 该文涉及的检索效果评价指标部分内容见其参考文献 2：Lancaster F. W. Evaluation and testing of information retrieval systems[J]. Encyclopedia of library and information science, 1972(8):234-25. 该篇文献是原始文献吗？

在"百链云图书馆"（网址：http://www.blyun.com/）的"标题"文本框中输入：Evaluation and testing of information retrieval systems。出现的结果有 5 个。其中有一篇论文：CYRIL CLEVERDON.Evaluation Tests of Information Retrieval Systems[J]. Journal of Documentation, 1970, 26(1): 55-67，可以通过邮件传递得到全文。也有的说是：Cyril W. Cleverdon published early findings of the Cranfield studies, developing a model for IR system evaluation. See: Cyril W. Cleverdon, "Report on the Testing and Analysis of an Investigation into the Comparative Efficiency of Indexing Systems". Cranfield Collection of Aeronautics, Cranfield, England, 1962. 见：python_backup. Information retrieval 信息检索. https://www.cnblogs.com/webRobot/p/6047720.html。

在 Evaluation Tests of Information Retrieval Systems 原文中，应该是通过 emerald 下载的原文，第一页提到，下载该篇论文的用户一般也会下载如下论文：①C.W. CLEVERDON, (1974),"USER EVALUATION OF INFORMATION RETRIEVAL SYSTEMS", Journal of Documentation, Vol. 30 Iss 2 pp. 170-180. http://dx.doi.org/10.1108/eb026574；②CYRIL CLEVERDON, (1967),"The CRANFIELD TESTS ON INDEX LANGUAGE DEVICES", Aslib Proceedings, Vol. 19 Iss 6 pp. 173-194 http://dx.doi.org/10.1108/eb050097. ③CYRIL W. CLEVERDON, (1972),"ON THE INVERSE RELATIONSHIP OF RECALL AND PRECISION", Journal of Documentation, Vol. 28 Iss 3 pp. 195-201 http://dx.doi.org/10.1108/ eb026538。

**该文提到：** 查全率和查准率是 Perry 和 Kent 在 1957 年提出的。原文如下：The two most widely used measures, recall ratio and precision ratio, have become known as the 'Cranfield Measures' although they were originally proposed by Perry and Kent in 1957.(最广泛使用的两个度量，查全率和查准率，虽然最初是由 Perry 和 Kent 在 1957 年提出的，但是它们被称为 Cranfield 度量)见：PERRY, J. W. and KENT, A. Documentation and information retrieval. Western Reserve University, 1957.

对于信息检索效果包括 6 个评价指标最早出现在哪篇文献中。本文只是提出一个思路，就是要善于利用参考文献，追本溯源，就有可能找到该文献。

利用 CNKI 期刊全文数据库检索，"全文"包含"检索效果"的结果中，较早的外文论文是：Gerold Mikula. Der Einfluß mnemotechnischer Hilfen auf das Erlernen und Behalten verbalen Materials[J]. Psychologische Forschung,1971,34(4). 较早的英文论文是：Freundl P C,Senf G M. Effect of stimulus rate, material, and storage instructions on recall of bisensory items: storage or retrieval effects?[J]. Journal of experimental psychology,1972,96(2). 较早的中

文论文是：为早日实现图书情报工作现代化 机检用汉语主题表在编制中[J]. 国家图书馆学刊，1977(01):36.

利用 CNKI 期刊全文数据库检索，"全文"包含"查全率"的结果中，较早的外文论文是： MALOSSI M. [Six cases of Kaposi's varicelliform eruption; importance of the "recall" factor in its pathogenesis]. [J]. La Clinica pediatrica,1954,36(9).较早的中文论文是：周静华.关于加速我国体育图书情报工作现代化建设的探讨[J]. 北京体育学院学报,1979(02):25-32.

利用 CNKI 全库检索，"全文"包含"检索效果"的结果中，较早的外文文献是：O. Burešová,J. Bureš,Z. Bohdanecký,T. Weiss. Effect of atropine on learning, extinction, retention and retrieval in rats[J]. Psychopharmacologia,1964,5(4).较早的中文论文是：为早日实现图书情报工作现代化 机检用汉语主题表在编制中[J]. 国家图书馆学刊,1977(01):36.与期刊全文数据库检索结果一样。

利用 CNKI 全库检索,"全文"包含"查全率"的结果中,较早的外文文献是：C. M. FENN. REDUCIBLE HERNIA.Read in the Section on Surgery and Anatomy at the Forty-fifth Annual Meeting of the American Medical Association, held at San Francisco, June 5-8, 1894.[J]. JAMA: The Journal of the American Medical Association,1894,XXIII(1).不过这篇文献研究的是关于外科和解剖学的文献，具体内容不得而知了。较早的中文文献是：周静华.关于加速我国体育图书情报工作现代化建设的探讨[J]. 北京体育学院学报, 1979(02): 25-32.与期刊全文数据库检索结果一样。

### 1. 收录范围

在传统检索效果评价标准中，数据库收录范围指标被作为衡量查准率的一项辅助指标，用以揭示数据库的涵盖范围。它的计算公式为"给定时间内系统收录的文献总量"/"同期相关领域中的实际文献量"。

### 2. (系统)响应时间

计算机对用户的输入或请求做出反应的时间。系统响应时间的计算要考虑用户的数目，用户数目越多，响应时间必须越快，不然就难以保证每一个用户都有可以接受的响应时间。

### 3. 用户(检索)负担(成本)

或称信息检索(搜索)成本，是指为找到需要的信息(某物品市场最低价)而支付的各种费用、时间、精力及各种风险的总和。信息搜寻成本很大程度上随着人类文明的进步而降低。一是科学技术水平的提高，从而导致了知识存储介质和传播媒介的革命，如电子传播时代和网络传播时代更是使信息与物理实体相分离，完全跨越了地域的限制；二是人类社会组织方式的变化，这种变化促进了不同领域的信息在人群中的优化分布，如企业、学校、图书馆和沙龙。

信息论中用信号检测理论来描述人的许多信息行为，人对信息的反应分为四种：击中、正确拒斥、虚报和漏报。击中是指成功地找到目标信息，正确拒斥指成功地排除信息噪音，虚报指把噪音当成目标信息，漏报是指把目标信息当成噪音。成功的信息搜寻就是前两者的集合，即成功找到目标信息并且排除信息噪音。公式如下：信息搜寻成本＝获得目标信息的成本＋排除信息噪音的成本。在不同的历史时期，这两种成本的相对重要性是不同的。在信息匮乏、信息流通不畅的时代，获得目标信息的成本要远远大于排除信息噪音的成本。而在信息爆炸、信息畅通无阻的时代，排除信息噪音的成本就很可能要大于获得目标噪音的成本。

**4. 输出形式**

系统所检出的情报的表达形式，通常有文献号、题录、文摘或全文等。输出的信息越多且便于浏览，用户就越容易做出相关性判断。输出格式应该成为网络信息检索性能评价的一个重要指标。检索工具应该能够灵活地定义检索结果输出格式。利用网络环境的特点，检索工具如果能够提供如标题、说明语、URL、文件格式、语种、文摘等多种选择，以超级链接方式提供用户选择的话，相信会对系统本身的查准率提供一个修正。

接下来重点介绍查全率和查准率。

### 3.1.2 查全率

**1. 查全率概念**

查全率是指检出的相关文献量与检索系统中相关文献总量的百分比，是衡量信息检索系统检出相关文献能力的尺度，公式表示为：**查全率=(检出的相关文献总量/系统中的相关文献总量)×100%**。例如，要利用某个检索系统查某课题，假设在该系统数据库中共有相关文献40篇，而只检索出来30篇，那么查全率就等于75%。

**2. 查全率的影响因素**

(1) 信息存储(系统)方面。数据库(检索系统)收录文献信息不全；索引词汇缺乏控制和专指性；词表结构不完整；词间关系模糊或不正确；标引不详；标引前后不一致；标引人员遗漏了原文的重要概念或用词不当等。

(2) 信息检索人员方面。检索策略过于简单；选词和进行逻辑组配不当；检索途径和方法太少；业务不熟练和缺乏耐心；检索系统不具备截词功能和反馈功能，检索时不能全面地描述检索要求等。

**3. 查全率的局限性**

查全率的局限性主要表现在：第一，它是检索出的相关信息量与存储在检索系统中的全部相关信息量之比，但系统中相关信息量究竟有多少一般是不确知的，只能估计；第二，查全率或多或少具有"假设"的局限性，这种"假设"是指检索出的相关信息对用户具有同等价值，但实际并非如此。对于用户来说，信息的相关程度在某种意义上比它的数量重要得多。

#### 4. 提高查全率的方法

以下方法可能涉及后面的知识，可以先了解一下。

(1) 扩大检索课题的目标。

(2) 利用更多的数据库。跨库检索，如使用 CNKI 的跨库检索功能实现对不同类型文献的一次性检索。

(3) 逐步扩大检索途径的范围。依次选择题名、关键词、文摘、主题、任意字段(全文)往往能逐步提高查全率。通常用分类号也可检索到更多信息。

(4) 取消或者放宽限定条件。例如，避免使用或者放宽信息类型、语种、地理范围、年代范围等检索途径。

(5) 降低检索词的专指度，可以从词表或检出文献中选一些上位词或相关词补充到检索词。

(6) 外文单词使用截词检索，可以采用前截断、后截断、前后截断等截词方法。在中文类数据库可以使用更简短的检索词。例如，在 CNKI 的中文期刊数据库检索有关国内英语等级考试的期刊文章，在题名途径输入"英语""级"和"考试"，用逻辑运算条件"并且"连接。检索结果有"等级""四级""五级""六级"和"A 级"等词。

(7) 逐步扩大算符的检索范围，逐步提高查全率的算符依次是：位置算符(w→nw→near)→逻辑算符(and→or)。

**【思考题 3-2】** 提高相关文献的检索数量，是否查全率就能提高了呢？获取到更多的相关信息就能够对以前获取的信息有效补充？或者说，获取到 100 篇符合要求的文献，就是比 50 篇文献的有效信息多了 1 倍呢？

**解决思路：** 一般来说，获取更多的相关文献肯定更有价值，但获取文献数量的增多，并不意味着有效信息就相应增加。所以在信息检索过程中，还要懂得适可而止，即在一定的时间等条件限制下，获取的信息满足自己的需求即可。这种检索过程可能还会重来，或调整关键词等，那还是要看需求是否满足。

### 3.1.3 查准率

#### 1. 查准率概念

查准率是衡量某一检索系统的信号噪声比的一种指标，即检出的相关文献与检出的全部文献的百分比。公式表示为：**查准率=(检索出的相关文献量/检索出的文献总量)×100%**。例如，如果检出的文献总篇数为 50 篇，经审查确定其中与课题相关的文献只有 40 篇，另外 10 篇与该课题无关，那么这次检索的查准率就等于 80%。

**【思考题 3-3】** 请计算图 3-1 中的查全率和查准率。

**解决思路：** 在图 3-1 中：(1)的查全率为：100/100；查准率为：100/120；(2)的查全率为：(35-15)/100；查准率为：20/35；(3)的查全率为：15/100；查准率为：15/15；(4)的查全率为：0/100；查准率为：0/20。

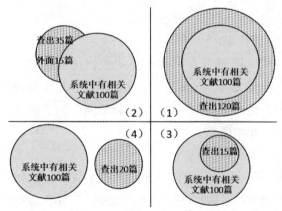

图 3-1　查全率和查准率示意图

**2. 影响查准率的因素**

**索引词**不能准确描述文献主题和检索要求；组配规则不严密；选词及词间关系不正确；标引过于详尽；组配错误；检索时所用检索词(或检索式)专指度不够，检索面宽于检索要求；检索系统不具备逻辑"非"功能和反馈功能；检索式中允许容纳的词数量有限；截词部位不当，检索式中使用逻辑"或"不当等等。

实际上，影响检索效果的因素是非常复杂的。根据国外有关专家所做的实验表明，查全率与查准率是呈反比关系的。

**3. 查准率与查全率的关系**

查准率主要取决于检索语言的专指性和所拟定的检索策略能否准确表达用户真正的情报需求。若检索策略拟定得较宽泛，参与组配的检索词较少，主题词的概念比用户的情报需求宽泛，则查准率会降低，而查全率将增加，因为二者一般呈互逆相关关系。

查准率表示某一检索系统在运行过程中拒绝无关文献，选出相关文献的能力，同时也是用户从检出文献中进一步筛选出相关文献所需时间的一种间接测度。要想做到查全，势必会要对检索范围和限制逐步放宽，其结果是会把很多不相关的文献也带进来，影响查准率。查全率和查准率同时提高是不容易的。强调一方面，忽视另一方面，也是不妥当的。应当根据具体课题的要求，合理调节查全率和查准率，保证检索效果。

**4. 提高查准率的具体方法**

在检索系统和数据库确定的前提下，若要提高文献检索的查准率，选择主题词范围就要窄一点，专指度要高一些，逻辑算符应选择具有缩检意义的"逻辑与"。

(1) 选择主要概念和基本概念。

为了提高查准率，应在多个主题概念中选择主要概念和基本概念，删除重复概念及与课题不相关的概念。

(2) 提高主题词的专指度。

为提高文献检索的查准率，选择主题词时应尽量避免选择外延广泛的上位词，而应增加或换用专指性较强的主题词和下位词进行检索。

(3) 选择规范专业用语检索。

许多全文数据库采用关键词(即自由词)检索。关键词未经词形控制及词义控制，这使得检索语言中存在大量的同义词、近义词、多义词、同形异义词和词义含糊而导致理解不一的词，因此，简单的关键词检索往往会降低检索质量。为了提高检索的查准率，在选择主题词时应选择规范的专业术语。

(4) 采用"逻辑与"组配。

在文献检索过程中，单个主题词的计算机检索比较简单，2个或2个以上的主题词则需要先根据检索课题的要求对主题词进行组配。"逻辑与"组配具有缩检功能，因此要提高检索的查准率，可用"AND"连接一些能进一步限定主题概念的相关检索项。

**【思考题 3-4】** 假如你是一个信息检索系统的负责人，在面对查全率和查准率时，你会提高哪一个呢？

**解决思路：** 首先你要知道你的身份，即一个信息检索系统的负责人，而不是信息检索系统的用户。其次，你要知道查准率和查全率是一个矛盾关系，二者很难共同提高。第三，明白查全率和查准率对于信息检索系统来说，哪个更重要。从短期来说，查全率更重要，从长远来说，查准率更重要。另外，作为一个信息检索系统的负责人，如何精确知道用户的真实需求呢？如何让用户能更方便、友好、有效地利用该信息检索系统呢？

## 3.2 信息检索基本技术

检索的查寻过程实际上就是将用户的检索提问与数据库的检索标识相比较决定取舍的过程，两者比较结果相一致者即为命中。命中的中间结果可以再次与新的提问式相比较匹配。一个检索课题通常经过多次的修饰匹配检索，直至最终命中检出的文献符合用户的需求。在这个查寻过程中，主要采用以下几种基本检索技术。

### 3.2.1 布尔逻辑检索

用布尔逻辑运算符进行检索词的逻辑组配，是常用的一种检索技术。常用的逻辑运算有3种：与、或、非。优先顺序为 NOT、AND、OR。若有括号，则先执行括号内检索式。布尔逻辑运算如表 3-1 所示。

表 3-1 布尔逻辑运算表

| 名称 | 符号 | 表达式 | 功能 |
| --- | --- | --- | --- |
| 逻辑与 | * 或 and | A*B | 同时含有提问词 A 和 B 的文献，为命中文献 |
| 逻辑或 | + 或 or | A+B | 凡是含有提问词 A 或 B 的文献，为命中文献 |
| 逻辑非 | - 或 not | A*(-B) | 凡是含有提问词 A 但不含有 B 的文献，为命中文献 |

三者的关系如图 3-2 所示。

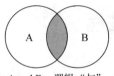
A and B：逻辑"与"
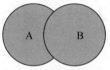
A or B：逻辑"或"
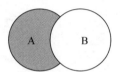
A not B：逻辑"非"

图 3-2　布尔逻辑检索

### 3.2.2　初级检索

初级检索是一种简单检索，选择检索项(主题、题名、关键词、摘要等)，输入检索词，单击检索按钮，则系统将在检索项内进行检索，任一项中与检索条件匹配者均为命中记录。

完整的操作步骤：选择检索项—输入检索词—词频—扩展—起止年—更新—范围—匹配—排序—每页。

### 3.2.3　高级检索

高级检索是一种比初级检索要复杂一些的检索方式，但也可以进行简单检索。高级检索特有的功能如下：多项双词逻辑组合检索、双词频控制。

多项是指可选择多个检索项；双词是指一个检索项中可输入两个检索词(在两个输入框中输入)，每个检索项中的两个检索词之间可进行 5 种组合：并且、或者、不包含、同句、同段，每个检索项中的两个检索词可分别使用词频、最近词、扩展词；逻辑是指每一检索项之间可使用逻辑与、逻辑或、逻辑非进行项间组合。

利用高级检索系统能进行快速有效的组合查询，优点是查询结果冗余少，命中率高。对于命中率要求较高的查询，建议使用该检索方式。

### 3.2.4　引文检索

这里的引文包括引证文献和参考文献链接。参考文献：链接到该篇文章的引用文献。引证文献：链接到引用该篇文章的文献。

引文链接功能，除了可以构建相关的知识网络外，还可用于个人、机构、论文、期刊等方面的计量与评价。例如可以通过"引证文献链接"逐篇统计某作者期刊论文被引情况。

上述检索技术将会在以后的各章中，在实际数据库检索中穿插介绍。

查准率，可用"AND"连接一些能进一步限定主题概念的相关检索项。

【思考题 3-5】请思考布尔逻辑运算与查全率、查准率的关系。

**解决思路：**布尔逻辑运算可以扩大、收缩或改变查找的范围。查全率的改变，也要通过调整查找范围来实现。查准率的改变，需要调整检索精度，这也和布尔逻辑运算相关。检索过程，基本是利用布尔逻辑运算调整检索结果，提高查全率或查准率。

## 3.3 信息检索的过程

信息检索过程中，熟悉各类信息源是基础，是信息检索过程中不可忽视的部分。检索过程不仅仅是一门方法和科学，还是一门需要综合运用知识和方法的艺术。你可能发现自己的课题题目有问题，需要否定课题，也可能调整方向。深入思考信息检索的整个过程，学习知识并发现新的知识点，还有可能获得意外的知识点或研究方向。

### 3.3.1 规划课题

分析问题，确定研究的主题，这个问题可以由导师给出，也可以由研究者自己提出，还可以参考相关项目成果。要确保有研究价值，课题用词具有专业性和科学性，不会引起歧义，目标明确。

比如，某课题组研究的主要内容和方向是人工智能技术推动的阅读推广活动的评价指标进行科学性和可执行性的研究。根据研究的前期成果，可以暂定为：基于人工智能的阅读推广活动绩效评价指标的自适应性优化研究。

### 3.3.2 制定关键词

根据课题的名称和研究内容，制定相关关键词。关键词可以由课题和相关内容直接给出，也可以根据研究内容深化辨识出关键词，但需要具有专业性和特殊性。一般建议主关键词3~5个，太多的关键词让检索工作过于复杂，太少的关键词会让检索结果数量过于庞大。

在制定关键词时，要注意同义词、上位词、下位词，对于英文来说，还要注意一些单词的异体写法、单复数和其他形式，如名词、动词、形容词、过去式等词性和语法，以及词组的固定搭配。

比如，通过前期的研究结果，阅读推广活动评价指标的自适应性和科学性研究的主关键词是：人工智能、阅读推广、评价指标、自适应优化。

根据相关数据库检索，与"人工智能"相关的中文词汇有：机器人、人工智能技术、计算机视觉、决策系统、大数据、人工智能时代、问题求解、神经网络、深度学习、智能机器人、专家系统、物联网、机器学习、人工智能领域、人工智能产业、人工神经网络、知识库、云计算、知识工程、人工智能应用、故障诊断、传感器、智能制造、模式分类、数据挖掘、数据库、工业机器人、图像处理、搜索技术、工业互联网、区块链、计算机、学习者、遗传算法、电气自动化控制、模式识别、大数据时代、人工智能系统、数字化转型等。

与"阅读推广"相关的中文词汇有：图书馆、阅读推广活动、高校图书馆、公共图书馆、图书馆阅读、全民阅读、全民阅读推广、阅读推广策略、儿童阅读推广、阅读推广模式、经典阅读、数字阅读、少儿阅读推广、新媒体、全民阅读活动、阅读服务、高职院校图书馆、数字阅读推广、儿童阅读、图书馆服务、大学生阅读、微信公众平台、少儿阅读、推广研究、策略研究、阅读活动、实践与思考、少儿图书馆、阅读推广人、高职院校、图书馆员、阅读现状、推广服务、新媒体时代、高校阅读推广、中国图书馆学会、阅读推广委员会、大学图书馆、新媒体环境下等。

与"评价指标"相关的中文词汇有：指标体系、层次分析法、评价指标体系、综合评价、绩效评价、模糊综合评价、指标体系研究、评价体系、AHP、评价方法、绩效评价指标体系、实证研究、综合评价指标体系、评价模型、指标权重、因子分析、主成分分析、二级指标、模糊综合评价法、实证分析、平衡计分卡、熵权法、一级指标、风险评价、TOPSIS、熵值法、竞争力评价指标体系、模糊综合评判、DEA、主成分分析法、绩效评价体系、模糊数学、安全评价、判断矩阵、高职院校、指标研究、竞争力、德尔菲法、综合评价研究等。

与"自适应优化"相关的中文词汇有：自适应、遗传算法、粒子群算法、粒子群优化算法、自适应遗传算法、收敛速度、优化算法、粒子群优化、优化设计、多目标优化、自适应控制、变异概率、神经网络、PID、交叉概率、参数优化、惯性权重、控制器、测试函数、差分进化算法、目标函数、优化控制、粒子群、模糊控制、函数优化、变异算、最优解、蚁群算法、变异率、控制器参数、局部最优、改进遗传算法、参数自适应、健壮性、优化研究、支持向量机、种群多样性、目标函数值、主动控制等。

根据上述关键词，需要综合考虑主要的关键词和搜索内容，还可以考虑更改题目。

### 3.3.3 限定检索范围

要对相关数据库等信息资源进行初步限定，比如信息资源的语种、出版时间、文献类型等。一般来说，图书作为研究的基础，如概念和原理可以参考。期刊作为文献的主要来源，外文和中文都不少。课题研究，随着研究级别的升高，参考文献应该有不少最新的成果。当然，专利和学位论文等特殊文献，针对不同的项目，具有不同的重要性。

### 3.3.4 评估检索结果

对检索的结果数量和质量进行评估，需要一定的专业知识，同时还要参考网络上各种媒体发布的最新的相关知识，有的信息主要从行业网站或政府部门网站获取，如统计数据等。要解读所获取的信息，进行快速的分析，有的文献信息需要重点阅读和学习，以增加课题的专业性，这些文献需要保留。

### 3.3.5 完成检索

完成检索不是必须把所有相关文献都检索出来，课题的研究往往是在一定的人财物力的限制下进行的，如果检索的结果满足了课题对于信息的需求，或者检索到的新的文献与原来的文献重复度过高，或新的文献与课题研究的关系越来越远，就要适可而止。在研究的过程中，总会有新的文献出现，对参考文献资料实时更新即可。整个信息检索过程如图 3-3 所示。

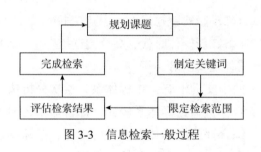

图 3-3 信息检索一般过程

# 小 结

本章首先介绍信息检索效果评价指标,重点掌握查全率和查准率的概念及其影响因素,以及提高查全率和查准率的具体方法。然后介绍信息检索的基本技术,包括布尔逻辑检索、初级检索、高级检索和引文检索。最后分析了信息检索的主要过程。信息检索的熟练程度和效果会随着具体操作的运用、教学科研的不断需求而逐渐提高,而且会在信息检索过程中增长新的知识点。

# 思考练习

1. 请利用百度、360 搜索等搜索引擎,结合自己的专业或熟悉的内容,进行信息检索,针对检索效果的 6 个评价指标,评价百度、360 搜索等系统的检索效果。本题目旨在锻炼学生对于系统中信息检索效果的认识和分析能力,不作为任何参考依据。

2. 请利用中国知网期刊、万方期刊、维普期刊等数据库,结合自己的专业或熟悉的内容,进行信息检索,针对检索效果的 6 个评价指标,评价它们的检索效果。

3. 自己制定一个课题名称,结合书中给出的信息检索一般过程,进行实际检索,写出具体检索过程,并总结其中的经验和教训。

# 第4章 深入篇：单类型文献检索

通过单类型文献(数据库)的检索方法及其案例，从文献需求的角度让用户对于单类型数据库的功能和内容有明确的认识，这也是对用户信息检索的基本要求。

【场景】假设你现在需要一本或具有相关内容的图书，请列出你找到这本书的思路或过程：你是要购买还是去图书馆借阅，要电子版还是纸质版；如果需要去图书馆借阅，你是否了解纸质图书的相关检索项；如果需要电子图书，你是否了解电子图书的相关检索项；你是否知道电子图书与纸质图书检索在检索界面和功能的异同之处呢；如果你只是想了解某知识点，想找到相关图书或权威图书，如何查找，是通过电子图书获取相关知识点容易，还是纸质图书容易呢。假设你现在需要一些相关的期刊论文，当你输入几个关键词，看到成千上万篇论文时，如何选择；如何快速确定符合要求的适量期刊论文呢；通用的搜索引擎在获取图书和期刊论文时有无参考作用。假设你仅仅想要某一个特定的文献，还有哪些特殊的文献资源或数据库可以获取呢。

## 4.1 图书检索

图书检索，即包括简单地根据图书主要检索项检索，也包括根据内容需要的检索。随着文献信息的全文检索功能的实现，电子图书及其检索呈现出更多的优势，一些数据库中纸质图书检索的内容也在不断加大。围绕图书、用户及其阅读行为建立的阅读社区已成为纸质和电子共存的图书检索数据库的主要表现形式。

检索图书的顺序：先免费，后付费。具体顺序：图书馆的纸质图书检索系统，图书馆的(中/外文)电子图书数据库，图书馆文献传递系统(如 NSTL、CASHAL 等)，网络电子图书检索及全文系统；当当网等商业化的纸质和电子图书商店等。

### 4.1.1 纸质图书检索

**1. 纸质图书检索系统中的匹配方式**

(1) 精确匹配。精确输入检索入口词，则系统检索出的结果完全符合所输入的检索条件。

(2) 前向匹配。也称前方一致，系统检索出的结果从左数前若干个字符都符合检索条件，但其余部分不一定符合条件，检索结果数量要比精确匹配多。

(3) 模糊匹配。只要部分符合检索条件，系统就会检索出来，检索结果的数量要远远大于前向匹配。

## 2. 纸质图书高级检索示例

(1) 多字段检索。

在中国国家图书馆"联机公共目录查询系统"的"多字段检索"中,图书的检索项包括:主题,著者,题名起始于(以题名的第一个字开始),题名,出版年,出版者,词临近,书目库(中文、外文)。检索项的关系:与。检索限制条件:语言(中文、日语、英语等),开始年份,结束年份,资料类型,分馆等。多字段检索如图4-1所示。

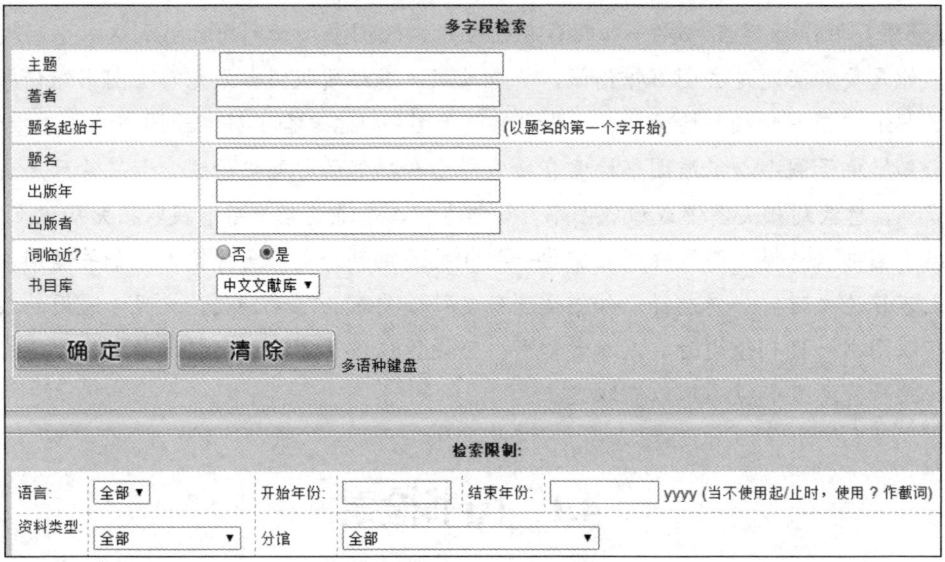

图4-1 多字段检索示例

在相关检索项输入关键词后,检索结果可以显示:头标区、ID 号、通用数据、题名与责任、版权项、出版项、载体形态项、语言、题名责任注、内容提要、主题、中图分类号、著者、所有单册、馆藏等信息。纸质图书检索结果如图4-2所示。

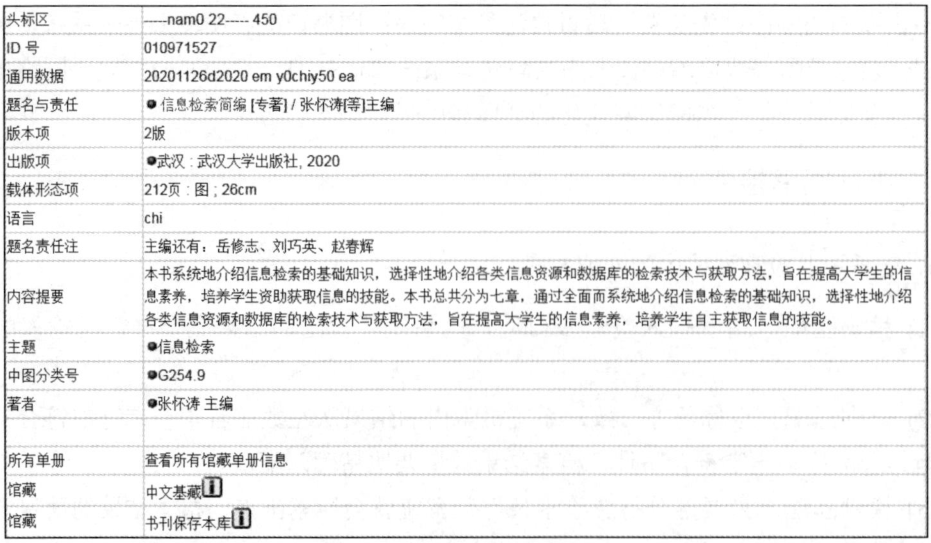

图4-2 纸质图书检索结果示例

(2) 多库检索。

在中国国家图书馆"联机公共目录查询系统"的"多库检索"中,有一些不同图书及其他数据库可以选择,如中文及特藏数据库:中文普通图书库、音像制品和电子资源(含中外文)、民语文献、中文期刊、中文报纸、中文缩微文献、台港图书及海外出版的中文图书、普通古籍(含新线装)、善本古籍文献、学位论文、联合国资料、地方志、家谱文献等。外文文献数据总库:外文图书、外文善本、外文缩微文献、外文期刊、外文报纸(含台港外文报纸)外文乐谱、外文地图、国际组织和外国政府出版物等。多库检索如图 4-3 所示。

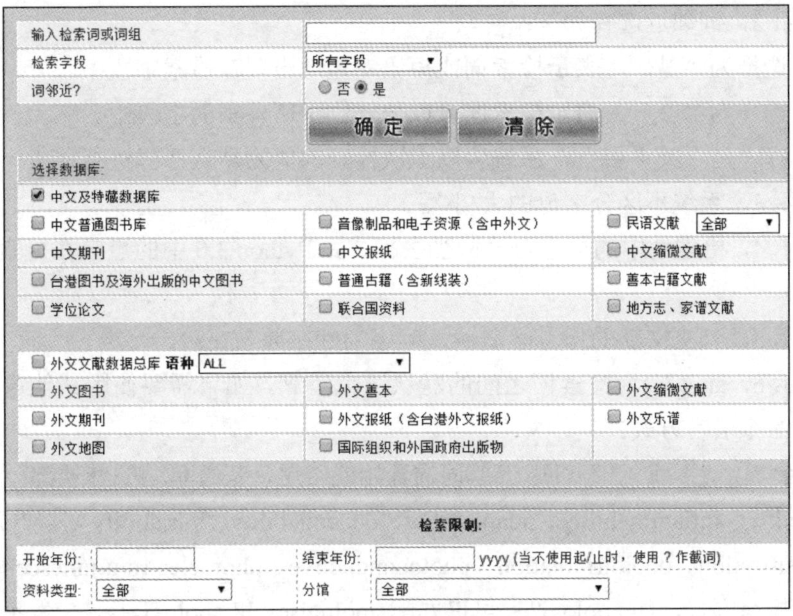

图 4-3 多库检索示例

(3) 组合检索。

在中国国家图书馆"联机公共目录查询系统"的"组合检索"中,所有字段将会以"与(AND)"的关系进行检索。所有字段包括:正题名、其他题名、著者、主题词、中图分类号、论文专业、论文研究方向、论文学位授予单位、论文学位授予时间、出版地、出版者、丛编、索取号、ISSN、ISBN、ISRC、条码号、系统号等,如图 4-4 所示。

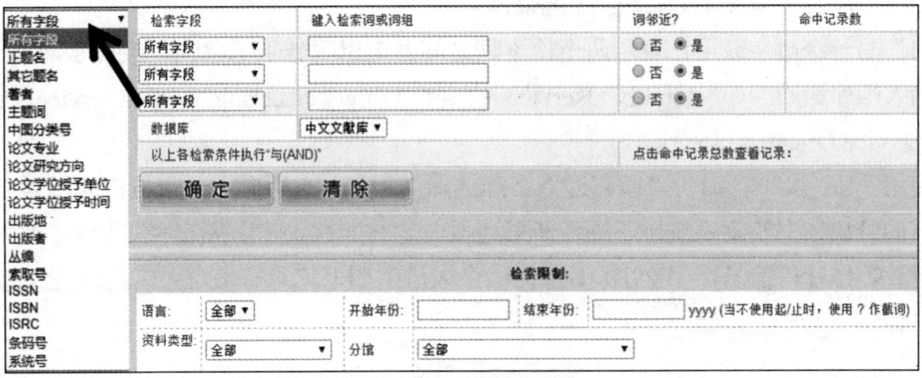

图 4-4 组合检索示例

### 3. 通用命令语言检索

通用命令语言(common command language，CCL)是系统提供的检索命令语言。

(1) 提示1，CCL检索命令：

WRD=(笔记本 OR 手提电脑) AND 芯片，将检索出包含笔记本或手提电脑，且包含芯片的记录。

| WRD —— 任意字段 | WTI —— 题名字段 | WAU —— 作者字段 |
| WSU —— 主题字段 | WPU —— 出版者字段 | WYR —— 出版年字段 |

(2) 提示2，词邻近选择如下：

词邻近选择为"是"，表示检索词或短语完整地出现在检索字段中。

词邻近选择为"否"，表示检索词可以分开位于所检索的字段中。

没有选择"是"或"否"，系统将以上次检索的值为默认选择进行检索。

(3) 提示3，系统不区分字母的大/小写。

(4) 提示4，检索词中的标点符号应当去掉，如Python 3.0中的点应在检索时去掉，输入为30。

(5) 提示5，外文文献的作者姓名输入顺序为姓在前名在后。

(6) 提示6，and(与)为检索词之间的默认逻辑运算。如果需要使用其他逻辑操作，可以选择通用命令语言方式。

(7) 提示7，"?"或"*"可用于单词的开始或结尾，代替单词的其他部分。"?ability"检索到usability、inflammability、adaptability、dependability、variability等。"photo?"检索到photosensitization、photoirradiation、photoconductive、photoelectroluminescence等。"?"查找不同的拼写方式，如apologi?es可以匹配apologises和apologizes。"?"不能同时用于单词的开始和结尾。"?"或"*"作为占位符，可以代替任意多个字符。如con?tion，检索到以con开头，以tion结尾的所有单词。

(8) 提示8，"%"和"!"，分别如下。

"%"与一个数字联用，表示出现在两个检索词之间的单词个数小于该参数，检索词出现的顺序不固定。如，Library %3 service 检索到：Library electronic lending service，Library Public Information Service，Library management service，Library intelligent service，Library integrated service，Service Oriented Library 等。

"!"与一个数字联用，表示两个检索词之间固定出现若干个单词，且检索词出现的顺序与输入顺序相同。如，Library !3service 检索到 Library electronic lending service，但不会出现 Service Oriented Library。

使用"%"和"!"时，"词邻近"必须选择"是"。通用命令语言检索如图4-5所示。

有的纸质图书检索系统，还提供新书通报、购书推荐、排行榜(借阅、检索、收藏、书评、查看等排行榜信息)、我的图书馆(提供个人借阅图书记录等信息)、阅读报告、学科服务等内容。

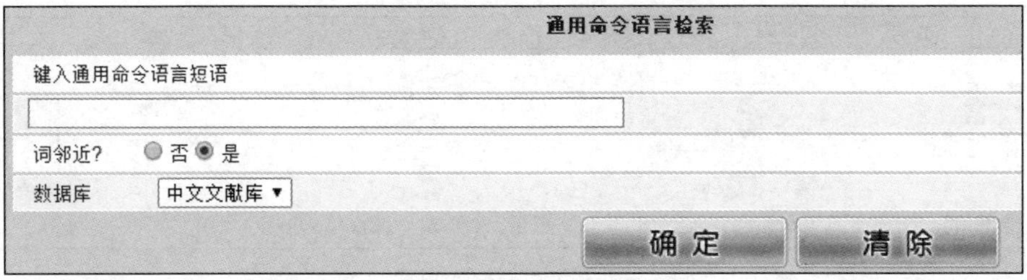

图 4-5 通用命令语言检索示例

**【思考题 4-1】** 如何查找原始文献(图书)？

**解决思路：** 在科研中经常会引用一些知识点，可能是一个概念、一句话或者一个图表。即使科研的重点不在这个知识点，但引用也是要注意的事情。对于初级科研人员来说，引用权威文献或作者有一定难度。因此还要大量阅读文献，包括图书。搜索图书很多时候是为了学习，有时候是为了引用文献。在引用文献时，最好要引用原始的文献，避免引用二手的文献，以免带来错误或冲突。要正确地引用自己看过的文献，如果是根据自己的记忆来引用文献，常常会有出错的可能性，所以文献引用要谨慎。同时，要注意图书版本。同一本书，不同版本，内容也不一样。要根据使用的目的，选择不同的版本。

## 4.1.2 电子图书检索

### 1. 电子图书检索功能

电子图书与纸质图书的检索界面相比，在基本检索功能上，一般会增加"全文"检索功能。在高级检索功能上，区别不大。一般情况下，电子图书数据库由供应商集成提供，相对纸质图书检索而言，没有书号、馆藏地点、购买时间等检索项。超星汇雅电子图书数据库检索界面如图 4-6 所示。

图 4-6 电子图书高级检索示例

### 2. 电子图书阅读界面功能

电子图书数据库的优越性在于可以实现图书的全文在线阅读或下载。有的电子图书数据库提供在线阅读，或以专用软件辅助阅读。例如，提供目录，供选择章节阅读；选择任意页码阅读；放大、缩小内容；文本摘录；打印；纠错；下载；以及全文检索等。图 4-7 为超星电子图书数据库提供的电子图书阅读界面。

图 4-7　电子图书阅读界面示例

### 3. 电子图书数据库其他功能

电子图书数据库还可以提供与图书的相关功能。例如，在超星汇雅电子图书数据库中，提供图书分类浏览、今日推荐、特色专题库、新书推荐、分类推荐、计算机和手机客户端下载等功能。

## 4.1.3　图书阅读社区(平台)

### 1. 传统图书数据库的阅读功能扩展

纸质图书检索系统也提供了读者、图书的检索、借阅行为的汇总，并生成一些排行榜，如图书借阅、图书检索、图书推荐排行榜，以及读者的借阅记录等信息。同时，一些纸质图书检索系统也提供了本图书馆拥有的相应的电子资源，做到了纸质和电子图书资源信息的互联互通。

电子图书数据库在分类和算法的基础上，提供图书的分类阅读、特色库、图书推荐等功能，同时加大移动阅读平台的建设力度。例如，超星电子图书在手机阅读上，提供了建立在相关图书馆微信平台上的纸质图书检索、电子图书阅读功能，以及"移动图书馆""学习通"手机应用软件。移动图书馆或学习通软件的功能都超越了图书阅读的功能，在文献类型上提供了综合的文献信息，而且还提供了用户和用户之间交流的功能，以及发布阅读推广活动和参与活动等功能。因为手机应用软件能记录用户的特定信息，所以可以给用户推送定制化和个性化的信息。

### 2. 综合型图书阅读社区(平台)

独立的综合型阅读社区根据用户发布的阅读或图书的信息，把用户之间、图书之间，以及用户和图书之间的关系有机结合起来，形成了庞大的综合的图书交流群体，如豆瓣读书、微信读书。以豆瓣读书为例，豆瓣读书的检索非常简单，仅仅提供书名、作者、ISBN检索项。在检索框中输入关键词后，就某一本图书，豆瓣读书除了可以提供书名、页码、ISBN、封面图片等信息外，还可以提供豆瓣评分、"想读 在读 读过 评价""写笔记 写书评 加入购书单 分享到"、内容简介、作者简介、目录、原文摘录、豆瓣成员常用的标签、喜欢读该书的人也喜欢、短评、读书笔记、论坛等功能，"当前版本有售"提供了这本书的其他版本、一些电子图书销售网站的链接和二手市场的相关信息。

豆瓣读书在其入口界面还提供我读、动态、豆瓣猜、分类浏览、购书单、电子图书、豆瓣书店、年度榜单、书影音报告、购物车等栏目，以及新书速递、图书资讯、最受关注图书榜、豆瓣书店、电子图书、最受欢迎的书评、热门标签、畅销图书榜、豆瓣图书 250 等栏目。

微信读书主要提供电子图书检索和全文阅读功能，根据用户登录的信息，还提供我的书架、猜你喜欢、TOP200 总榜、TOP200 新书出版、分类榜单等功能。

**【思考题 4-2】** 想要阅读有关"人工智能"的图书，如何确定书单呢？

**解决思路：** 有如下渠道和方式：第一，百度搜索"人工智能"图书，结果会显示京东等网络书店提供的信息，可以根据综合排序、销量、价格、评论数、上架时间、出版时间等排序；一些个人网站(博客)提供的书单，如"史上最完整的人工智能书单大全，学习 AI 的请收藏好"。第二，在相关图书馆搜索，如国家图书馆的馆藏目录查询。第三，在超星等电子图书数据库中查询。最后，根据提供的检索结果，进行简单对比分析，即可得出初步的书单(1~5 本即可)。

## 4.1.4 图书推荐及排行榜信息

有些图书提供了需要阅读的图书信息，网络上也有图书推荐名单，有些图书检索系统或阅读平台也提供了相关图书排行榜，这些都可以作为读书参考或指导作用。

### 1. 推荐书目的图书

推荐书目是针对特定用户群或特定目的，围绕某一专门问题，对文献进行选择性的推荐，以指导自学或普及知识而编制的书目。据称，我国现存最早的推荐书目是在敦煌发现的《杂钞》，该书目用问答体形式为青年士子们开列了 25 种文献。《群书治要》是我国古代治政书籍的选辑，由魏征等受命于唐太宗李世民，以辑录前人著述作谏书的匡政巨著，"爱自六经，讫乎诸子；上始五帝，下尽晋年。凡为五帙，合五十卷"。下面仅列举当今的几部推荐书目信息的图书。

(1) 王余光. 中国读者理想藏书[M]. 北京：光明出版社，1999.

(2) 王乐. 30 部必读的科普经典[M]. 北京：北京工业大学出版社，2006.

(3) 张秀平，王晓明. 影响中国的 100 本书[M]. 南宁：广西人民出版社，1993.

(4) 程悦，叶立文，桑靖宇，等. 影响中学生的 100 部名著[M]. 武汉：长江文艺出版社，2005.

(5) 刘锋. 20 世纪影响世界的百部西方名著提要[M]. 桂林：漓江出版社，2000.

### 2. 书单和图书排行榜

人民网、中国共产党新闻网根据习近平总书记多次在重要场合谈及自己的读书单，这是指导读书的重要书单。另外，也有一些图书书单和排行榜，对阅读起到帮助作用，如表 4-1 所示。

表 4-1　书单和图书排行榜示例

| 书单及排行榜 | 网址(仅供参考) |
| --- | --- |
| 收藏这份学"习"书单 跟习近平总书记学读书之道 | http://cpc.people.com.cn/n1/2020/0423/c164113-31684534.html |
| 中华书局《中华优秀传统文化百部经典读本》 | https://www.sohu.com/a/145276072_160261 |
| 梁启超开列的国学入门书目 | https://www.douban.com/group/topic/5261339/ |
| 教育部推荐的"大学生必读书目" | https://www.sohu.com/a/168927811_366132 |
| 中国图书馆学会阅读推广委员会的面向大学生的常见心理困扰对症书目 | http://www.lib-read.org/doc/worksshow.jsp?id=1446 |
| 好书中的好书——2019 年 8 家好书榜精选书目 | http://blog.sina.cn.cn/s/blog_542d9f710102ywex.html |
| 中国图书馆学会阅读与心理健康专业委员会整理的"好书中的好书"(2014—2016) | http://blog.sina.cn.cn/s/blog_542d9f710102x661.html |
| 中国图书馆学会大学生阅读专业委员会整理的"全国大学生经典阅读征文荐书榜(2016)" | http://www.lib-read.org/book/bookshow.jsp?id=186 |
| 北京大学百年校庆推荐书目 | http://www.sohu.com/a/ 132916599_508063 |
| 清华大学学生应读书目 | http://www.sohu.com/a/209647389_806954 |
| 西南交通大学推荐的经典阅读书目(2019 版) | https://news.swjtu.edu.cn/shownews-17796.shtml |
| 河南大学 2017 级新生应读书目 | http://www.sohu.com/a/190644110_705924 |
| 深圳图书馆的《2020 南书房家庭经典阅读书目》 | https://www.sohu.com/a/390629526_480195 |
| 广西人民出版社出版的《影响世界的 100 本书》 | https://baike.so.com/doc/1174164- 1241982.html |
| 榜中榜：20 所著名高校图书借阅榜大汇总 | http://blog.sina.cn.cn/s/blog_542d9f710102wbyk.html |
| 当当网图书榜 | http://bang.dangdang.com/books/ |
| 京东网图书销量榜 | http://book.jd.com/booktop/0-0-0.html?category=1713-0-0-0-10001-1 |
| 亚马逊图书销售排行榜 | https://www.amazon.cn/gp/bestsellers/books/ |
| 豆瓣图书 Top 250 | https://book.douban.com/top250?icn=index-book250-all |

## 4.2　期刊论文数据库检索

　　在相关期刊数据库上根据篇名或作者，简单地输入相应的关键词，找到一些论文，这仅仅是初步的期刊论文检索。如何找到自己想要的论文呢？另外，如何快速跟随导师进行文献阅读的科研工作呢？自己所在的专业的研究热点和趋势是什么呢？这些问题如何从期刊论文的研究开始寻求部分答案呢？

## 4.2.1 期刊论文数据库功能简介

以 CNKI 期刊全文数据库为例,数据库界面分为:①检索的分类,包括高级检索、专业检索、作者发文检索、句子检索、一框式检索;②辅助部分,包括文献分类目录、检索历史、浏览历史;③检索部分。

### 1. 高级检索

检索部分是数据库的主要功能。高级检索功能主要包括以下内容。

(1) 在检索项中,包括主题、篇关摘、关键词、篇名、摘要、全文、被引文献、中图分类号、DOI、栏目信息等输入关键词,关键词之间的关系可以是"并含""或含""不含",检索项的关系可以是"并且""或者""不含"。

(2) 检索条件还包括作者单位、年限、指定期、更新时间、来源期刊、来源类别、支持基金等。

(3) 检索结果包括包含资讯、网络首发、增强出版、数据论文、中英文扩展、同义词扩展等。期刊论文数据库主要界面如图 4-8 所示。

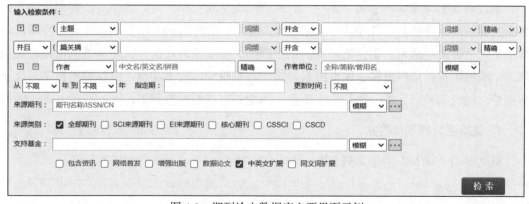

图 4-8  期刊论文数据库主要界面示例

### 2. 专业检索

可以在文本框中输入专业检索表达式。可检索字段包括:SU=主题,TKA=篇关摘,TI=题名,KY=关键词,AB=摘要,FT=全文,AU=作者,FI=第一作者,RP=通讯作者,AF=作者单位,JN=期刊名称,RF=被引文献,RT=更新时间,YE=期刊年,FU=基金,CLC=中图分类号,SN=ISSN,CN=CN 号,CF=被引频次。如:

(1) TI='力学' and KY='材料科学' and (AU % '米'+'秦')  可以检索到篇名包括"力学"并且关键词包括"材料科学"并且作者为"米"姓和"秦"姓的所有文章。

(2) SU='多目标优化'*'粒子群算法' and FT='电动汽车'  可以检索到主题包括"多目标优化"及"粒子群算法"并且全文中包括"电动汽车"的信息。

(3) SU=('可织性'+'颜色深度')*'标准差'-'心电'  可检索"可织性"或"颜色深度"有关"标准差"的信息,并且可以去除与"心电"有关的部分内容。

(4) TI='压缩 $ 2' 可检索在篇名中"压缩"至少出现 2 次的文献。

(5) KY=xls('稻田土壤') AND KY=xls('三维荧光光谱') 可检索到关键词同时包含"稻田土壤"和"三维荧光光谱"的中英文文献。

### 3. 作者发文检索

可以在检索项"作者"和"作者单位"中输入关键词。一个作者有或者曾经有多个单位，可以追加作者单位的输入。

### 4. 句子检索

可以在检索项全文的"同一句""同一段"中输入关键词。"同一句"和"同一段"的关系可以选择"并且""或者""不含"。

## 4.2.2　期刊论文检索的确定过程

以 CNKI 期刊全文数据库为例，确定需要的 30 篇或合适数量的中文期刊论文，关键词为染整，检索时间为 2020 年 12 月 27 日。

当以篇名为检索项，输入"染整"时，会出现下拉菜单，可以看出与染整相关的范围更小的词语，如染整工艺 针织物、染整工艺 竹纤维织物、染整工艺 竹纤维、中空聚酯纤维染整工艺、染整技术、染整新技术、染整助剂、染整工艺与原理、染整工艺原理、染整加工、染整工程、染整设备、染整废水、纺织品染整学、皮革染整、针织物染整、轻化工程染整、绿色染整、艺术染整、生态染整、涤纶染整、新型染整等。

### 1. 以篇名为检索项检索

篇名含有"染整"的论文有 3701 篇。

### 2. 确定年限

收集近 5 年来的论文。2016—2020 年，论文有 399 篇。

### 3. 调整期刊来源类别

取消"全部期刊"，选择 SCI 来源期刊、EI 来源期刊、核心期刊、CSCD。不选择 CSSCI，是因为"染整"方面的论文是以自然科学论文为主。论文有 115 篇。在检索结果的左侧还有学科分类、来源类别、期刊、关键词、为我推荐等栏目，对检索的论文有一个简单分类。在检索结果的右侧为主要部分，可以按"主题""发表年度""基金""研究层次""作者""机构"等分组浏览；论文可以按照"相关度""发表时间""被引""下载"等排序；检索到的每一篇论文的信息包括篇名、作者、刊名、发表时间、被引、下载、阅读、收藏等。检索结果如图 4-9 所示。

| | 篇名 | 作者 | 刊名 | 发表时间 | 被引 | 下载 | 阅读 | 收藏 |
|---|---|---|---|---|---|---|---|---|
| 1 | 纯竹浆纤维面料的染整加工 | 王光东;胡青青;陈鹏志;王凯;于艳松 | 印染 | 2020-12-21 | | 4 | HTML | ☆ |
| 2 | 新型泡沫染整前处理技术 | 张金菊; 殷允杰; 王潮霞 | 印染助剂 | 2020-10-20 | | 31 | HTML | ☆ |
| 3 | 行业全过程水特征污染物和优控污染物清单筛选技术研究及其在常州市纺织染整业的应用 | 刘铮;曹婷;王璠;李子秀;党春阁 | 环境科学研究 | 2020-09-22 13:27 | | 74 | HTML | ☆ |
| 4 | 新型泡沫染整助剂 | 何贵平; 费良; 王潮霞 | 印染助剂 | 2020-09-20 | | 46 | HTML | ☆ |
| 5 | 板栗壳色素在棉/苎麻面料染整中的应用 | 张钰 | 印染助剂 | 2020-09-20 | | 32 | HTML | ☆ |
| 6 | 万寿菊色素提取及在棉针织面料染整中的应用 | 邹庆川 | 针织工业 | 2020-08-28 | | 32 | HTML | ☆ |
| 7 | 防熔融飞溅阻燃粘胶/羊毛混纺织物的染整加工 | 张生辉;赵雷;蔡普宁;李世雄;刘琳 | 印染 | 2020-08-25 | | 7 | HTML | ☆ |
| 8 | 气相色谱-质谱法同时测定染整助剂中18种氯代烃类有机溶剂 | 汤娟; 周佳; 钱凯; 丁友超 | 分析测试学报 | 2020-08-21 | | 50 | HTML | ☆ |

图 4-9　期刊论文数据库检索结果示例

## 4. 根据三种排序获得主要论文

(1) 按“被引”排序，获得前 N(示例中，N=10)篇论文，结果如图 4-10 所示。

| | 篇名 | 作者 | 刊名 | 发表时间 | 被引 | 下载 | 阅读 | 收藏 |
|---|---|---|---|---|---|---|---|---|
| 1 | 泡沫染整典型工艺加工技术的应用概要 | 李平舟 | 染整技术 | 2016-01-20 | 9 | 254 | HTML | ☆ |
| 2 | 纺织染整行业定型机废气污染治理与控制技术措施研究 | 鲁玉龙; 李刚 | 环境工程 | 2016-08-30 | 8 | 474 | HTML | ☆ |
| 3 | 制革染整工段废水中铬的存在形式及对其去除的影响 | 唐余玲; 周建飞; 张文华; 石碧 | 中国皮革 | 2017-10-27 14:31 | 7 | 458 | HTML | ☆ |
| 4 | 浅谈生态纺织染整技术及其发展动向 | 刘道春 | 印染助剂 | 2017-05-20 | 7 | 338 | HTML | ☆ |
| 5 | 艺术染整造型在服装创意图形中的应用研究——评《服装创意面料设计》 | 覃莉方 | 印染助剂 | 2017-12-20 | 6 | 71 | HTML | ☆ |
| 6 | 超细锦氨弹力纬编针织物的染整加工 | 黎永宁 | 印染 | 2016-03-15 | 6 | 114 | HTML | ☆ |
| 7 | 气相色谱-质谱法测定染整助剂中19种有害有机溶剂 | 周佳; 汤娟; 丁友超; 曹锡忠 | 分析测试学报 | 2018-02-25 | 5 | 109 | HTML | ☆ |
| 8 | 基于气相色谱-质谱法测定染整助剂中的硫酸二甲酯 | 陈丽华;徐晓春;涂红雨;王俊苏;张后兵 | 染整技术 | 2016-02-20 | 5 | 142 | HTML | ☆ |
| 9 | 解读微胶囊技术在染整加工中的应用 | 洪桂香 | 染整技术 | 2016-06-20 | 5 | 273 | HTML | ☆ |
| 10 | 《纺织染整工业废水治理工程技术规范》修订思路 | 马春燕; 奚旦立; 刘媛; 刘振鸿; 尚光旭 | 印染 | 2016-04-01 | 5 | 246 | HTML | ☆ |

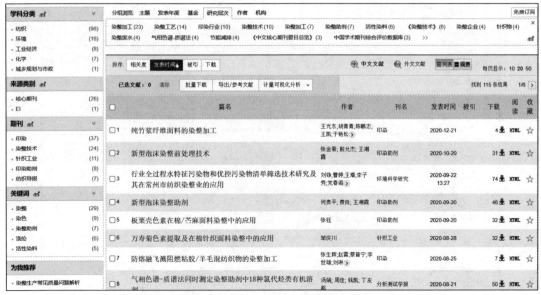

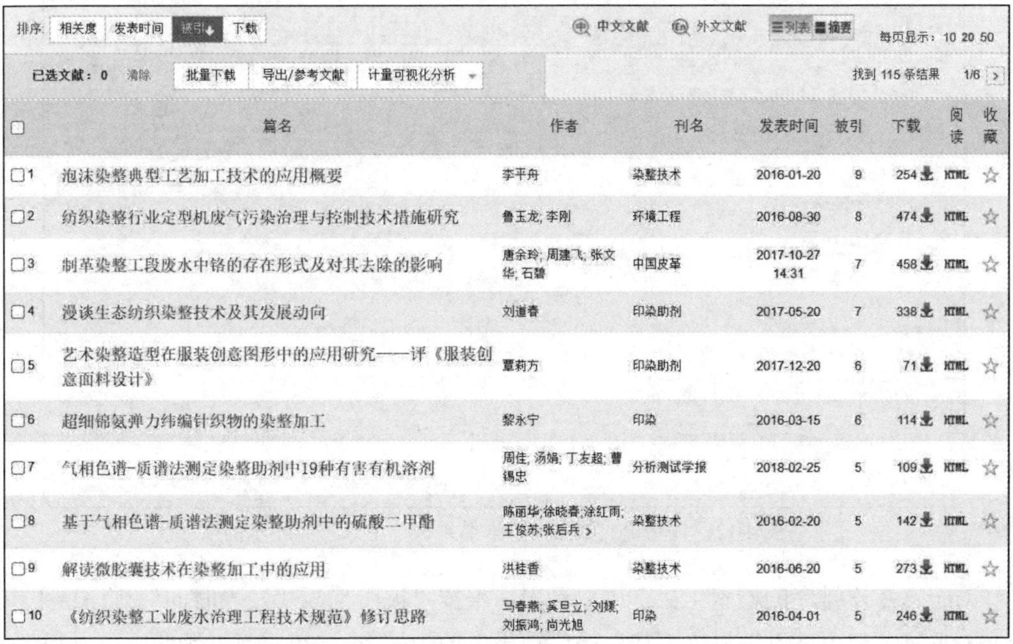

图 4-10　期刊论文数据库检索结果按“被引”排序示例

(2) 按“发表时间”排序，前 N(示例中，N=10)篇论文(或近一年)，结果如图 4-11 所示。

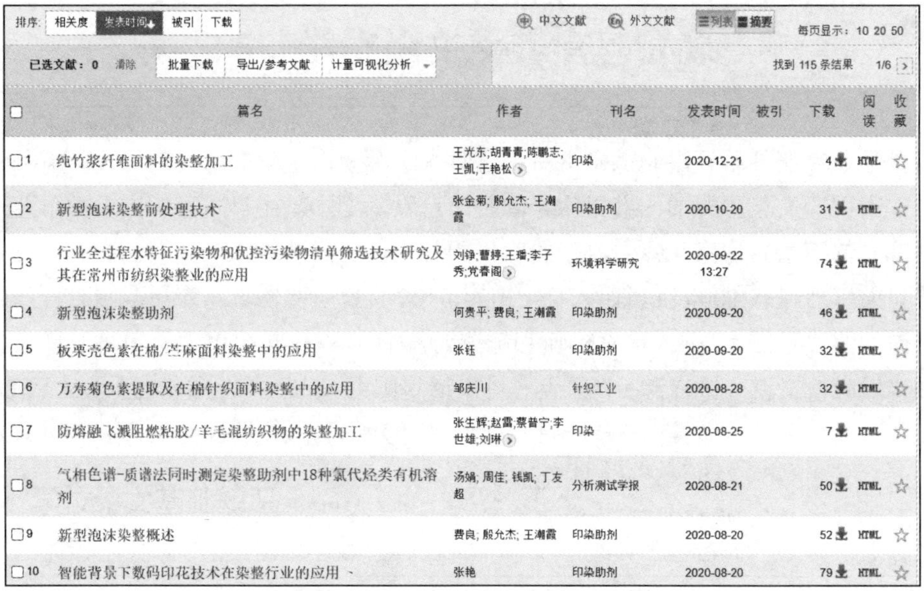

排序: 相关度 | 发表时间 | 被引 | 下载　中文文献　外文文献　列表　摘要　每页显示：10 20 50

已选文献：0　清除　批量下载　导出/参考文献　计量可视化分析　找到 115 条结果　1/6

| | 篇名 | 作者 | 刊名 | 发表时间 | 被引 | 下载 | 阅读 | 收藏 |
|---|---|---|---|---|---|---|---|---|
| 1 | 纯竹浆纤维面料的染整加工 | 王光东;胡青青;陈鹏志;王凯;于艳松 | 印染 | 2020-12-21 | | 4 | HTML | ☆ |
| 2 | 新型泡沫染整前处理技术 | 张金菊; 殷允杰; 王潮霞 | 印染助剂 | 2020-10-20 | | 31 | HTML | ☆ |
| 3 | 行业全过程水特征污染物和优控污染物清单筛选技术研究及其在常州市纺织染整业的应用 | 刘铮;曹婷;王璠;李子秀;党春阁 | 环境科学研究 | 2020-09-22 13:27 | | 74 | HTML | ☆ |
| 4 | 新型泡沫染整助剂 | 何贵平; 费良; 王潮霞 | 印染助剂 | 2020-09-20 | | 46 | HTML | ☆ |
| 5 | 板栗壳色素在棉/苎麻面料染整中的应用 | 张钰 | 印染助剂 | 2020-09-20 | | 32 | HTML | ☆ |
| 6 | 万寿菊色素提取及在棉针织面料染整中的应用 | 邹庆川 | 针织工业 | 2020-08-28 | | 32 | HTML | ☆ |
| 7 | 防熔融飞溅阻燃粘胶/羊毛混纺织物的染整加工 | 张生辉;赵雷;蔡普宁;李世雄;刘琳 | 印染 | 2020-08-25 | | 7 | HTML | ☆ |
| 8 | 气相色谱-质谱法同时测定染整助剂中18种氯代烃类有机溶剂 | 汤娟; 周佳; 钱凯; 丁友超 | 分析测试学报 | 2020-08-21 | | 50 | HTML | ☆ |
| 9 | 新型泡沫染整概述 | 费良; 殷允杰; 王潮霞 | 印染助剂 | 2020-08-20 | | 52 | HTML | ☆ |
| 10 | 智能背景下数码印花技术在染整行业的应用 | 张艳 | 印染助剂 | 2020-08-20 | | 79 | HTML | ☆ |

图 4-11　期刊论文数据库检索结果按“发表时间”排序示例

(3) 按“下载”排序，前 N(示例中，N=10)篇论文(或近一年)，结果如图 4-12 所示。

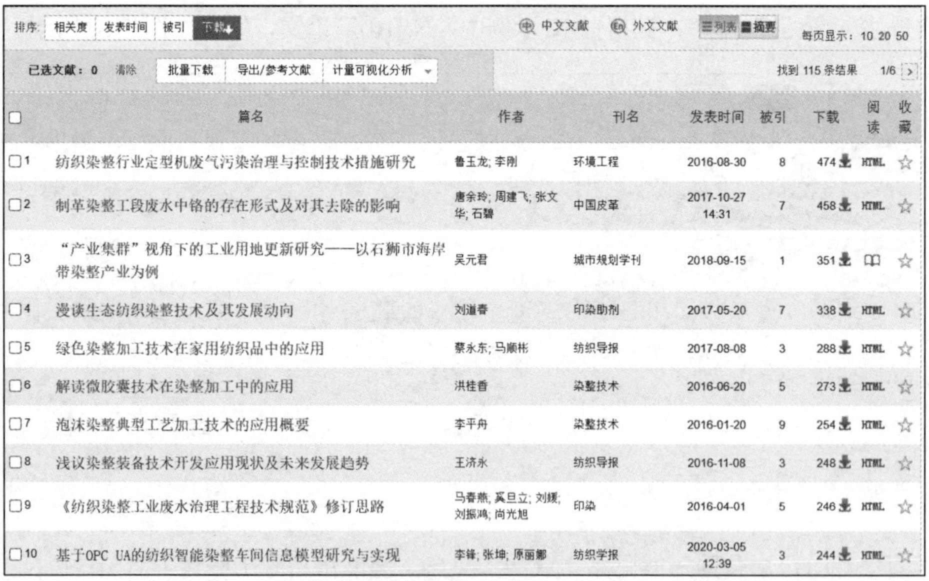

排序: 相关度 | 发表时间 | 被引 | 下载　中文文献　外文文献　列表　摘要　每页显示：10 20 50

已选文献：0　清除　批量下载　导出/参考文献　计量可视化分析　找到 115 条结果　1/6

| | 篇名 | 作者 | 刊名 | 发表时间 | 被引 | 下载 | 阅读 | 收藏 |
|---|---|---|---|---|---|---|---|---|
| 1 | 纺织染整行业定型机废气污染治理与控制技术措施研究 | 鲁玉龙; 李刚 | 环境工程 | 2016-08-30 | 8 | 474 | HTML | ☆ |
| 2 | 制革染整工段废水中铬的存在形式及对其去除的影响 | 唐余玲; 周建飞; 张文华; 石碧 | 中国皮革 | 2017-10-27 14:31 | 7 | 458 | HTML | ☆ |
| 3 | “产业集群”视角下的工业用地更新研究——以石狮市海岸带染整产业为例 | 吴元君 | 城市规划学刊 | 2018-09-15 | 1 | 351 | | ☆ |
| 4 | 漫谈生态纺织染整技术及其发展动向 | 刘道春 | 印染助剂 | 2017-05-20 | 7 | 338 | HTML | ☆ |
| 5 | 绿色染整加工技术在家用纺织品中的应用 | 蔡永东; 马顺彬 | 纺织导报 | 2017-08-08 | 3 | 288 | HTML | ☆ |
| 6 | 解读微胶囊技术在染整加工中的应用 | 洪桂香 | 染整技术 | 2016-06-20 | 5 | 273 | HTML | ☆ |
| 7 | 泡沫染整典型工艺加工技术的应用概要 | 李平舟 | 染整技术 | 2016-01-20 | 9 | 254 | HTML | ☆ |
| 8 | 浅议染整装备技术开发应用现状及未来发展趋势 | 王济永 | 纺织导报 | 2016-11-08 | 3 | 248 | HTML | ☆ |
| 9 | 《纺织染整工业废水治理工程技术规范》修订思路 | 马春燕; 奚旦立; 刘媛; 刘振鸿; 尚光旭 | 印染 | 2016-04-01 | 5 | 246 | HTML | ☆ |
| 10 | 基于OPC UA的纺织智能染整车间信息模型研究与实现 | 李锋; 张坤; 原丽娜 | 纺织学报 | 2020-03-05 12:39 | 3 | 244 | HTML | ☆ |

图 4-12　期刊论文数据库检索结果按“下载”排序示例

对于这 3 次排序的检索结果，可以看出，根据“被引”与“发表时间”排序结果中的论文不重复，但“被引”与“下载”排序结果中的论文有 6 篇重复。因此，可以得到 24 篇论文。

### 5. 检索方式的不足

当然，上面的检索方式也有不足之处，主要表现在以下几个方面。

(1) 按“被引”或“下载”的排序时，可以不限时间，这样得到论文结果会更有效。

以“被引”排序为例，检索结果如图 4-13 所示。

| | 篇名 | 作者 | 刊名 | 发表时间 | 被引 | 下载 |
|---|---|---|---|---|---|---|
| 1 | $TiO_2$膜太阳光催化氧化法处理毛纺染整废水 | 孙尚梅; 康振晋; 魏志仿 | 化工环保 | 2000-02-29 | 144 | 287 |
| 2 | 氨纶的结构、性能和染整(一) | 宋心远 | 印染 | 2002-11-20 | 66 | 1304 |
| 3 | 超声波技术及其在染整加工中的应用 | 王爱兵; 朱小云; 杨斌 | 针织工业 | 2004-02-29 | 62 | 862 |
| 4 | 聚乳酸纤维染整加工的进展 | 李金宝; 唐人成 | 印染 | 2004-05-15 | 62 | 376 |
| 5 | 生物酶在染整加工中的应用(一) | 陈颖 | 印染 | 2003-11-30 | 54 | 1121 |
| 6 | 牛奶蛋白纤维的性能及其染整加工 | 董勤霞;潘玉明;柯华; | 印染 | 2006-01-01 | 48 | 577 |
| 7 | 纺织品泡沫染整加工 | 刘夺奎; 董振礼; 潘煜标 | 印染 | 2005-09-15 | 41 | 691 |
| 8 | 微电解-Fenton氧化处理难降解蒽醌染整废水试验 | 杨健; 吴云涛; 邢美燕 | 同济大学学报(自然科学版) | 2005-12-30 | 40 | 557 |
| 9 | 芳纶1313染整工艺探讨 | 柯晓超; 邓东海; 阮爱先 | 印染 | 2004-08-15 | 35 | 394 |
| 10 | 含氨纶弹力织物的产品开发与染整加工(一) | 杨栋樑 | 印染 | 1999-01-15 | 35 | 287 |

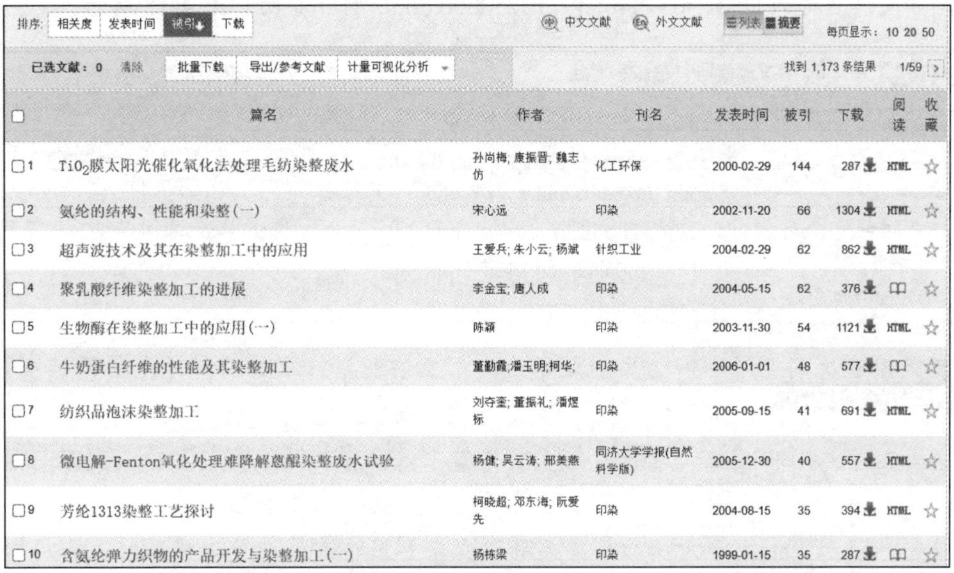

图 4-13　期刊论文数据库检索结果按“被引”且不限年限排序示例

检索结果按“被引”且不限年限排序后，检索结果与限制近 5 年的检索结果完全不同。这两种结果哪种更好，需要专业人员根据需求来确定。

(2) 对于社科类或人文类论文，年限可能需要更长一些，或不限制。

对于上述的检索方法或技巧，这是一种检索训练，做科研或学习，需要粗读文献后再确定所需要的资料。仍以 CNKI 期刊数据库中篇名含有“染整”且符合一定条件的 115 篇论文为例。在粗读时，在数据库中研读逐篇论文的简要信息(包括摘要和关键词)不太方便，所以，下面介绍小技巧。

**【扩展阅读 4-1】** CNKI 的“导出/参考文献”功能，如图 4-14 所示。

第一，选择 115 篇文献，首先单击“摘要”，然后单击“导出/参考文献”。

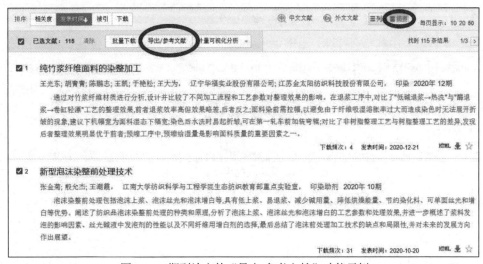

图 4-14　期刊论文的“导出/参考文献”功能示例

第二，选择 NoteExpress 格式，选择 doc 或 xls 格式导出。

比如文件名称为 CNKI-637446840713750000.doc，打开界面如图 4-15 所示。

图 4-15　CNKI 的文献管理中心—文献输出界面(NoteExpress 格式)

**【思考题 4-3】** 如何了解相关学校在某一个专业或方向上期刊论文数量和质量的比较？

**解决思路：** 可以选择在"主题"或"篇关摘"的检索项中输入一个或几个关键词，在作者单位或第一单位中对某几个学校分别检索，在来源类别上分别检索论文数量结果，以及对论文被引排序，进行综合分析。另外，利用不同的期刊论文数据库，尤其是外文期刊论文数据库检索，能得到更全面的检索结果与分析。以上检索结果仅供参考。

### 4.2.3　期刊论文之间的关系

下面以 CNKI 中某论文为例介绍论文之间存在的关系。

论文的引文网络具体内容如图 4-16 所示。

图 4-16　某论文的引文网络示例

论文引文网络主要概念如下。

**1. 节点文献**

节点文献即本文献。

### 2. 参考文献

反映本文研究工作的背景和依据。

### 3. 二级参考文献

本文参考文献的参考文献，进一步反映本文研究工作的背景和依据。

### 4. 引证文献

引用本文的文献，本文研究工作的继续、应用、发展或评价。

### 5. 二级引证文献

本文引证文献的引证文献，更进一步反映本文研究工作的继续、发展或评价。

### 6. 共引文献

共引文献也称同引文献。与本文有相同参考文献的文献，与本文有共同研究背景或依据。

### 7. 同被引文献

与本文同时被作为参考文献引用的文献，与本文共同作为进一步研究的基础。

## 4.2.4 基于期刊论文统计分析的学术热点和学术趋势

### 1. 学科学术热点

学科学术热点，即某一阶段受研究者关注的课题。

例如，由中国人民大学书报资料中心、光明日报社理论部和《学术月刊》杂志社正式发布的 2019 年度中国十大学术热点，分别是：习近平外交思想研究；新中国成立 70 周年：成就梳理、经验总结与理论阐释；国家制度和国家治理问题研究；五四运动百年回顾；船山学新诠释；中国社会学重建 40 年的回顾与展望；中华民族共同体意识研究；中国脱贫攻坚理论与实践；空间布局优化与区域协调发展研究；信息社会的学习方式变革。2020 年度的中国十大学术热点，分别是：习近平生态文明思想研究；马克思主义经典作家的理论贡献及当代价值；百年变局下的中国与世界；民法典阐释与适用；中华文化基因的历史探源；重大突发公共卫生事件的多学科研究；脱贫攻坚与乡村振兴；张载思想的现代价值；图像学视域下的文学艺术研究；数字经济与发展新动能。

**在中国学术文献网络出版总库的"学科学术热点"中，对前 4 万篇文献分组，取前 60 个分组词，形成热点主题，包括：主要知识点、主题所属学科名称、热度值、主要文献数、相关国家课题数、主要研究人员数、主要研究机构数等信息。热点主题或主要知识点可以作为检索项，输入关键词，即可显示相关结果。中国学术文献网络出版总库的"学科学术热点"部分内容，如图 4-17 所示。**

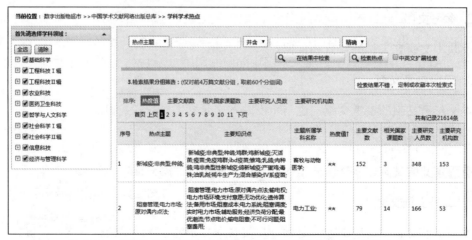

图 4-17　中国学术文献网络出版总库的"学科学术热点"部分内容

## 2. 学术趋势

中国知网对于学术趋势的理解：学术趋势搜索以海量资源为基础，深入分析收录的1997年后发表的期刊文献的发展趋势和关注度，为用户绘制学术关注趋势图和用户关注趋势图，并统计全部年度及各年度的热门被引文章、近一年及各月份的热门下载文章，帮助用户迅速了解研究领域或方向的发展趋势。以"生物制品"检索词为例，如图4-18所示。

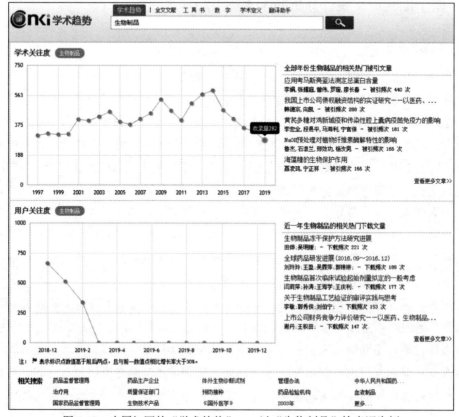

图 4-18　中国知网的"学术趋势"——以"生物制品"检索词为例

学术趋势主要包括以下概念。

(1) 学术关注度。以中国知网知识资源总库中与关键词最相关的文献数量为基础，统计关键字词作为文献主题出现的次数，形成的学术界对某一学术领域关注度的量化表示。

(2) 用户关注度。以用户在中国知网系列数据库中所下载文章的数量为基础，统计关键词作为主题的文章被下载的次数，形成的用户对某一学术领域关注度的量化表示。

(3) 高频被引文献。学术关注度统计图中被标记高亮点的地方，显示此年份被高频引用的文献。

(4) 高频浏览文献。用户关注度统计图中被标记高亮点的地方，显示此月份的网节被高频浏览的文献。详细内容参见http://csti.cnki.net/innoserved.html。

## 4.3 基于特殊需求的特种文献检索

文献(数据库)除了图书、期刊，还有一些特殊文献。报纸以刊载新闻和时事评论为主；年鉴以记述上年度事物运动、发展状况为主要内容；会议文献主要包含各国或国际学术会议所发表的论文或报告；百科概要介绍人类一切门类知识或某一门类知识的工具书，供查检所需知识和事实资料之用，但也具有扩大读者知识视野，帮助系统求知的作用；词典用来解释词语的意义、概念和用法；手册收录一般资料或专业知识；专利文献记载专利申请、审查、批准过程中所产生的各种有关文件的文件资料；标准文献是指由技术标准、管理标准、经济标准及其他具有标准性质的类似文件所组成的一种特种文献。

特种文献有很多类型，它们具有不同的用途。本节主要介绍博/硕士学位论文数据库的检索方法，以做到触类旁通。

### 4.3.1 硕/博士学位论文检索概述

以万方数据知识服务平台中的"学位论文"为例，检索功能分为高级检索、专业检索、精确检索等。

#### 1. 高级检索

常用检索字段：主题、题名或关键词、题名、第一作者、作者单位、作者、关键词、摘要、基金、DOI等。检索项关系：与、或、非。运算符优先级：() > not > and > or。输入的关键词匹配可以是精确或模糊。

#### 2. 专业检索

专业检索可以使用""(双引号)进行检索词的精确匹配限定。例如，题名："设计" or (摘要："服装" and 作者单位：中原工学院)可以检索到题名包含"设计"的文献或摘要中包含"服装"、作者单位为中原工学院的文献。

### 3. 精确检索

输入作者名称和作者单位等字段来精确查找相关作者的学术成果，系统默认精确匹配，可自行选择精确还是模糊匹配。同时，可以通过单击文本框前的"+"号来增加检索字段。若某一行未输入作者或作者单位，则系统默认作者单位为上一行的作者单位。

**【思考题 4-4】** 作为一名大学生，你正在选择报考研究生。在选择学校和导师方面，你将如何利用学位论文数据库提供参考？

**解决思路：** 可以在学位论文数据库中，根据专业名称，选择授予学位多、有博士论文的学校；在导师方面，可以选择指导学生发表学位论文数量较多的导师。再综合考虑自身条件和想法来决定。以上检索方法仅供参考。

### 4.3.2 学位论文数据库中专业与学校及导师的匹配检索

以万方数据知识服务平台中的"学位论文"为例，查找的"专业—学位"是"机械制造及其自动化"，检索到的学位论文有 26 398 篇。

在检索结果的左侧为论文分类，包括：学位授予时间、学科分类、授予学位、学位授予单位、语种、来源数据库、导师等。可以在授予学位中的选择项中选择"硕士"，结合学位授予单位和导师，选择需要的信息。检索结果如图 4-19 所示。

图 4-19 万方学位论文数据库检索结果示例

# 小　结

本章对于单类型的文献及其数据库检索进行深入介绍。在图书检索中，介绍了纸质图书、电子图书的检索示例，分析纸质图书和电子图书检索的异同之处，对于网络上的阅读社区和图书排行进行介绍，以方便用户对于图书信息以及阅读信息的需求。在期刊论文检索中，介绍了期刊论文数据库的检索功能，基于需求的期刊论文检索过程。期刊论文检索与图书检索在检索界面上有很大的不同。基于学术研究的需要，期刊论文的关系形成了引文网络，介绍了引文网络中7个重要概念。在特种文献检索中，重点介绍了学位论文数据库的检索与功能。学习单类型文献检索的过程和方法，是综合型文献数据库检索的基础，在学习和研究中，文献的检索过程，同样如此，从简单到复杂，从单一到综合。

# 思考练习

1. 如何查找原始文献？

(1) 梁启超开列的国学入门书目，尤其是"最低限度之必读书目"，可以在网络上搜索，请查找：梁启超是什么时候推出这些书目的，在哪篇文献上发布的？被一次推荐，还是多次推荐？

(2) 在百度上搜索"检索"，在百度百科的"检索"中"详细解释"显示：检查搜索。宋吴曾《能改斋漫录·记事一》："学官集同舍检索，因得其金。"，请查找《能改斋漫录·记事一》的纸质图书和电子图书，确认是否有这句话，结合网络上搜索结果，请分析网络上提供的电子图书和图书馆馆藏数据库中的电子图书的版本与内容的区别。

2. 如何确定你需要的本专业或你感兴趣的60篇相关期刊论文？

请在中国知网期刊全文数据库、维普资讯中文期刊资源服务平台、爱思唯尔SD数据库或EBSCOhost外文期刊全文数据库等数据库中找到：你想阅读的本专业的30篇中文期刊论文和30篇外文期刊论文。要求写出论文的参考文献并下载全文，回答问题：你是如何确定这60篇论文的？并写出检索过程心得体会。

# 第5章　专题篇：专利信息检索

专利信息素养是大学生应具备的一种信息素养。大学生作为创新主体中最有潜质、最活跃的因素，要不断提高专利信息素养，培养创新能力。

教育部、国家知识产权局、科技部《关于提升高等学校专利质量促进转化运用的若干意见》(教科技〔2020〕1号)明确指出，高校应将知识产权管理体现在项目的选题、立项、实施、结题、成果转移转化等各环节。围绕科技创新 2030 重大项目、重点研发计划等国家重大科研项目，探索建立健全专利导航工作机制。在大学阶段，通过对专利文献的检索，阅读能获取该技术领域的最新最完整的技术方案，了解实现技术方案的关键技术，是非专利文献所不能达到的学习结果。根据世界知识产权组织(WIPO)统计，专利文献中包含了世界上 95%的研发成果，如果能够有效地利用专利信息，不仅可以缩短 60%的研发时间，还可以节省 40%的研发经费。根据欧洲专利局(EPO)统计，80%的技术仅存于专利文献中。专利信息的检索及分析是大学生课题研究过程中找到解决研究难题思路，激发科技创新的有效途径。而大学生创新能力的培养是未来职业生涯中创新创业的奠基石。

大学生应具备知识产权保护的意识。在课题研究过程中，自主研发的技术成果如果不申请专利，就得不到法律的认可和保护。当他人盗用了你的研究成果时，由于研发成果没有专利权，得不到法律的保护，就无法追究盗用者侵权的法律责任。我国专利法规定，具有新颖性、创造性、实用性的发明创造，谁先申请专利就授权给谁。如果研发者不及时申请专利，进行知识产权保护，研发者就无法追究他人侵权的法律责任。所以，高校在课程中应不断加强大学生专利信息的检索、分析、利用能力，培养大学生的专利撰写能力，不断提高大学生的知识产权保护意识。

本章将从高校理工科需求的角度，介绍专利从申请到授权的相关基础知识以及专利申请到授权过程中专利信息资源的获取与利用。

【场景】作为一名大学生，你对与专业相关的专利了解多少呢？假设你正在你的专业老师带领下进行技术研究或专利申请，又将如何在丰富的专利信息资源中获取你所需要的信息？如何从一项专利的申请、审查到授权各种文献中，捕捉到对课题研究有用的技术信息？如果你要开题或撰写技术论文，在你研究前是否进行过相关专利检索与分析？你拟开题研究的关键技术及相关技术是否已经被申请了专利？课题的技术瓶颈在哪里，你计划采用什么技术手段解决技术难题？课题研究过程中的技术创新点是否打算申请专利？如何申请专利？如何准备申请专利的相关材料？怎样撰写专利文本？这些都是大学生开展毕业课题时应考虑的问题。

# 5.1 专利信息检索基础知识

知识经济时代，知识产权作为一个国家提高核心竞争力的战略资源，凸现出前所未有的重要地位。专利作为知识产权的重要组成部分，专利信息广泛存在于技术、法律、经济和贸易等社会的各领域，已成为科研人员进行科学研究、技术开发的重要信息资源。本节主要介绍专利的基本概念和基础知识。

## 5.1.1 专利基础知识

### 1. 发明创造

专利法所称的发明创造是指发明、实用新型和外观设计。

### 2. 专利

专利权，简称"专利"，是发明创造人或其权利受让人对特定的发明创造在一定期限内依法享有的独占实施权，是知识产权的一种。授予专利权的发明，应当具备新颖性、创造性和实用性。

### 3. 专利的分类

专利可以从以下 3 个方面来分类。

(1) 发明。提供新的做事方式或对某一问题提出新的技术解决方案的产品或方法。

(2) 实用新型。对产品的形状、构造或者其结合所提出的适于实用的新的技术方案。

(3) 外观设计。对产品的形状、图案或者其结合以及色彩与形状、图案的结合所做出的富有美感并适于工业应用的新设计。

【**实例 5-1**】发明专利与实用新型专利的关系。图 5-1 是纳米细菌纤维素超细纤维纱的加工技术申请发明专利文件中说明书摘要部分。图 5-2 是纳米细菌纤维素超细纤维纱的加工技术申请实用新型专利文件中说明书摘要部分。此两项专利为已授权的专利。两项的发明人为同一技术团队。从两项专利的说明书摘要可看出，该技术团队在纳米细菌纤维素超细纤维加工技术的研发过程中，对纳米细菌纤维素超细纤维的加工方法以及利用该加工方法加工纳米细菌纤维素超细纤维的加工设备研发出了创新技术，为了对此创新技术进行知识产权保护，按上述发明专利与实用新型概念及专利法的相关要求，在进行专利申请时，纳米细菌纤维素超细纤维加工技术的加工方法应申请发明专利，纳米细菌纤维素超细纤维加工技术的加工设备应申请实用新型专利。

20111226

说 明 书 摘 要

一种纳米细菌纤维素超细纤维纱的加工方法,为细菌纤维素纤维素材料的深入研究提供了科学依据;以细菌纤维素湿膜为基体原料,经过高速穿刺、割裂以及梳理作用,将细菌纤维素湿膜变成细菌纤维素纤维;将所得细菌纤维素纤经梳棉机成条,成条后,采用纺纱工艺进行加工纺制成纳米细菌纤维素超细纤维纱。本发明为细菌纤维素纤维素材料的进一步深加工了提供可行性;为实现细菌纤维素纤维素材料的大规模工业化生产奠定了基础;为增强我国细菌纤维素产业在世界范围内的整体竞争力提供了理论和实践保障。本发明提供的细菌纤维素纱加工方法生产环境清洁、无毒性,生产方式简单、经济,生产加工效率高,生产出来的细菌纤维素纱应用领域广泛,环保,成本低,经济效率高。

图 5-1 纳米细菌纤维素超细纤维纱的加工方法说明书摘要

20111226

说 明 书 摘 要

一种纳米细菌纤维素超细纤维物理细化的加工设备,包括一对握持细菌纤维素湿膜的罗拉(2),在罗拉的后部设有刺辊(3),在刺辊的一侧设有纤维剥离装置(4),在剥离装置后部设有圈条装置(5)。采用本实用新型的物理细化细菌纤维素的加工设备,把细菌纤维素膜处理成超细,超长的纤维状态,再采用纺纱工艺进行加工,纺制成纳米细菌纤维素超细纤维纱线。利用本加工设备进行加工,生产过程无毒,加工设备清洁,简单经济,效率高,加工得到的纤维应用领域广泛。

图 5-2 纳米细菌纤维素超细纤维纱加工设备说明书摘要

### 5.1.2 专利信息基础知识

#### 1. 专利信息

为什么专利申请人要披露有关其发明的大量信息呢?这是由专利体系决定的,其要求要在授予发明专利持有人的专有权和公开披露新开发技术的信息之间保持平衡。所以,专利是以公开换保护。

专利制度体系要求专利申请人披露其发明信息对于技术的持续发展至关重要。此种信息为其他发明人开发新的技术解决方案提供了基础。没有公开,公众就无法获得技术进步的新信息。

专利信息通常是指专利申请和授权专利中的信息。此种信息可能包括发明人和专利申请人以及专利持有人的著录数据、要求保护的发明的说明书、该技术领域的相关发展,以及对申请人要求专利保护的范围进行说明的一系列权利要求书等。

2. 专利信息(文件)的用途

专利文件包括一般不以任何其他形式进行公开的技术信息，涵盖了几乎每个技术领域。专利文件具有相对标准的格式，并按照技术领域进行分类，以便为识别文档提供便利。总而言之，专利文件就是可以轻松获得的海量人类知识。

**【思考题 5-1】** 根据你的专业或你的导师的研究方向，在国家知识产权局网站检索相关专利文献，思考专利文件所含的信息对于研发人员、企业家等的作用。

**解决思路：** 从以下几个侧面加以说明。

(1) 避免研发工作的重复。
(2) 改进并完善现有的产品或方法。
(3) 评估特定技术领域的最新技术，以便了解该领域的最新发展。
(4) 评价发明的可专利性，特别是发明的新颖性和创造性(这是确定可专利性的重要标准)，以便在国内外申请专利保护。
(5) 识别受专利保护的发明，尤其是为了避免侵权和寻求许可机会等目的。
(6) 监控潜在合作伙伴和竞争对手在国内外的活动。
(7) 在技术和产品研发的早期，确定市场定位或发现新趋势。

3. 如何获得专利信息

越来越多的专利管理机构通过在线数据库提供专利文件，这提高了专利信息的可得性。尽管如此，能够有效利用这些信息还是需要一定技巧的，包括开展定向专利检索，对专利检索结果进行有意义的分析等。

专利文献通常由国家和地区专利局在专利申请首次提交后的18个月或者专利申请人所要求保护的发明被授权之后公开。有些专利局通过免费的在线数据库公开专利文献，使获取专利信息变得方便便捷。

使用 WIPO 的 PATENTSCOPE 数据库 可以免费查询通过《专利合作条约》(PCT)体系提交的数以百万计的国际专利申请，也可以查询向美国专利商标局、欧洲专利局等国家和地区专利局提交的专利文件。

**【实例 5-2】** 如图 5-3～图 5-6 所示分别为发明专利用于净化 PM2.5 的雪尼尔屏风专利文件的扉页、权利要求书、说明书发明内容、具体实施例。该专利来源于：张迎晨、吴红艳的《用于净化 PM2.5 的雪尼尔屏风(CN201410246536)》发明专利。

如图 5-3 所示，通过扉页可以了解该项专利相关的注录事项，如专利的申请时间、申请号、专利权人、发明人、申请公开号、申请公开日、IPC 分类号等信息。

如图 5-4 所示，权利要求书作为专利最重要的技术文件，通过权力要求书的独立权利要求，可以快速了解该项专利技术方案的主要技术特征。通过各项从属权利要求可以更进一步了解独立权利要求中作为专利的必要技术特征的各项技术特征的具体范围、实验数据、技术参数等。

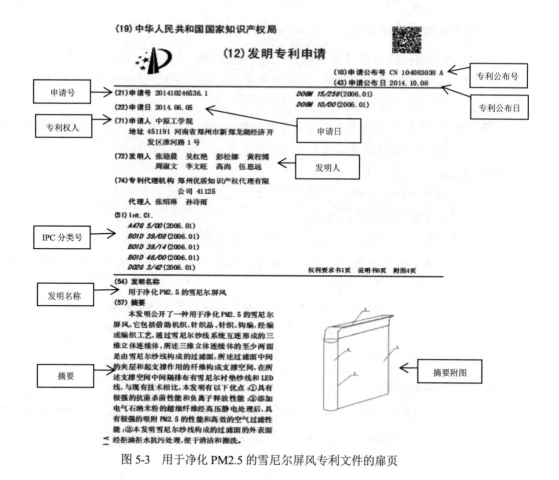

图 5-3 用于净化 PM2.5 的雪尼尔屏风专利文件的扉页

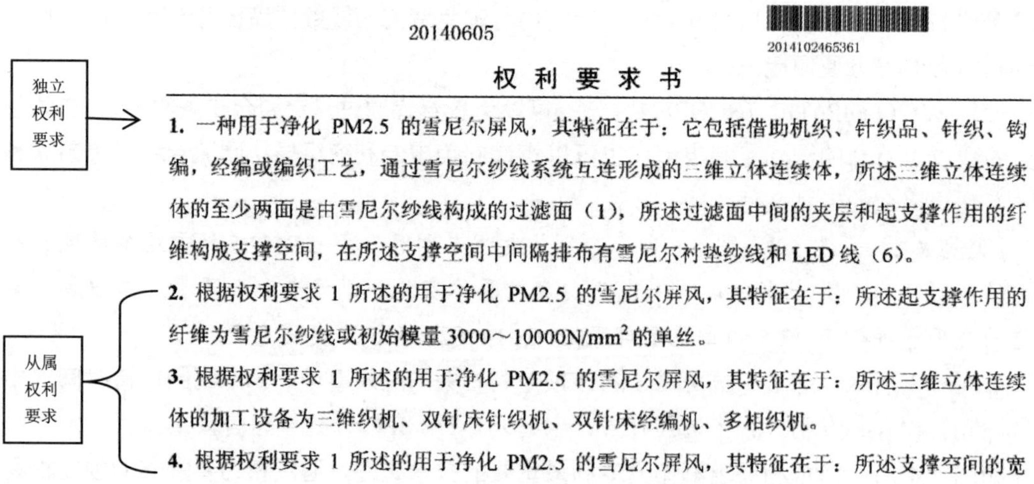

图 5-4 用于净化 PM2.5 的雪尼尔屏风专利文件的权利要求书

如图 5-5 所示,通过说明书可以了解实现该项专利技术的完整技术方案及实现该技术方案技术方法。

| | |
|---|---|
| CN 104083038 A | 说　明　书　　1/6页 |

## 用于净化PM2.5的雪尼尔屏风

**技术领域**

[0001]　　本发明涉及一种屏风,具体涉及一种用于净化PM2.5的雪尼尔屏风。

**背景技术**

[0002]　　现有技术中的雪尼尔纱线其芯线是以腈纶纱为原料加捻而成,羽纱是以粘胶纱为原料切割成短羽而成,被广泛地应用于家纺及针织服装领域。采用普通的雪尼尔纱线织造的织物一般多取其装饰效果,其舒适性方面较差。很少用于空气过滤用途。

[0003]　　中国在经历了18世纪工业革命带来的"煤烟型污染"和19世纪石油和汽车工业带来的"光化学烟雾污染"之后,现代人正经历以具有中国特色的"严重PM2.5型雾霾大气环境污染"为标志的第三污染时期。现在人们所处的生活环境越来越恶劣,无尽的工业排放废气、随处可见的汽车尾气导致了日益严重的空气污染。雾霾天气,PM2.5已经向人们警示空气污染的严重影响。工业化的进程对空气过滤器的需求日趋严格,如医疗、卫生、食品、化工、电子等洁净车间,洁净厂房,实验室及洁净室,或者用于电子机械通信设备等的防尘。

**发明内容**

[0009]　　针对现有技术中存在的问题,本发明提供一种用于净化PM2.5的雪尼尔屏风,该屏风具有抗菌负离子释放性能,并兼具空气净化、房间美化和隔断的作用。

[0010]　　为解决上述问题,本发明采用以下技术方案:

　　一种用于净化PM2.5的雪尼尔屏风,它包括借助机织、针织品、针织、钩编,经编或编织工艺,通过雪尼尔纱线系统互连形成的三维立体连续体,所述三维立体连续体的至少两

图5-5　用于净化PM2.5的雪尼尔屏风专利文件的说明书

如图5-6所示,通过具体实施例方式可以了解实现该项专利技术的技术方案其中的一种具体实施方法。

**附图说明**

[0020]　　图1为本发明的结构示意图。

[0021]　　图2为本发明中支撑空间中雪尼尔衬垫纱线和LED线的结构分布图。

[0022]　　图3为本发明中雪尼尔纱线构成的过滤面的结构示意图。

[0023]　　图4为图1的拆分状态结构示意图。

**具体实施方式**

[0024]　　实施例1

　　如图1、图2、图3和图4所示,本实施例用于净化PM2.5的雪尼尔屏风,它包括借助机织、针织品、针织、钩编,经编或编织工艺,采用三维织机进行加工,通过雪尼尔纱线系统互连形成的三维立体连续体,所述三维立体连续体的两面是由雪尼尔纱线构成的过滤面1,所述过滤面中间的夹层和起支撑作用的雪尼尔纱线构成支撑空间,该雪尼尔纱线芯纱的直径为2mm,羽纱的直径为20mm,支撑空间的间距为40mm,在支撑空间中具有直径为20mm的雪尼尔衬垫纱线和LED线6间隔排布。

图5-6　用于净化PM2.5的雪尼尔屏风专利文件的附图说明、具体实施例

因此,通过公开的专利文件,我们可以便捷地获取所需的技术信息、法律信息、商业信息,通过有效的加工,为研发人员、企业家等人员提供情报信息服务。

### 5.1.3 专利文献基础知识

**1. 专利文献概述**

专利文献主要是指实行专利制度的国家及国际专利组织在受理、审批、注册专利过程中产生的官方文件及其出版物的总称。

世界知识产权组织(World Intellectual Property Organization，WIPO)1988年编写的《知识产权教程》阐述了现代专利文献的概念：专利文献是包含已经申请或被确认为发现、发明、实用新型和工业品外观设计的研究、设计、开发和试验成果的有关资料，以及保护发明人、专利所有人及工业品外观设计和实用新型注册证书持有人权利的有关资料的已出版或未出版的文件(或其摘要)的总称。

专利信息是指以专利文献作为主要内容或以专利文献为依据，经分解、加工、标引、统计、分析、整合和转化等信息化手段处理，并通过各种信息化方式传播而形成的与专利有关的各种信息的总称，包括技术信息、法律信息、经济信息、战略信息。

专利文献记载专利申请、审查、批准过程中所产生的各种有关文件的文件资料，又分为一次文献和二次文献。

(1) 一次文献。狭义的专利文献如图 5-7 所示。专利请求书、说明书、权利要求书、摘要在内的专利申请说明书和已经批准的专利说明书的文件资料，为一次文献。

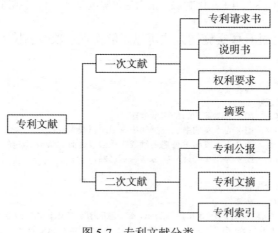

图 5-7 专利文献分类

(2) 二次文献。广义的专利文献包括专利公报、专利文摘、专利索引等专利文献，是一种集技术、经济、法律三种情报为一体的文件资料，为二次文献。常见的二次专利文献有：专利公报、官方专利文摘周报、官方专利索引，以及官方有关法律保护状态变更的出版物。二次专利文献的主要目的不仅是传播有关申请专利的新发明创造信息，同时也是在进行专利事务的公告。

**2. 专利文献种类标识代码**

专利申请、授权整个流程中产生的各种文本都用不同号码进行标识来区分不同种类的文献，比如说申请号码、公开号码、公告号码等，这些号码是用来唯一识别这些文献的编号，每个号码中蕴含着各种信息，用户可以通过阅读不同号码的文献，从中获取专利权种类、不同审批程序中出版的说明书以及说明书出版时的编号系列的专利信息，比如专利的申请国家，专利的类型是发明专利、实用新型还是外观设计，申请的年份，处于哪个阶段的文献等信息。

学习专利文献基础知识可以对专利文献中的信息快速、清晰地获取。如果你是专利申请人，在递交专利申请之后，通过初步审查，如果是发明申请还要通过实质审查，在专利审查的不同阶段会产生不同的文献，如申请文本、公开文本、公告文本等，这些文本是公众获取专利信息的途径。

为完善中国知识产权行业标准体系，中华人民共和国国家知识产权局(以下简称国家知识产权局)根据《中华人民共和国标准化法》和《中华人民共和国专利法》，并参照世界知识产权组织发布的相关标准，2004 年 7 月 1 日起施行新的专利文献种类标识代码体系，方便相关人员完整、准确地标识公布的中国专利文献种类，并快捷地存储、检索、获取中国专利文献与信息，提高为社会公众服务的质量。

(1) 标识代码标准管理。由国家知识产权局指定的标准管理者依据标准的条款内容，对专利文献种类标识代码标准进行管理，并负责建立一个专利文献种类标识代码标准有效运行环境。

(2) 标识代码组成部分。专利文献种类标识代码是以一个大写英文字母，或者一个大写英文字母与一位阿拉伯数字的组合表示，单纯数字不能作为专利文献种类标识代码使用。大写英文字母表示相应专利文献的公布或公告，阿拉伯数字用来区别公布或公告阶段中不同的专利文献种类。

**【思考题 5-2】** 中国各类专利说明书自 1985 年 9 月开始出版以来，随专利审批程序的变化不断推陈出新。请查阅相关网站和相关资料对专利文献种类标识代码中字母的含义进行辨析。

**解题思路：** 结合目前中国专利文献种类标识代码中字母的含义进行辨析，具体如下：

A 发明专利申请公布

B 发明专利授权公告

C 发明专利权部分无效宣告的公告

U 实用新型专利授权公告

Y 实用新型专利权部分无效宣告的公告

S 外观设计专利授权公告或专利权部分无效宣告的公告

(3) 专利文献种类标识代码要求。中国国家代码 CN，专利文献号的联合使用为了完整、准确地标识不同种类的专利文献，应当将中国国家代码 CN、专利文献号、专利文献种类标识代码联合使用，排列顺序应为：国家代码 CN、专利文献号、专利文献种类标识代码。如果需要，也可以在国家代码 CN、专利文献号、专利文献种类标识代码之间分别使用 1 位单字节空格。例如：

CN　XXXXXXXX　A

CN　XXXXXXXX　B

```
CN  XXXXXXXX  C
CN  XXXXXXXX  U
CN  XXXXXXXX  Y
CN  XXXXXXXX  S
```

**【实例 5-3】** 图 5-8 为发明专利溶胶凝胶型喷墨打印机用纳米铝粉墨水的加工方法 CN201310174457 在 2014 年 11 月 19 日的专利申请公布文献，公布号为 CN 104151931 A，其中专利文献种类标识代码"A"表示发明专利申请公布。图 5-9 为发明专利纳米细菌纤维素超细纤维纱的加工方法 CN 201110441440 在 2016 年 02 月 17 日的专利授权公告文献，公告号为 CN 103173899 B，其中专利文献种类标识代码"B"表示发明专利授权公告。图 5-10 为实用新型专利一种阅读架 CN 201420028185 在 2014 年 07 月 02 日的专利授权公告文献，公告号为 CN 203676448 U，其中专利文献种类标识代码"U"表示实用新型专利授权公告。

中华人民共和国国家知识产权局

（12）发明专利申请

（10）申请公布号 CN 104151931 A
（43）申请公布日 2014.11.19

图 5-8　发明专利 CN201310174457 文献种类标识代码

中华人民共和国国家知识产权局

（12）发明专利

（10）授权公告号 CN 103173899 B
（45）授权公告日 2016.02.17

图 5-9　发明专利 CN201110441440 文献种类标识代码

中华人民共和国国家知识产权局

（12）实用新型专利

（10）授权公告号 CN 203676448 U
（45）授权公告日 2014.07.02

图 5-10　实用新型专利 CN201420028185 文献种类标识代码

### 3. 专利文献著录项目的 INID 代码

为了消除专利文献用户在浏览各国专利文献时的语言困惑，WIPO 制定了标准《ST.9 关于专利及补充保护证书著录项目数据的建议》和《ST.80 工业品外观设计著录数据推荐标准》，两标准规定了专利文献著录项目识别代码，即 INID 码。INID 码的(20)系列如表 5-1 所示。

INID 码是由两位阿拉伯数字组成的代码，共有 9 个系列：(10)系列、(20)系列、……、(90)系列。

表 5-1　INID 码的(20)系列

| 代码 | INID 代码的(20)系列，专利或补充保护证书申请数据，具体如下 |
|---|---|
| 21 | 申请号 |
| 22 | 申请日期 |
| 23 | 其他日期(包括临时说明书提出之后完整说明书提出日期) |
| 24 | 工业产权权利开始生效日期 |
| 25 | 原始公布时的语种 |

INID 码既方便了计算机处理数据，同时有利于消除读者在浏览各国专利文献时的语言障碍，特别是小语种专利文献的语言障碍。该标准用于发明、实用新型、补充保护证书的专利文献著录项目，它在各国专利说明书扉页专利公报以及其他检索工具中广泛应用。

【**实例 5-4**】如图 5-11 所示，实用新型专利 CN 201420028191 中"(21)申请号 201420028191.8"表示该专利的申请号信息，其中(21)为表 5-1 中的"21"代码，代表申请号。"(22)申请日期 2014.01.17"表示该专利的申请日信息，其中(22)为表 5-1 中的"22"代码，代表申请日期。

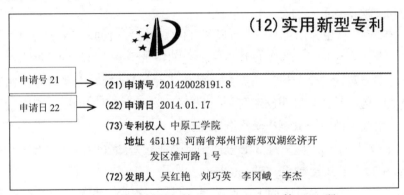

图 5-11　实用新型专利 CN201420028191 的 INID 码

如图 5-12 所示，发明专利 CN 201710148599 中"(71)申请人 中原工学院"表示该发明专利的申请人信息，其中(71)为表 5-2 中的"71"代码，代表申请人。"(72)发明人 吴红艳 张迎晨 刘媛媛 王柔云 孙杰 彭松娜 尹双瑶"表示该发明专利的发明人信息，其中(72)为表 5-2 中的"72"代码，代表发明人。INID 码的(70)系列如表 5-2 所示。

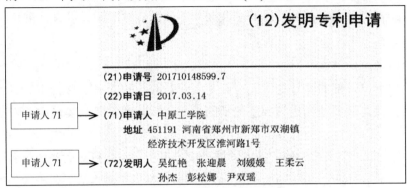

图 5-12　发明专利 CN201710148599 的 INID 码

表 5-2　INID 码的(70)系列

| 代码 | INID 码的(70)系列，与专利或补充保护证书有关的人事引证，具体如下 |
|---|---|
| 71 | 申请人姓名 |
| 72 | 发明人姓名 |
| 73 | 保护文件的获得者、持有者或其法律继承者的姓名 |
| 74 | 专利代理人或代表人姓名 |
| 75 | 申请人兼发明人的姓名 |
| 76 | 申请人兼保护文件获得人和发明人的姓名 |

**4. 专利文献的分类**

国际专利分类(International Patent Classification，IPC)，1971 年 3 月 24 日在法国斯特拉斯堡通过，1975 年生效。IPC 是目前唯一国际通用的专利文献分类，各国专利局或国际性专利组织每年要受理数目可观的专利申请，出版大量的专利文献。按 IPC 规定的方法将文献进行归档，采用一个合理的程序将它们查找出来，对于巨量的专利文献分类管理以及公众利用专利文献具有重大的意义。

中国 1985 年使用 IPC，1996 年 6 月递交《IPC 协定》，1997 年 6 月正式加入。

国际专利分类表包括了与发明创造有关的全部技术领域，将不同的技术领域分成 8 个部分，每一个部分定为一个分册，用英文大写字母 A～H 表示。分类体系是由高至低依次排列的等级式结构，是把与发明创造有关的全部技术领域按不同的技术范围设置成部、大类、小类、大组或小组，由大到小降次顺序排列。

国家知识产权局 2018 年 3 月 5 日发布国际专利分类表(2018 版)，网址为 https://www.cnipa.gov.cn/art/2018/3/5/art_2152_152140.html。

8 个部分所涉及的技术范围如下。

A 部：人类生活必需。

B 部：作业、运输。

C 部：化学、冶金。

D 部：纺织、造纸。

E 部：固定建筑物。

F 部：机械工程、照明、加热武器、爆破。

G 部：物理。

H 部：电学。

以上可以看出，部的类号是用大写英文字母表示，如 A 部、B 部等。每个部有部类名，部类名主要是概要地指出该部所包括的技术范围，通常对部类名的技术范围不做精确的定义。

(1) 大类。每一个部按不同的技术领域分成若干个大类，每一大类的类名对它所包含的各小类的技术主题做全面的说明，表明该大类所包括的主题内容。每一大类的类号由部的类号和在其后加上的两位数字组成。

(2) 小类。每一大类包括一个或多个小类。国际专利分类的设置原则是通过各小类的类名，并结合小类的有关参见或附注，尽可能精确地定义该小类所包括的技术主题范围。每一小类的类号由大类类号加上一个英文大写字母组成。

(3) 组。每一小类细分成若干个大组或小组(大组和小组统称为组)。

大组：大组的类号由小类类号加上 1~3 位的数字、斜线(/)及数字"00"组成，大组的类名可以分类、可以检索的发明技术主题范围。

小组：小组是大组的细分，大组可以细分成若干个小组。每一个小组的类母由小 2 类号加上 1~3 位的数字、斜线(/)及一个除"00"以外的至少有两位的数字组成，小组的类名可检索属于该大组范围之内的一个技术主题范围。小组的类名前一个或几个圆点表示该小组的等级位置，即表示一个小组是它上面，离它最近的，比它少一个圆点的那个小组的细分类。

【实例 5-5】如图 5-13 所示，一种阅读架的专利 IPC 分类号为 "A47B 23/00"，"A47B 23/00" 是一个完整的分类号，如图 5-14 所示，依照国际专利分类表，其中，"A" 代表 "部"，其含义是 "人类生活必需"，是 IPC 体系中的最高层级；"A47" 代表 "大类"，含义是 "桌子类"，"A47B" 代表 "小类"，它的范围是桌子里面涉及 "写字台；办公家具；柜橱；抽屉；家具的一般零件" 的相关专利文献；"A47B 23/00" 是 "桌子" 的 "大组"，是 IPC 体系中的低层级。

```
(51) Int. Cl.
A47B 23/00 (2006.01)


(54) 实用新型名称
    一种阅读架
```

图 5-13　一种阅读架的专利 IPC 分类号

```
A47B 桌子；写字台；办公家具；柜橱；抽屉；家具的一般零件（家具的连接部件入 F16B 12/00）
17/00 至 23/00, 27/00
计算机工作站用的
21/00
家庭使用的
29/00 至 35/00
其他桌子
23/00, 25/00, 37/00
```

图 5-14　IPC 分类表相关部分

由此可见，一种阅读架的专利 IPC 分类号完整的分类号 "A47B 23/00" 由代表部、大类、小类和大组类号构成。

**5. 专利文献的特点**

专利不仅是一个技术文本，而且还是一个法律文本。除了记录了该项发明的技术，还体现了法律效应，如专利的专利权属，法律状态等。专利在前期撰写时的专利挖掘、专利布局、专利组合，将有效规避侵权隐患的同时还可以通过后期的专利运营来体现专利的经济价值。

(1) 文献内容。内容新颖，涉及技术领域广泛。

《中华人民共和国专利法》规定，专利是以公开换保护，且大多数国家的专利法均规定采用在先申请原则，即分别就同样发明内容申请专利的，专利权将授予最先申请者。这就要求对申请专利的发明必须具有新颖性、创造性，促使发明人在产生了新的创新思路后应迅速申请专利。为了使创新技术得到知识产权的有效保护。在各技术领域的企业、个人对自主创新的技术绝大多数都申请了专利。

(2) 文献获取。公开、免费、定期出版、便于查询。

很多国家相继采用了早期公开制，发明说明书自申请专利之日起满 18 个月即向公众公开，不仅加快专利以公开换保护的进程，同时为人们获取专利文献提供了便捷。

(3) 文献形式。格式统一、资料规范、便于阅读。

各国专利说明书都是按照国际统一的格式印刷出版，著录项目都有统一的识别代码，国家名称也有统一的代号。读者在阅读专利文献时，可以按照专利说明书的特征进行阅读，能快速地从专利文献中提取有效的文献信息。

(4) 技术效力。传播最新的科学技术信息。

(5) 法律效力。集技术、法律、经济信息于一体。

**6. 专利文献在课题研究中的作用**

(1) 研究课题开题立项时，可全面了解课题技术领域的现有技术水平，选择高起点及新的科研领域，避免重复劳动和投入，节省时间及科研经费。

(2) 立项评估阶段进行新颖性检索可为项目申报与鉴定提供科学的尺度。

(3) 在科研活动中，了解科研项目的发展历史、已取得的成果及各种解决方案，有利于科研人员拓展思路，启发创造性的思维。

(4) 有利于了解某一项技术在该领域内比较活跃的高校、科研机构、企业及其技术水平等，有助于预测未来的技术、经济和市场等的发展趋势，从而调整课题的研究方向。

(5) 有助于实现科技产业化，使科研与市场较好结合，加速科技成果的推广运用。

(6) 有利于了解世界科技发展动态，及时引进国外新技术，提高我国科研水平及总体实力。

(7) 借鉴专利文献信息，有效避免产学研过程中侵权隐患或产权纠纷。

## 5.2 专利信息检索概述

在海量的专利信息中蕴含着大量的技术信息、法律信息和经济信息。专利检索是获得专利信息的主要方法，是课题研究的必要途径。科研人员在课题立项、课题研究、研究成果申请专利时都应进行专利检索，以实现课题研究的实效性。

### 5.2.1 专利信息检索的概念

专利信息检索是指根据一项或数项特征，从大量的专利文献或专利数据库中挑选符合某一特定要求的文献或信息的过程。简单地说，专利信息检索就是有关专利信息的查找。

专利检索信息特征，即专利检索时各种文献特征及影响专利检索因素。常用的专利检索特征有：数据量、数据特点、检索目的、检索策略、检索系统、检索方式、检索入口、检索种类、检索范围等。

### 5.2.2 专利信息检索的分类

专利检索从技术角度可以分为两大类，即非技术角度检索和技术角度检索。

根据检索目的的不同，完成一项专利信息检索工作，其检索的方式、途径，都会有所不同。每一次检索都需要经历一个复杂的过程，这个过程受到检索目的、检索策略、检索系统、检索方式、检索入口、检索范围、数据特点等因素的影响，同时也与检索人员自身的检索经验以及检索技巧有关，其检索结果也会有所差异。在进行专利检索之前，首先要确定检索目的，再根据检索目的需要选择适当的专利网站、专利数据库。

专利信息检索的分类如图 5-15 所示。

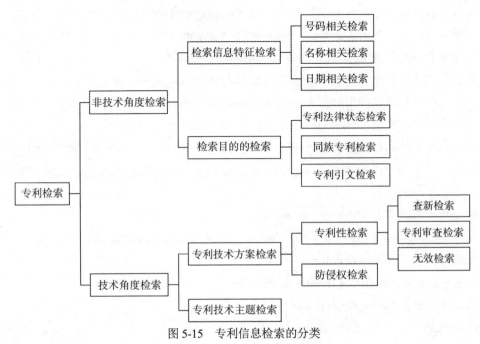

图 5-15 专利信息检索的分类

### 5.2.3 专利检索工具

**1. 专利检索工具概述**

各国家专利信息公开程度具有差异性。部分国家和地区数据库能检索权利要求甚至专利全文,部分国家数据库可检索到发明的名称和摘要,部分国家仅可以检索到发明名称。中国、美国、欧洲、日本等一些国家公开的专利信息程度相对大一些。

《中华人民共和国专利法》第二十一条规定:"国务院专利行政部门应当加强专利信息公共服务体系建设、完整、准确、及时发布专利信息,提供专利基础数据,定期出版专利公报,促进专利信息传播与利用。"2000年1月,中国专利文献全部实现通过互联网公开出版。

1998年,欧洲专利局开始向Internet用户提供免费的专利服务,使用户便捷有效地获取免费的专利信息。

依据1999年通过的《美国发明者保护法》(AIPA),从2001年3月15日起,美国专利商标局开始出版专利申请说明书,并提供网上服务。

**2. 专利检索工具的三大要素**

(1) 数据源。主要来自各国专利局的信息公开以及信息提供商进行加工后的数据信息。
(2) 数据加工。对专利文献进行信息的深度抽取和处理,分为初加工和深加工。
(3) 平台功能。专利信息平台所提供的检索分析和管理功能。

**【思考题 5-3】**请访问主要区域/国家/地区专利检索官网及专利检索平台,并总结不同数据库及平台获取信息差异及其分析功能的优劣。

**解题思路:** 使用一些常见的主要区域/国家/地区专利检索官网及专利检索平台进行检索,对比其获取信息差异及其分析功能并进行总结,具体如下:

中国国家知识产权局(CNIPA): http://www.cnipa.gov.cn/
专利审查信息查询(CNIPA): http://cpquery.cnipa.gov.cn/
国家知识产权局专利局复审和无效: http://reexam.cnipa.gov.cn/
世界知识产权组织(WIPO): https://patentscope.wipo.int/search/en/search.jsf
欧洲专利局(EPO): http://www.epo.org/searching-for-patents.html
美国商标专利局(USPTO): https://www.uspto.gov/patents-application-process/search-patents
日本专利局(JPO): https://www.j-platpat.inpit.go.jp/web/all/top/BTmTopEnglishPage
主要商业专利检索平台:
Soopat 专利搜索引擎: http://www.soopat.com/
大为 innojoy 专利搜索引擎: http://www.innojoy.com/search/index.html
佰腾网: https://www.baiten.cn/
智慧芽: https://analytics.zhihuiya.com/
IncoPat: http://www.incopat.com/
Innograph: https://app.innography.com/

3. 常用专利数据库及专利检索与分析平台介绍

国家知识产权局官方网站(http://www.cnipa.gov.cn/)面向公众提供了多种免费专利检索服务，通过国家知识产权局官方网站提供的专利检索服务系统可以检索专利申请、审查、授权流程中的各种专利信息，如专利的法律状态、专利同族、专利引文、专利缴费等信息。同时，也提供了专利的检索分析功能系统，但其分析功能相对弱一些。为此，涌现出了一批商业专利数据库及专利检索与分析平台，极大提高了检索的效率，增强了分析的功能。部分商业数据库及检索平台提供免费使用、免费试用，为专利的检索与分析提供了极大的便利。以下是常用专利数据库及专利检索与分析平台的介绍。

(1) 专利检索及分析。

网址：http://pss-system.cnipa.gov.cn/sipopublicsearch/portal/uiIndex.shtml

该网站收录了 103 个国家、地区和组织的专利数据，以及引文、同族、法律状态等数据信息，其分析功能有快速分析、定制分析、高级分析、生成分析报告等。使用专利检索及分析数据库，以申请人中原工学院为检索词进行检索，然后单击"申请人趋势分析"，得到 2011—2020 年中原工学院趋势分析图，如图 5-16 所示，为专利检索及分析界面。

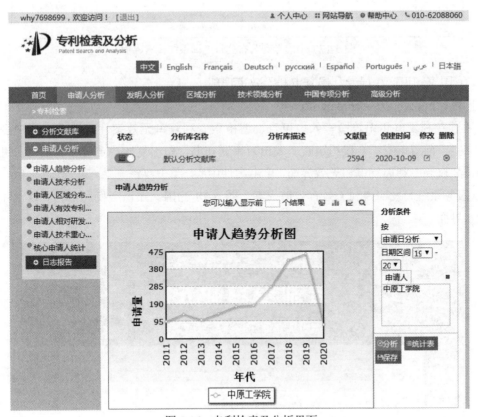

图 5-16 专利检索及分析界面

(2) 中国专利公布公告查询系统。

网址：http://epub.sipo.gov.cn/

该网站包括自 1985 年 9 月 10 日以来公布公告的全部中国专利信息，其检索功能可以按照发明公布、发明授权、实用新型和外观设计 4 种公布公告数据进行查询，数据主要包括中国专利公布公告信息，以及实质审查生效、专利权终止、专利权转移、著录事项变更等事务数据信息。利用中国专利公布公告查询系统，以专利申请号 2018102402943 进行查询，检索到一种智能 3D 假发制备方法与设备的公布信息。图 5-17 为中国专利公布公告查询系统检索界面。

图 5-17　中国专利公布公告查询系统检索界面

(3) 国家知识产权局专利局复审和无效审理部。

网址：http://reexam.cnipa.gov.cn/

通过专利复审和无效检索入口可查询或检索专利复审无效案件在请求流程中复审请求、立案、前置审查、合议组审查、发出复审通知书、做出复核决定等相关信息。进入国家知识产权局专利局复审和无效界面，单击案件中心，单击复审无效，可查询到[十大案件]"餐饮服务系统"发明专利无效宣告请求案。图 5-18 为国家知识产权局专利局复审和无效部检索界面。

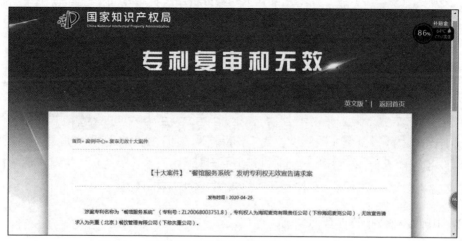

图 5-18　国家知识产权局专利局复审和无效检索界面

(4) 中国及多国专利审查信息查询。

网址：http://cpquery.cnipa.gov.cn/

多国发明专利审查信息查询包括中国国家知识产权局、欧洲专利局、日本特许厅、韩国特许厅、美国专利商标局受理的发明专利申请及审查信息。利用中国及多国专利审查信息查询数据库，以发明专利名称为细菌纤维素纤维基纳米碳纤维的制备方法进行查询，即可获得各种查询信息。图5-19为中国及多国专利审查信息查询界面。用户分为注册用户和普通用户，注册用户是指电子申请注册用户，可查询该注册用户名下的所有专利申请的相关信息，如基本信息、费用信息、审查信息、公布公告信息、专利授权证书信息等；普通用户为社会公众，可以通过输入申请号、发明名称、申请人等内容，对已经公布的发明专利申请，或已经公告的发明、实用新型及外观设计专利申请的基本信息、审查信息、公布公告信息进行查询。

图 5-19  中国及多国专利审查信息查询界面

(5) 美国专利商标局(USPTO)。

网址：https://www.uspto.gov/patents-application-process/search-patents

美国专利授权数据库收录了授权专利说明书中的全部信息，能满足大部分专利权索的需要。美国专利商标局(USPTO)检索界面，如图5-20所示。美国专利授权数据库提供1790年至今的美国授权专利文献，其中1790—1975年的数据只有图像型专利全文数据，可以从专利号、公告日、分类号3种途径检索，1976年以后的数据除了图像型专利全文数据外，还提供编码型专利全文数据，可以通过所提供的多种字段进行检索，对专利文献的引用数据仅限于1976年后。

(6) EPO 专利信息检索系统。

欧洲专利局有多个专利信息检索系统，本书将重点介绍其中的3个，分别是Espacenet Patent Search (Espacenet)、European Patent Register(EP Register)和 Common Citation Document (CCD)。

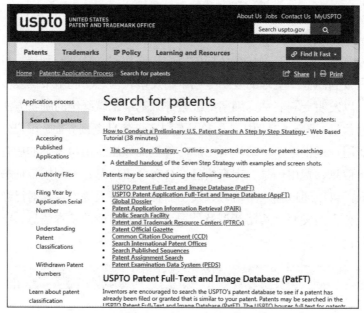

图 5-20 美国专利商标局(USPTO)检索界面

Espacenet 检索系统：Espacenet 是欧洲专利局为公众提供的基于其已公布的欧洲专利申请与专利及其收集到的世界各国专利申请与专利的信息服务系统。Espacenet 除了可以检索全世界范围内专利申请的著录项目、专利申请说明书外，还可以检索同族专利、法律状态等信息。其网址为 https://worldwide.espacenet.com，图 5-21 为 Espacenet 检索系统检索界面。

图 5-21 Espacenet 检索系统检索界面

EP Register：EP Register 是欧洲专利局为公众提供的欧洲专利申请以及进入内法律状态及审查过程等信息的查询系统。其网址为 https://register.epo.org/regviewer。图 5-22 为 EP Register 检索系统检索界面。

CCD 检索有两种使用方法：一是通过 Espacenet 的 INPADOC 同族专利结果显示链接 CCD，直接进行检索；二是通过输入网址 http://ecd.fiveipoffices.org，直接进入 CCD 检索页面。

(7) 日本特许厅(JPO)。

网址：http://www.jpo.go.jp/

日本特许厅(Japan Patent Office，JPO)于 1999 年 3 月 31 日在因特网上开通工业产权数字图书馆(Industrial Property Digital Library，IPDL)，开始为公众无偿提供日本工业产权文献和相关信息。从 2004 年 10 月，IPDL 归属于独立法人机构工业产权信息和培训中心(National Center for Industrial Property Information and Training，NCIPI)，网址为

http://www.pdl.ncipi.go.jp/homepg_e.ipdl.1。

图 5-22　EP Register 检索系统检索界面

IPDL 在其网站上提供日本发明、实用新型、外观设计专利信息及检索数据库、外文文献检索数据库、商标检索数据库、专利法律状态信息及检索数据库等，并为初次使用 IPDL 的用户设计了专门的检索界面。在 IPDL 提供的各种检索数据库中，发明、实用新型、外观设计专利信息及检索数据库和商标检索数据库提供日、英两种文字的检索页面，如图 5-23 所示，网址为 http://www.jpo.go.jp/。

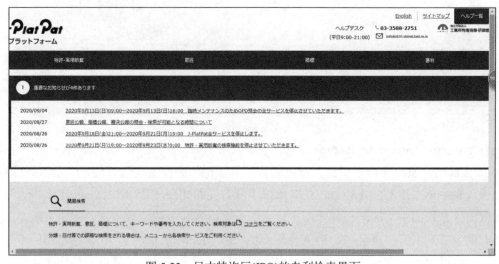

图 5-23　日本特许厅(JPO)的专利检索界面

IPDL 提供的专利数据库资源包括自 1885 年以来公布的所有日本特许厅出版的专利、实用新型和外观设计电子文献及检索系统，通过其网站上的工业产权数字图书馆(IPDL)在因特网上免费提供给全世界的读者。

(8) SooPAT。

网址：http://www.soopat.com/

SooPAT 具有专利分析功能，可以对专利申请人、申请量、专利号分布等进行分析，用专利图表表示，速度非常快。SooPAT 网站刚开始是完全免费的，目前 SooPAT 开始尝试收费服务，但是对于普通用户检索国内专利仍然可以免费，专利分析功能完全是免费的。对于检索国外专利时，大多功能被限制。利用 SooPAT 数据库，以发明人"张迎晨"为检索词进行检索，获取数据后，单击"SooPAT 分析"按钮，即得"张迎晨"的专利分析报告界面，如图 5-24 所示。

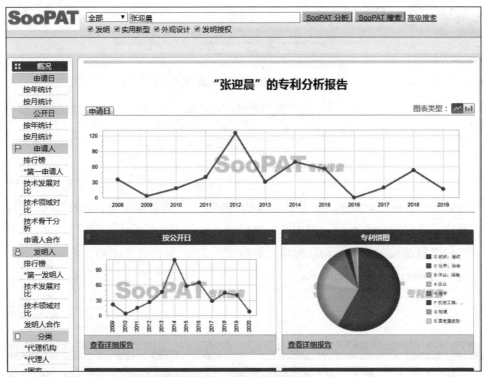

图 5-24　SooPAT 检索分析界面

(9) IncoPat。

网址：http://www.incopat.com/

IncoPat 为一款商业检索平台，以发明人"吴红艳"为检索词进行检索，获取数据后，在分析列表中单击技术公开趋势，获取此技术分析界面如图 5-25 所示。IncoPat 检索平台可提供国外专利的中文标题和翻译，支持用中英文检索和浏览全球专利，多语言版本的信息还有助于提高检索的查全率，避免遗漏重要信息。IncoPat 整合了 40 余种常用的专利分析模板，可以快速对专利法律状态、技术发展趋势、竞争对手技术倾向、外国企业在华专利布局等项目进行分析。

第 5 章 专题篇：专利信息检索

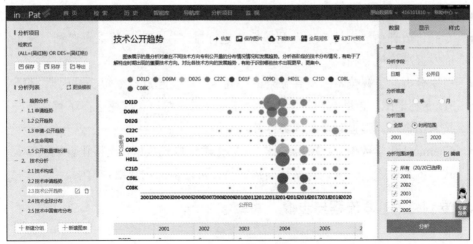

图 5-25　IncoPat 检索平台界面

(10) 智慧芽。

网址：https://analytics.zhihuiya.com/

基本专利检索功能不需注册账号，直接进入使用。但批量导出/下载、分析等功能需要注册账号使用，建议注册账号。

智慧芽深度整合了从 1790 年至今的全球 109 个国家地区的 1.3 亿专利数据，更新速度及时。用智慧芽检索平台，以发明人"吴红艳"为检索词进行检索，获取数据后，单击"英策(Insights)"生成专利分析报告，如图 5-26 所示。

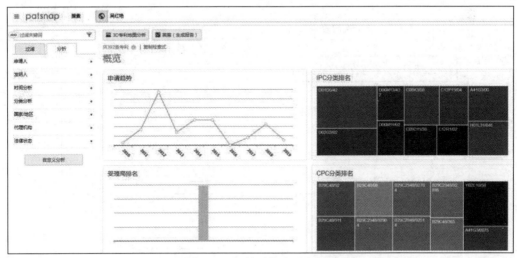

图 5-26　智慧牙检索平台界面

其具体功能如下：

● 可检索全球 109 个国家专利数据，每周更新。

● 全文翻译。全球专利中文翻译，轻松获悉国外技术。

● 高级检索。数据深加工搭配 9 大专利检索方式，化繁为简。

● 多维浏览。多种浏览模式及图像化表达，实现信息去重去噪。

- Insights 专利分析报告。一键生成专利分析报告，了解行业发展情况及同行技术布局。
- 专利价值评估。支持全球专利按价值进行排序，优先浏览重点专利，帮助高校快速发掘高价值专利。
- 引用分析。了解技术的发展脉络，提高客户研发起点，缩短研发周期。
- 3D 专利地图。帮助客户了解所处领域的技术空白点和密集区；了解客户与企业的技术结合点，强强联合或优势互补。
- Chemical 化学数据库。覆盖全球 1.4 亿化学结构式数据，支持化合物关键词、结构式、图片检索、临床、药品数据检索与分析，多结构式组合检索。

### 5.2.4 专利检索基本流程与步骤

#### 1. 专利检索基本流程

在进行专利检索时，对于不同的专利检索目的，其检索思路都会有所不同，对于不同的专利检索思路，应有相应的专利检索策略。通常在专利检索前，检索员应与专业人员进行充分的交流和沟通，以确定专利检索目的，根据专利检索的目的提炼出专利技术信息要点，再通过对专利技术信息的分析，明确专利检索的关键词。专利检索后，要对专利检索结果进行评价，去除本次专利检索结果中的噪音。如果本次专利检索未能达专利检索目的，检索员要再次与专业人员进行交流，确定新一轮的专利检索方案。一般情况下，为达到确定的专利检索目的，需要经过多次调整专利检索的方案，进行多轮专利检索、去噪，直到达到检索目的。具体检索的基本流程如图 5-27 所示。

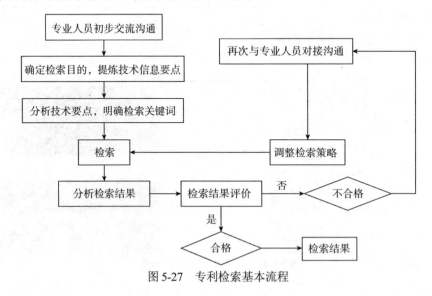

图 5-27　专利检索基本流程

#### 2. 专利检索步骤

专利检索步骤如下：

(1) 确定检索目的。不同的专利检索目的，专利检索类型应用场景不同。

(2) 制定检索策略。根据不同的专利检索类型，所采取的专利检索策略不同。

(3) 选择检索数据库和检索系统。根据专利检索与分析的需求，以及专利数据库和检索系统的特点，选择所使用的数据库和检索系统。

(4) 分析确定检索要素。根据专利检索与分析需求的不同，确定检索要素，如检索时间、检索地域、技术、范围、专利相关人等。

(5) 构建检索式。按照检索的要求，进行检索式构建，检索式一般分为简单检索表达式和复杂检索表达式。

(6) 筛选检索文献，获取所需信息。在检索结果中选择满足检索目的的技术信息、法律信息、经济信息等信息。

## 5.3 专利信息分析

在开始新的课题研究之前，需要对课题的可行性、研究前景进行评价，专利分析是进行课题评价的主要手段之一。通过专利分析首先了解行业的专利情况，其次了解该技术领域的专利布局，避免研发浪费。如果课题的研发方向已经有专利布局，或其核心技术已经公开，应及时调整课题的研发方向。通过对专利信息进行分析、挖掘创新点，确定新的课题研发方向，可使研发课题在技术和市场竞争中掌握主动权，提升创新技术社会效益。

### 5.3.1 专利分析基础知识

#### 1. 专利分析概述

专利分析方法最初的产生是比较缓慢的。Seidel 于 1949 年首次系统地提出专利引文分析的概念，指出专利引文是后继专利基于相似的科学观点而对先前专利的引证，Seidel 同时还提出了高频被引专利其技术相对重要的设想。然而，直到 1981 年，他的设想才为人们所逐渐证实。我国自 1985 年起才开始正式实施专利制度，大众对专利制度以及专利分析作用的认识在不断地增强，对专利分析以及专利战略的应用处于发展的阶段。20 世纪 90 年代后，随着信息技术、网络技术与专利数据库的不断发展、完善，专利分析法开始真正适用并应用于企业战略与竞争分析之中，其方法体系开始不断建立和完善。

#### 2. 专利分析定义

专利分析(patent analysis)，即对专利说明书、专利公报中大量零碎的专利信息进行分析、加工、组合，并利用统计学方法和技巧使这些信息转化为具有总揽全局及预测功能的竞争情报，从而为企业的技术、产品及服务开发中的决策提供参考。

### 5.3.2 专利分析

#### 1. 专利分析在课题研究中的意义

(1) 从专利检索、分析中能获得课题研究的创新思维。

(2) 判断课题研究方案产业化时是否存在与相关的研究有侵权风险。

(3) 了解关键技术国内外研发的趋势。

(4) 关键技术领域国内外主要的竞争对手专利布局。

(5) 核心专利技术有哪些？技术研发热点和技术研发空白点？哪些专利技术可以直接利用，哪些"地雷"需要回避？

(6) 判断目前研发所处的阶段，后续应采用哪种策略加强对研发成果的专利保护；

(7) 研发成果申请专利以及获得授权的前景如何。

(8) 通过阅读相关专利的撰写，从中获得启示。

2. 专利分析的方法

专利分析的方法有许多种，一般主要按定性分析、定量分析、拟定量分析和图表分析来划分分析方法的类型。

(1) 定性分析方法。专利信息的定性分析，着重于对技术内容的分析，是一种基础的分析方法，在专利信息分析中有重要作用和不可替代的地位。专利信息的定性分析是指通过对专利文献的内在特征，即对专利技术内容进行归纳、演绎、分析、综合，以及抽象与概括等，以达到把握某一技术发展状况的目的。

具体地说，根据专利文献提供的技术主题、专利国别、专利发明人、专利受让人、专利分类号、专利申请日、专利授权日和专利引证文献等技术内容，进行信息搜集，并对其内容进行阅读和摘记等；在此基础上，进一步对这些信息进行分类、比较和分析等研究活动，形成有机的信息集合，进而有重点地研究那些有代表性、关键性和典型性的专利文献，最终找出专利信息之间的内在甚至是潜在的相互关系，从而形成一个比较完整的认识。

【实例 5-6】如图 5-28 所示，发明专利聚丙烯纤维及其制造方法为重点专利，采用定性分析方法，对该项专利解决的技术问题、技术方案进行分析。

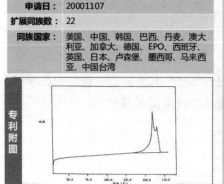

图 5-28 发明专利聚丙烯纤维及其制造方法的分析

(2) 定量分析方法。专利信息定量分析是研究专利文献的重要方法之一，它建立在数学、统计、运筹学、计量学和计算机等学科的基础之上，通过数学模型和图表等方式，从不同角度研究专利文献中所记载的技术、法律和经济等信息。定量分析方法是在对大量专利信息加工整理的基础上，对专利分类、申请人、发明人和申请人所在国家和专利引文等某些特征进行科学计量，将信息转化成系统的、完整的、有价值的情报，这种分析方法能提高专利信息质量，可以很好地分析和预测技术发展趋势，科学地反映发明创造所具有的技术水平和商业价值；科学地评估某一国家或地区的技术研究与发展重点，用量化的形式揭示国家或地区在某一技术领域中的实力，从而获得市场热点及技术竞争领域等经济情报；及时发现潜在的竞争对手，判断竞争对手的技术开发动态，获得相关产品、技术和竞争策略等方面的情报。

【实例 5-7】图 5-29 为某高校专利授权量总体趋势分析图，采用的是定量分析方法，对某高校已授权专利年份进行统计分析，得到某高校专利授权量总趋势图。

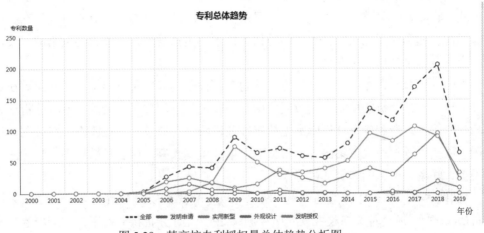

图 5-29 某高校专利授权量总体趋势分析图

(3) 拟定量分析方法。定量分析和定性分析之间既有区别又有联系。在实际工作中将二者结合起来应用，可以更好地揭示事物的本质，专利信息分析也不例外。针对不同的分析目的，分析人员有时要采用定量与定性相结合的分析方法，即拟定量分析方法。专利拟定量分析通常由数理统计入手，进行全面、系统的技术分类和比较研究，再进行有针对性的量化分析，最后进行高度科学抽象的定性描述，使整个分析过程由宏观到微观，逐步深入进行。专利分析中比较常见的拟定量分析方法有专利引文分析和专利数据挖掘等，它们是对专利信息进行深层次分析的方法。

【实例 5-8】用 IncoPat 检索平台，以发明人"张迎晨"为检索词进行检索，获取数据后，在分析列表中选择"技术生命周期"，获取此技术生命周期图，如图 5-30 所示。通过发明人"张迎晨"专利申请量与专利申请人数量随时间的推移变化图可以评估技术发展的阶段，来帮助分析发明人当前技术领域生命周期所处阶段。利用此分析判断，为相关技术研发是否需要进入当前技术领域提供参考，特别是指导企业技术投入与开发策略。

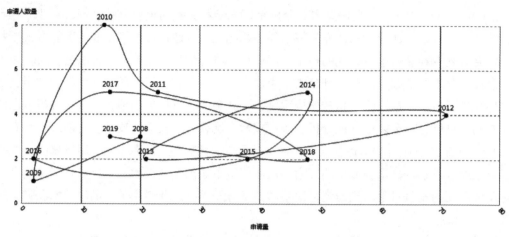

图 5-30 发明人"张迎晨"技术生命周期

(4) 图表分析方法。图表分析是信息加工、整理的一种处理方法和信息分析结果的表达形式。它既是信息整序的一种手段,又是信息整序的一种结果,具有直观生动、简洁明了、通俗易懂和便于比较等特点。随着信息技术的迅猛发展,计算机与网络的普及,图表分析方法被信息分析人员普遍采用。

在专利信息分析中,图表分析方法伴随着定性分析和定量分析被广泛应用。在定性或定量分析时,被分析的原始专利数据采用定性或定量方法加工、处理,并将分析结果制作成相应的图表。专利信息分析中常见的定性分析图表有清单图、矩阵表、组分图、技术发展图,以及问题与解决方案图等。常见的定量分析图表有排序表、散点图、数量图、技术发展图、联图、雷达图和引文树等。

【实例5-9】图 5-31 为某高校发明授权有效专利技术领域 IPC(大类)分析图,采用图表分析法(饼图),通过对某高校有效发明专利按 IPC 统计分析得到此图,可清晰看到某高校的有效发明专利主要集中的技术领域及各技术领域分布情况。

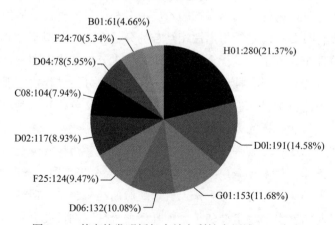

图 5-31 某高校发明授权有效专利技术领域 IPC(大类)

## 3. 专利分析的流程

专利分析的具体工作一般分为四个阶段8个环节。四个阶段为前期准备、数据采集、专利分析、分析报告。8个环节为确立分析对象、明确分析目的、开展行业市场和技术调研、进行专利信息检索、检索数据处理、专利信息可视化、数据分析、撰写分析报告。

## 4. 专利分析报告

专利分析报告是专利分析的最终成果,也是项目研究成果的重要表现形式。

表5-3从分析的规模可以分为宏观、中观和微观专利分析报告；从分析的应用群体考虑,一般分为面向政府、面向产业/行业、面向创新主体(如企业、高校科研院所、个人)、面向机构(如金融机构、服务机构等)的专利分析报告。

表5-3 专利分析报告类别

| 应用群体 | 宏观分析 | 中观分析 | 微观分析 |
|---|---|---|---|
| 政府 | 产业导航分析<br>区域专利布局分析 | 重大经济科技活动知识产权分析评议 | |
| 产业/行业 | 产业导航分析 | 知识产权分析评议<br>专利预警分析 | |
| 创新主体 | 项目或技术热点 | 个人或单位科技活动知识产权趋势和判断分析 | 热点评估和专利冲突 |
| | 产业导航分析 | 专利微导航<br>专利预警分析<br>专利尽职调查<br>知识产权分析评议 | 专利侵权分析<br>专利价值评估<br>专利稳定性分析 |
| 机构 | | 知识产权尽职调查 | |

从其他角度分析表5-3的内容时,还可以将分析的应用场景重新归类：如管理类专利分析报告、技术类专利分析报告和市场类专利分析报告；从分析的内容归类可以分为综合专利分析报告、专题专利分析报告等。

**【思考题5-4】** 请思考如何撰写专利分析报告,并总结撰写基本规范。

**解题思路：** 撰写专利分析报告时一般应注意以下方面：

一是严谨准确。依据分析目的需求、数据准确、得出的结论客观。

二是简练完整。谨慎简练、报告完整、条理清晰、逻辑严谨。

三是图表要求。选用图表要合适、要对图表解读。

四是文字规范。注意文字过渡与照应、用语规范、使用术语要说明。

(1) 专利分析报告的框架。通过同专业人员的多次沟通交流,确认专利分析的范围,初步形成一次框架、二次修改框架,最后确认框架的大循环,如图5-32所示。

(2) 专利分析报告的模板。专利分析报告一般根据分析对象、分析目的、分析内容、分析规模、分析的深度和广度、面向的阅读群体等的不同,其报告撰写的角度有所不同。

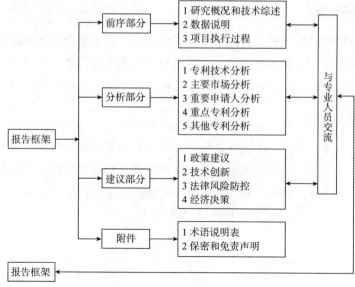

图 5-32 专利分析报告的框架图

## 5.4 专利申请审查过程中的信息资源

专利从的申请、审查、复审(如果被驳回)到授权的过程中,专利信息无所不在。例如,专利申请文件中的引文信息所隐含的技术发展历程,同族专利信息所隐含的企业进行的市场布局情况,通过审查意见通知书中相关对比文件信息中可了解该技术领域中该项技术创新程度信息等。

学习和了解专利申请文件的组成、撰写及撰写要求,悉知专利申请的流程和审查程序及其中所产生的专利信息资源,是检索到所需要专利信息的有效途径,同时,获取有效的专利信息是进行专利分析的基础。本节将对专利的撰写要求、专利的申请流程和审查程序进行简要的介绍。

### 5.4.1 专利申请文件概述

专利的申请文件是由摘要、权利要求书、说明书、说明书附图组成。权利要求由独立权利要求、从属权利要求组成。说明书由技术领域、背景技术、发明内容、附图说明、具体实施例组成,其中发明内容应由专利要解决的问题、解决问题的技术方案、技术方案达到的有益效果等组成。企业专利检索分析报告(模板)如图 5-33 所示。

专利申请文件申请受理后,在不同的审查流程,会产生不同类型的专利文献,并有不同的文献种类、标识代码来区分。

**企业专利检索分析报告(模板)**

一、项目背景描述
1. 需求公司概况
2. 项目技术背景情况

二、项目检索
1. 检索项目名称：
(1) 企业检索需求描述
(2) 检索主题以及关键词
(3) 预检索结果
(4) 与企业技术工程人员沟通情况(要求：详细说明对检索的改进及更为精细化的设计)
2. 检索式确定
(1) 下载专利文献明细(要求：检索数据需尽量查全、查准)
(2) 筛选专利文献
(3) 合并专利权人

三、定量分析
1. 专利权人排名
要求：列出该技术领域专利申请量最大的若干家公司。
2. 专利技术生命周期
要求：任何一种技术的生命周期都是由产生、发展、成熟、衰老四个阶段组成，通过几十年该技术领域的专利申请趋势，分析该技术处于生命周期的何种阶段。
3. 分支技术生命周期
要求：按照专利技术生命周期分析方式，根据技术分布情况，进行子技术领域的专利生命周期分析，指导企业研发。
4. 专利技术区域分布
要求：通过该技术在各国家的申请情况，进一步了解该技术的主要市场分布。
5. 发明人排名分析
要求：将该技术领域的主要发明人进行排名。
6. 主要专利权人相对研发能力比较
要求：通过对主要专利权人投入研发人员、产出专利量、专利申请国家数、专利产出年数等研究，给出相对研发能力的比较分析。
7. 主要专利权人的专利申请趋势分析
要求：分析主要专利权人的历年专利申请情况，全面了解该技术在各个专利权人的发展趋势。
8. 专利权人区域分布
要求：通过对不同国家的专利权人分布情况的分析，了解该技术的主要市场由哪些公司主导。
9. 同族或引证专利介绍
要求：通过同族专利或引证专利分析，得出核心专利，并介绍其基本情况。

四、定性分析
通过对检索到的专利进行定性分析，判断专利的不同法律状态，弄清楚专利是否进入公知公用领域，或正处于保护期中，或即将到期等情况。推荐选择企业可以重点关注和利用的专利，可对中国专利和国外专利进行区别分析。

五、总结
要求：综合以上分析，务必给出相应的建设性意见。

图 5-33 企业专利检索分析报告(模板)

**【思考题 5-5】** 从网上下载一篇专利申请文件，请思考专利申请文件由几部分组成，分析各部分的作用及特点，并体会申请文件中蕴含的信息。

**解题思路：** 参考图 5-34 所示专利的申请文件组成。

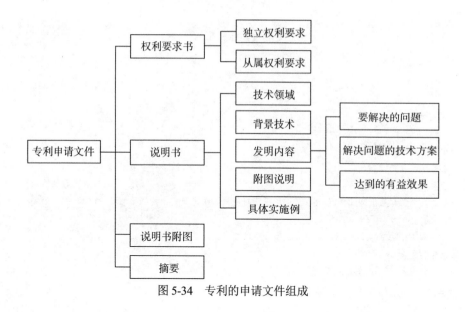

图 5-34 专利的申请文件组成

### 1. 权利要求书

专利申请权利请求书又称权利要求书，是以专利申请说明书为依据，说明发明或实用新型的技术特征，清楚并简要地写出要求专利保护范围，并在一定条件下提出一项或几项独立的专利权项。专利申请权利请求书应当有独立权利要求，也可有从属权利要求。

### 2. 说明书

专利说明书是对发明或者实用新型的结构、技术要点、使用方法做出清楚、完整的介绍，包含技术领域、背景技术、发明内容、附图说明、具体实施方法等项目。

### 3. 摘要

专利说明书摘要是专利说明书内容的概述，也是一种专利申请文书，它适用于发明和实用新型专利的申请。专利说明书是国家专利局出版的《专利公报告》上发表的重要内容。

### 4. 说明书附图

附图是说明书的一个组成部分。附图的作用在于用图形补充说明书文字部分的描述，使人能够直观地、形象化地理解发明或者实用新型的每个技术特征和整体技术方案。申请发明专利(如有附图)或实用新型专利时应当提交说明书附图。

## 5.4.2 专利撰写基本知识

### 1. 专利申请文件常规的撰写流程

专利申请书是集技术与法律于一体的文本文件。如图 5-35 所示，专利申请文件撰写常规流程包括 4 部分：一为撰写前的准备工作，二为权利要求书的撰写，三为说明书、附图、摘要的撰写，四为撰写其他文件。专利文件撰写基本按照该步骤展开。

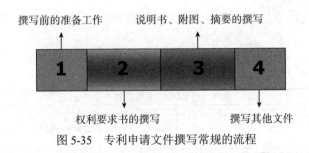

图 5-35 专利申请文件撰写常规的流程

## 2. 权利要求书的撰写

权利要求书是专利申请文件的核心部分，是专利申请权利请求书，作为请求知识产权保护的一种文书，是专利申请文件中的重要技术文件。专利请求书撰写时要符合法律规范和技术规范，应按专利法相关的法律规定进行撰写，其撰写格式也有严格的要求。从法律层面，权利要求书确定的是申请人请求专利保护的范围，申请权利请求书经审查批准后就具有法律效力，也将成为后期侵权判定时的依据。从技术面，权利要求书记载了申请发明或者实用新型的具体技术方案。

专利申请权利要求书撰写分为独立权利要求书和从属权利要求书两部分。一份专利申请权利请求书中应当至少包括一项独立权利要求，还可以包括从属权利要求。权利要求要最大程度反映说明书的基本技术构思，应具有分层次、多角度的技术问题、技术效果的描述，以便审查意见答复，实现最终的专利授权。一份优秀的权利要求书应该是一个倒金字塔式的结构，具体如图 5-36 所示。

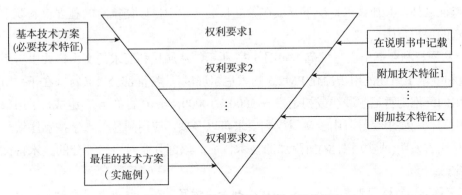

图 5-36 权利要求倒金字塔式结构图

(1) 独立权利要求书撰写规范，其要点归纳为以下几点：独立权利要求是要能够解决所要解决的技术问题，产生预期的技术效果，所覆盖的技术方案能够实施；独立权利要求应不包括与所要解决的技术问题无关的不必要的技术特征；独立权利要求在引证具备创新性的前提下，将多个实施例进行合理的上位概括；涉及发明的技术特征概括适当；权利要求中的重要技术特征具有层次性，应包括前位、中位、下位的实施方式。

如图 5-37 所示，独立权利要求的文本格式由前序部分"一种用于净化 PM2.5 的雪尼尔屏风"、特征部分"其特征在于：它包括借助机织、针织品、针织、钩编、经编或编织工

艺，通过雪尼尔纱线系统互连形成的三维立体连续体，所述三维立体连续体的至少两面是

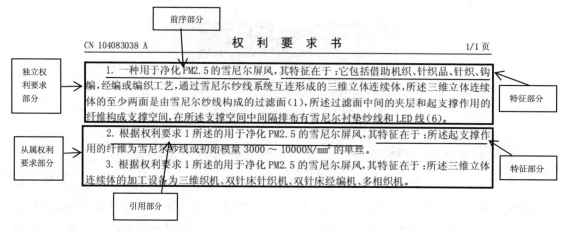

图 5-37　发明专利一种用于净化 PM2.5 的雪尼尔屏风权利要求书

由雪尼尔纱线构成的过滤面(1)，所述过滤面中间的夹层和起支撑作用的纤维构成支撑空间，在所述支撑空间中间隔排布有雪尼尔衬垫纱线和 LED 线(6)"两部分组成，两部分一起构成要求保护的技术特征。

前序部分是说明此项发明(或实用新型)所属技术领域及现有技术中与发明(或实用新型)主题密切的技术特征。特征部分是说明本发明(或实用新型)所具有的技术特征。一件发明(或实用新型)至少有一项独立权利要求，先写独立权利要求，再写从属权利要求，有几项权利要求的应当用阿拉伯数字编号。独立权利要求应当包含尽可能少的技术特征，除必要技术特征之外，其他技术特征不要放在独立权利要求中，以使撰写的独立权利要求具有尽可能宽的保护范围。

(2) 从属权利要书求撰写规范。如图 5-36 所示，从属权利要求的文本格式由引用部分"根据权利要求 1 所述的用于净化 PM2.5 的雪尼尔屏风"、特征部分"其特征在于：所述起支撑作用的纤维为雪尼尔纱线或初始模量 3000~10000N/$mm^2$ 的单丝。"组成，引用部分写明被引用的权利要求编号，由于从属权利要求可以多项，应用阿拉伯数字按顺序编号。特征部分写明本发明(或实用新型)所附加的技术特征，该部分要对引用部分的技术特征做进一步限定。

【思考题 5-6】权利要求书是专利的核心部分，撰写专利的权利要求书时，如何做到权利要求书以说明书为依据，清楚、简要地限定要求保护的范围？

**解决思路：** 撰写专利的权利要求书时，应做到以下几点撰写要求：

1 权利要求书的撰写应当以说明书为依据，应得到说明书的支持。

2 必须符合法律规范，权利要求要清晰、请求的保护范围适当，要最大限度保护申请人的合理的最大利益。

3 若需要修改内容时，所修改的内容应注意要在原申请文件中有记载，不能超出原申请文件中的记载范围。

4 权利请求书上所使用技术术语要与专利申请说明书上所用的相一致，可以有化学式

或数学式，但不应有插图。在提出外观设计专利申请时，所提交的权利请求书中要有外观设计的图片或照片，一式两份。

5 权利请求书中的文字表达要严密、准确，语言要简洁、规范。不要使用不确定的词语和广告宣传性词语，应使用限定性词语。权利请求书中的文字要求打印或印刷。

### 3. 说明书的撰写规范

说明书是对申请专利的发明创造做出清楚、完整说明的文件，申请的发明创造以所述技术领域的技术人员能够实现为准。清楚是指说明书应当对发明或者实用新型描述前后一致、符合逻辑，撰写时做到用词准确、语句清楚。完整是指说明书应当对发明或者实用新型的描述是所属领域的技术人员不能从现有技术中直接、唯一得到的内容，均应当在说明书中做出清楚、明确的描述。说明书撰写从技术领域、背景技术、发明内容、附图说明、具体实施方式5个部分撰写，其具体内容主要包括：①发明创造名称；②所属技术领域；③已有技术水平；④发明的目的；⑤发明创造描述；⑥发明创造的效果；⑦附图说明(如果有附图的话)；⑧最佳实施方案等内容。

【**实例 5-10**】本实例为发明专利"一种用于净化PM2.5的雪尼尔屏风"的说明书，具体包括以下几个部分：

技术领域：如图 5-38 所示，"本发明涉及一种屏风，具体涉及一种用于净化PM2.5的雪尼尔屏风。"描述了技术主题所属或所用技术领域。

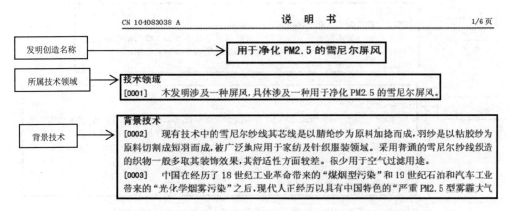

图 5-38  发明专利一种用于净化 PM2.5 的雪尼尔屏风说明书

背景技术：如图 5-38 所示，"[0002] 现有技术中的雪尼尔纱线其芯线是以腈纶纱为原料加捻而成，羽纱是以粘胶纱为原料切割成短羽而成，被广泛地应用于家纺及针织服装领域。采用普通……"为本发明的背景技术，是对一件发明(或实用新型)的理解，同时也是进行专利检索、审查时具有参考作用的现有技术。

发明内容：如图 5-39 所示，"[0009] 针对现有技术中存在的问题，本发明提供一种用于净化PM2.5的雪尼尔屏风，该屏风具有抗菌负离子释放性能，并兼具空气净化、房间美化和隔断的作用。[0010] 为解决上述问题，本发明采用以下……"为本发明的发明内容，包括了要解决的技术问题，使用的技术方案，具备的技术效果。

**发明内容**

[0009] 针对现有技术中存在的问题,本发明提供一种用于净化 PM2.5 的雪尼尔屏风,该屏风具有抗菌负离子释放性能,并兼具空气净化、房间美化和隔断的作用。

[0010] 为解决上述问题,本发明采用以下技术方案:

一种用于净化 PM2.5 的雪尼尔屏风,它包括借助机织、针织品、针织、钩编、经编或编织工艺,通过雪尼尔纱线系统互连形成的三维立体连续体,所述三维立体连续体的至少两面是由雪尼尔纱线构成的过滤面,所述过滤面中间的夹层和起支撑作用的纤维构成支撑空间,在所述支撑空间中间隔排布有雪尼尔衬垫纱线和 LED 线。

图 5-39 发明专利一种用于净化 PM2.5 的雪尼尔屏风发明内容

附图说明:如图 5-40 所示,"[0020] 图 1 为本发明的结构示意图。[0021] 图 2 为本发明中支撑空间中雪尼尔衬垫纱线和……"为本发明的附图说明,如果用图来帮助说明发明创造技术内容时应有附图,并对每一幅图做出介绍性说明。

具体实施方式:如图 5-40 所示"[0024] 实施例 1 如图 1、图 2、图 3 和图 4 所示,本实施例用于净化 PM2.5 的雪尼尔屏风,它包括借助机织、针织品、针织、钩编、经编或编织工艺,采用三维织机进行加工,通过雪尼尔纱线系统互连形成的三维立体连续体,所述三维立体连续体的两面是由雪尼尔纱线构成……"为本发明的具体实施方式,详细描述了实施发明(或实用新型)的最好方式,并将其作为一件典型实施例,列出了与发明要点相关的参数条件。

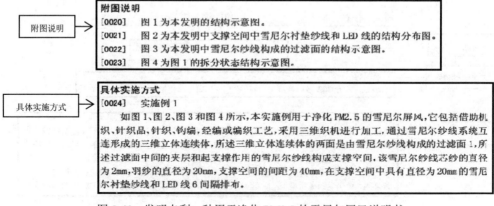

图 5-40 发明专利一种用于净化 PM2.5 的雪尼尔屏风说明书

### 4. 说明书撰写时应满足以下要求

(1) 发明的技术方案能够实现。指所述技术领域的技术人员按照说明书记载的内容,就能够实现请求保护的发明的技术方案,解决其技术问题,并且产生预期的技术效果。

(2) 说明书支持专利权人所获得权利范围。说明书是申请人公开其发明或者实用新型的文件,权利要求书是确定专利保护范围的文件。专利权人所获得权利范围应当得到其说明书中公开的发明或者实用新型全部内容的支持,反之,权利要求书以说明书为依据,如果说明书不能满足概括得到的权利要求所请求的保护范围的需要,则说明书与权利要求书就出现脱节,导致权利要求得不到说明书的支持。

### 5. 说明书摘要撰写规范

说明书摘要应当写明发明或者实用新型专利申请所公开内容的概要,即写明发明(或者实用新型)的名称和所属技术领域,并清楚地反映所要解决的技术问题、解决该问题的技术方案的要点以及主要用途。摘要文字部分不得超过 300 个字。说明书摘要可以包含最能说明发明或者实用新型的化学式;有附图的专利申请,还应当提供一幅最能说明该发明或者实用新型技术特征的附图。附图的大小及清晰度应当保证在该图缩小到 4cm×6cm 时,仍能清晰地分辨出图中的各个细节。

### 6. 说明书附图

说明书附图是用来补充说明书中的文字部分,是说明书的组成部分。根据说明书内容需要,可以有附图,也可以没有附图。但实用新型说明书必须有附图。附图和说明书中对附图的说明要图文相符。附图的形式可以是基本视图、剖视图,也可以是示意图或流程图。附图只要能完整、准确地表达说明书的内容就可以。

**【思考题 5-7】** 你认为如下描述是否能够满足专利说明书摘要的要求,给出你认为完整的撰写专利摘要内容的条款。

**解题思路:** 专利说明书摘要应达到以下几个方面要求:

1. 摘要应当写明发明或者实用新型的名称和所属技术领域,并清楚地反映所要解决的技术问题、解决该问题的技术方案的要点以及主要用途,其中以技术方案为主。摘要可以包含最能说明发明的化学式。

2. 有附图的专利申请,应当提供或者由审查员指定一幅最能反映发明点的附图。

3. 摘要文字部分(包括标点符号)不得超过 300 个字,不分段。

4. 不得使用商业性宣传用语。

5. 摘要文字部分出现的附图标记应当加括号。通用的格式起始句为"本发明涉及一种……"

## 5.4.3 专利申请及审查基本知识

一项发明专利从申请到授权需要 2~4 年,在漫长的审查过程中,从初审到实审,对驳回的专利的复审,国家知识产权局行政部门严格地依照专利法、专利法实施细则、专利审查指南进行审查及答辩。在这个过程中,每一个流程中的审查意见通知书以及发明人对审查意见通知书的答辩,都蕴含着丰富的技术信息、法律信息、商业信息。通过对专利申请及审查流程的学习,熟知专利申请及审查的流程,将帮助我们有效地获取专利信息。下面对专利申请及审查的流程做简要介绍。

### 1. 专利的申请及审查流程

依据专利法,发明专利申请的审批程序包括受理、初审、公布、实审以及授权 5 个阶段。实用新型或者外观设计专利申请在审批中不进行早期公布和实质审查,只有受理、初审和授权 3 个阶段。

发明、实用新型和外观设计专利的申请、审查流程如图 5-41 所示。

## 2. 专利申请文件的组成

在提交专利申请时，发明专利、实用新型、外观设计申请文件组成是不同的。其中需要说明的是对于发明专利，若没有必要附图时可以不用提交，但实用新型必须有附图。申请文件要求一式一份，并按照文字和格式上的具体要求提交。具体如表 5-4 所示。

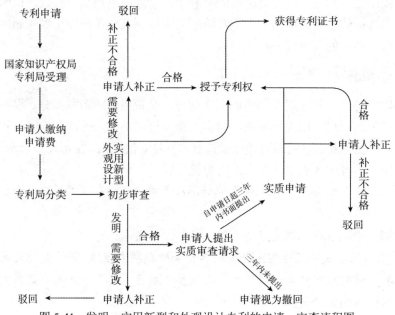

图 5-41　发明、实用新型和外观设计专利的申请、审查流程图

表 5-4　专利申请文件的组成

| 发明和实用新型专利申请文件的组成(A26) | | 外观设计专利申请文件的组成(A27) |
|---|---|---|
| 发明专利申请 | 实用新型专利申请 | 外现设计专利申请 |
| 发明专利请求书 | 实用新型专利请求书 | 图片或者照片 |
| 说明书 | 说明书 | 简要说明 |
| 权利要求书 | 权利要求书 | |
| 必要时说明书附图 | 说明书附图 | |
| 摘要及摘要附图 | 摘要及摘要附图 | |

专利申请文件其他文件：在提出专利申请的同时或者提出专利申请之后，申请人、专利权人、其他利害关系人在办理与该专利申请(或者专利)有关的各种手续时，提交的除专利申请文件以外的各种请求、申报、意见陈述、补正以及各种证明、证据材料等。需要补充的是，根据《专利法》第二十六条，依赖遗传资源完成的发明创造，申请人应当在专利申请文件中说明该遗传资源的直接来源和原始来源；申请人无法说明原始来源的，应当陈述理由。

**【思考题 5-8】** 在专利申请时，除了专利申请文件，还有哪些其他文件。

**解题思路：** 在提交专利申请时，根据不同的需求，一般还有需要提交以下文件：

1. 专利代理委托书。
2. 费用减级请求书、费用减缓证明。

3. 优先权证明、优先权转让证明。
4. 实质审查请求书、提前公布声明。
5. 涉及保密、生物材料、不丧失新颖性的公开等证明文件。

### 3. 专利申请的提交方式

专利申请的提交方式分为纸质申请、电子申请两种。

纸质申请：下载(下载地址：http://www.cnipa.gov.cn/col/col192/index.html)并使用标准表格，每张表格只能用于一件专利的申请，发明专利、实用新型、外观设计的申请文件都应该留存底稿。具体文件提交可以面交或邮寄。邮寄应当用挂号信函的方式进行提交。受理申请时不接受样品、样本或模型。不能直接从国外或者港澳台邮寄文件。

电子申请：电子申请是以互联网为传输媒介的专利申请方式。文件以符合规定的电子文件形式向专利局提出的专利申请。电子申请系统于2010年2月10日运行。电子申请的网址：http://cponline.sipo.gov.cn/。

### 4. 专利的申请审查程序

在申请专利的过程中，专利管理部门会依法对提出申请的专利进行审查，只有审查通过后，提出申请的专利才有可能最终被授予专利权。

各国对专利申请的审查有不同的要求，但基本上实行形式审查制、实质审查两种制度。有的国家实行形式审查制，有的国家则实行实质审查制。形式审查制只审查专利申请书的形式是否符合法律的要求，而不审查该项发明是否符合新颖性、创造性、实用性等实质性条件。实质审查制不仅审查申请书的形式，而且对发明是否具备新颖性、创造性和实用性等条件进行实质性的审查，只有通过上述两种审查的发明，才授予专利权。

我国专利行政部门受理发明专利申请以后，依照《专利法》规定的程序进行审查。如图5-42所示，发明专利的审查实行初审和实审，其申请的主要审查程序有初步审查、公布专利申请、请求实质审查、实质审查、授权或者驳回进入复审程序、授权以后的无效程

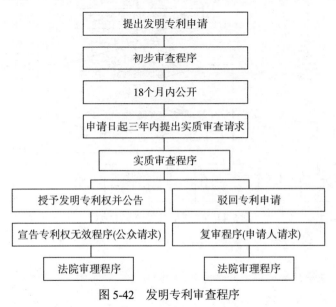

图5-42 发明专利审查程序

序。如图 5-43 所示，实用新型、外观设计专利实行初审，其主要审查程序有专利申请、受理、初审、公告、授权或者驳回进入复审程序、授权以后的无效程序。

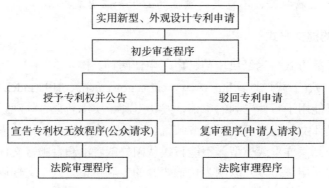

图 5-43  实用新型、外观设计专利审查程序

专利实质审查由专利审查人员根据专利申请日节点逆向追踪，在全领域范围内查找与专利申请内容相同和相近的所有文献，进行比对和查询、查重工作，文献包括对应专利申请日之前的所有的专利文献、论文等一切公开的材料。

《专利法》第三十五条："发明专利申请自申请日起三年内，国务院专利行政部门可以根据申请人随时提出的请求，对其申请进行实质审查；申请人无正当理由逾期不请求实质审查的，该申请即被视为撤回。国务院专利行政部门认为必要的时候，可以自行对发明专利申请进行实质审查。"提出实质审查请求的，应当提交单独的实质审查请求书。实质审查程序基本流程如图 5-44 所示。

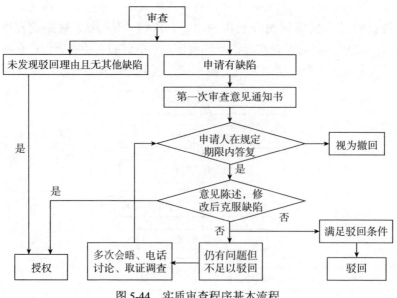

图 5-44  实质审查程序基本流程

# 小　结

　　专利创新是创新发展的重要组成部分。专利创新是经济社会发展的持续动力，更是高质量发展的根本要求之一。发展国家科技创新，需要一种能把各方面提出的有价值的创新思路方案(包括已经申请专利的和已经获得专利权的)和专业设计人才培养以及试验实施条件联系在一起、形成站在巨人肩膀上看世界的机制。本章基于专利情报信息深度挖掘资源的角度入手，介绍了专利基础知识、专利信息检索、专利信息分析、专利申请及审查基本知识4个方面，通过实例的解析，帮助用户了解专利从申请到授权全过程中的信息及其流程。

# 思考练习

　　1. 请利用中国专利局网站查询相关专利，分析发明专利、实用新型和外观设计专利的类型区别？
　　2. 尝试在相关网站下载一篇专利文件，仔细研究专利文献的内涵，了解专利文献是如何分类的。
　　3. 你的导师的专利申请量是多少？下载并了解其专利技术的研究历程，通过相关专利文献学习、思考，是否能发现并找到其技术研发的瓶颈，并确定自己的毕业论文开题方向。
　　4. 专利分类号有哪些？如果你想申请专利，结合自己专业及研究的课题说出拟申请专利的分类号？
　　5. 请根据所学的专业所涉及的技术领域，追踪该技术领域某一团队的专利技术，了解其技术的发展趋势及最新技术突破点，并给出自己的见解和意见。
　　6. 检索分析导师的专利技术，尝试撰写一篇专利分析报告。
　　7. 结合自己毕业论文研究课题，通过对自己研究课题所涉及的技术领域进行专利分析，获得所研究课题的经济情报，如研究课题在国内外潜在的技术市场和经济实力。
　　8. 结合目前某个技术领域技术热点(如华为手机)，通过对该技术主题专利的检索分析，了解该技术领域关键技术国内外专利量发展的趋势，其核心专利技术，找出技术的发热点和技术空白。
　　9. 在专利的申请及审查流程中，你能获得哪些不同的专利文献？
　　10. 以自己的课题研究为基础，通过对相关技术领域的专利信息的检索分析，挖掘课题研究过程中创新点，按照本章所学的专利撰写要求、基本思路和基本方法，拟确定申请专利保护的技术。
　　10. 通过对专利申请及审查流程的学习，思考撰写专利申请书时如何实现自己的技术保护？及如何顺利通过专利审查程序，获得专利授权？
　　11. 尝试到中国专利网进行电子申请的操作，发现并体会电子申请相对纸质申请渠道的优势和劣势。

# 第6章 扩展篇：综合型信息资源

前面章节介绍了单类信息资源的类型及单类信息资源检索的方法。而在我们的日常生活、学习，尤其是科学研究实践活动中，接触更多的是综合型信息资源。围绕某一选题进行综合型信息资源的获取和阅读，不仅可避免以偏概全，也能让研究者站在更高的视角审视自己的研究课题和内容，通过文献资源的阅读及时调整和纠偏拟设定的研究课题和内容。

**【场景】** 在学习研究过程中，当你思索如何为自己的研究进行选题或拟定研究内容时，你是仅仅通过熟悉的"中国知网"进行单一检索获取文献，还是综合几个期刊数据库获取单一的期刊文献，还是通过综合类资源库获取各种类型的信息资源后，通过全面的阅读选择，进而选定自己的研究课题和内容。显而易见，后一种获取资源的途径更能保证文献信息资源的全面性，更能帮助你选择合适的研究课题。

## 6.1 常见中文综合型信息资源

综合型信息资源是指数据库所收录的文献资源类型多样，包括期刊论文、学位论文、会议论文、标准、专利、图书、报纸、古籍、政府文件、年鉴等。多种类型的信息资源通过统一平台可供用户进行跨库一站式检索，满足围绕某一检索内容的一次检索就可获取多种与检索内容相关的综合型信息资源，常见的平台有"中国知网""万方知识服务平台""超星发现"等。

### 6.1.1 中国知网

前面章节介绍了通过中国知网检索期刊论文的使用方法。本节主要介绍中国知网的文献检索，以及中国知网提供的软件服务，如知网研学平台、大数据研究平台、协同研究平台。

**1. 中国知网的"文献"检索**

当对某一内容有了拟研究的想法后，一般是先检索相关的资料，了解目前想研究的内容，学界的研究成果如何，这时就不能仅仅检索相关主题的期刊论文了，其他的(如学位论文、会议论文等)都不能放过。为了保证研究内容的可研究性，需通过知网的"文献"检索进行一站式搜罗，以保证获取全面的相关研究成果。

某同学拟进行"环境治理"方面的研究，想了解相关的研究成果，这些成果不仅包括期刊论文，也包括学位论文、会议论文等，那么他可通过中国知网的综合检索平台，进行

"题名"或"主题"的"环境治理"的检索,检索之前需选择包含全部文献类型的检索范围,如图6-1所示(检索日期2020-12-16)。

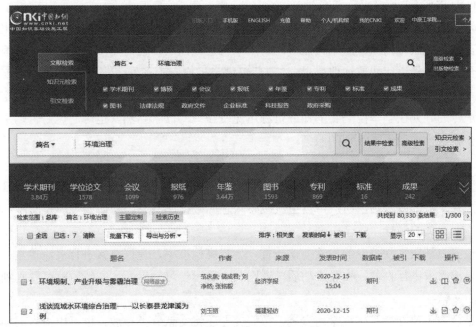

图6-1 知网的综合平台检索界面和结果显示

查看显示的结果可知,题名中含有"环境治理"的文献总量,及学术期刊、学位论文、会议论文、报纸等不同文献类型的成果量。可根据需求按时间、下载量、被引次数等进行排列,有选择地下载和阅读。

需注意的是,知网总库中包括中外文文献,所以可通过目录条再次进行选择。

**【思考题6-1】**某同学想进行"民众参与的环境治理对策与途径"的研究,请根据主题要求通过知网综合检索平台检索出相关期刊20篇,学位论文10篇,电子图书2种,并对不同文献类型的研究内容进行简单对比分析。

**解题思路:**首先需对主题进行关键词分析和提取,可提取"环境治理""对策""民众参与""治理途径"作为检索词,用篇名或关键词检索字段进行含有不同上述检索词进行检索,可用篇名(环境治理)*篇名(民众参与)*篇名(对策),或篇名(环境治理)*篇名(民众参与),或篇名(环境治理)*篇名(民众参与)*关键词(治理对策),或关键词(环境治理)*篇名(民众参与)*关键词(治理对策)等进行检索,检索文献时很少一次检索就能满足需求,一般需多次检索,依据检索结果数量随时调整检索词和检索方式,直到需求满足为止。接着,可根据要求对检索出的结果进行查阅,进一步根据主题研究内容做深度分析。

### 2. 知网研学平台

知网研学平台是在提供传统文献服务的基础上,以云服务的模式,提供集文献检索、阅读学习、笔记、摘录、笔记汇编、论文写作、学习资料管理等功能为一体的个人学习平台。平台提供网页端、桌面端(原E-Study, Windows和Mac)、移动端(iOS和安卓)、微信小程序，多端数据云同步，满足学习者在不同场景下的学习需求。

使用方法如下：

(1) 注册登录，绑定资源账号。

知网研学平台是个人学习平台，需注册个人账号登录，这样个人的学习数据与记录都会保存在个人账号内。注册个人账号时可用手机号码注册，也可用 QQ、微信、新浪、网易等合作站账号进行快速注册登录。注册后可绑定机构资源账号(机构账号和密码可与图书馆联系获取)，若在知网资源可使用的 IP 范围内，系统将自绑定机构资源账号。绑定机构资源账号的好处在于本校购买的知网资源可免费在线阅读。当然，也可通过平台购买不同等级会员卡，享受不同级别的服务。

(2) 研读学习使用。

研学平台直接对接中国知网五大资源数据库(期刊、博硕士论文、会议、报纸、年鉴)，还链接外文数据库网站，用户可自主收藏感兴趣的数据库网站，从而实现海量文献和图书资源任意选择的场景。

检索方法跟知网总库的检索方法一样，为提高检准率，建议直接进行高级检索，将检索结果按需求进行收藏。收藏成功后，返回到"研读学习"界面，刷新后就可看到刚刚新添加的文献。

平台内可建立多级研究学习专题，按研究专题将文献分类存放，也可用检索添加和本地文献上传添加学习资料，提供快速检索文献入口，并可对文献的重要程度进行星号标记。

除创建专题学习外，研学平台的资源包服务可根据会员级别，享受平台内提供的不同大小的资源包服务。资源包分人文社科、自然科学和科研资源，科研资源分研究方法和学术技能，如选题、开题、答辩、阅读、写作等。资源包文件有视频、文档等不同类型。学者可根据研究内容添加资源包。

某同学想应用知网研学平台建立自己的"信息素养"和"创新创业"两个专题方面的研究资料检索和阅读，可登录中国知网界面，找到软件应用，在线注册个人研学账号，根据研学平台的功能建立不同的学习专题，进行资源添加和阅读，如图6-2所示。

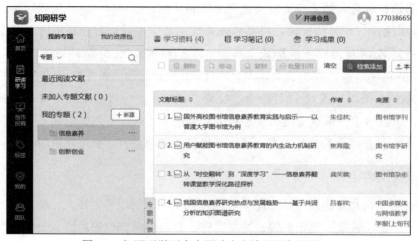

图 6-2　知网研学平台专题建立和资源添加界面

在后续的学习中，还可进行学习笔记记录及标签添加等。

(3) 研学平台的拓展功能使用。

除检索、收藏、查阅学习文献外，研学平台还提供个人知识分类管理，分为我的笔记、我的摘录、记事本、我的成果、我的学术成果(公开发表的)。同时提供期刊订阅、RSS 订阅、学科订阅、主题订阅。

研学平台把 Word 镶嵌到写作功能中，既可使用 Word 操作功能，又能享受研学平台上的功能。写作时可以一键添加文摘、笔记、个人网盘、知网在线文献等素材，自动生成参考文献，参考文献编号自动排序。

【思考题 6-2】注册知网研学平台个人账户，尝试进行某一主题的检索收藏、资源包的添加、学科订阅，以及文档创作等练习。

**解题思路：**登录中国知网(www.cnki.net)找研学平台，然后注册个人账户，根据自己的研究内容以关键词命名创建主题，并进行检索添加，或资源包添加。

### 3. 大数据研究平台

知网的大数据研究平台主要包括专利检索与分析、学术图片库、中国经济社会大数据研究平台、学者库、学科学术热点、学术图片库。其中中国经济社会大数据研究平台在如今的大数据时代更受用户欢迎。

(注：大数据研究平台中的部分资源前面章节已有介绍，故本部分只介绍使用率比较高的中国经济社会大数据研究平台。)

中国经济社会大数据研究平台是一个集统计数据资源整合、多维度统计指标快捷检索、数据深度挖掘分析及决策支持研究等功能于一体的，汇集中国国民经济与社会发展统计数据的大型统计资料数据库，文献资源覆盖了我国经济社会发展的 32 个领域/行业，囊括了我国所有中央级、省级及其主要地市级统计年鉴和各类统计资料(普查资料、调查资料、历史统计资料汇编等)，并实时出版了国家统计局及各部委最新经济运行数据进度指标、国民经济行业运行指标。

收录年限为 1949 年至今。中央级统计年鉴收录卷册完整率为 99.3%，各地统计年鉴资料收录卷册完整率为 97.8%。汇编各年度条目资料，为研究相同主题提供历史资料的汇编，展示各主题的发展脉络和动态变化。该研究平台提供"统计资料""数据分析""决策支持""我的统计数据"功能，其中"统计资料"包括统计年鉴、统计摘要、调查资料、普查资料、资料汇编等，数据覆盖范围广，内容翔实。

中国经济社会大数据研究平台比较有特色的是数据分析和决策支持功能。数据分析包括年度数据分析、进度数据分析、国际数据分析、专题数据分析 4 大类。数据分析功能是允许从地区、指标和时间三个维度进行组配并进行数据查询的功能模块，可生成数据图表、数据地图，进行决策支持分析。

某人想知道河南省"十三五"期间的耕地面积有多少。通过常用的百度搜索引擎几乎是找不到相关准确数据的，可选择利用大数据分析平台的年度数据分析功能。地区选择"河南"，指标选择"农民、农业和农村"的"耕地面积"，时间选择"十三五"，单击数据分析生成图表,或生成数据地图,即可获得结果,检索界面及生成的数据地图如图 6-3 所示(检索日期 2020-12-16)。

图 6-3  中国经济社会大数据研究平台检索界面和图表生成界面

除数据分析功能外,中国经济社会大数据研究平台的决策支持功能也比较强大,包括五大类:相关性分析、统计预测、科学评价、决策模型和数据智能分析平台。其中科学评价包括五种建模方法,分别是熵值法、层次分析法(AHP 法)、灰色关联分析法、因子分析法和主成分分析法。下面以科学评价为例进行决策分析。

用熵值法,以"GDP""第三产业增加值""第二产业增加值"来评价山西省、天津市、北京市、河北省的排名。步骤和方法如下:

(1) 从"决策支持研究模型"栏目中选择"科学评价"。

(2) 从"选择建模方法"栏目中选择"熵值法"。

(3) 从年度时间下拉框选择评价时间为"2019 年"(可任选)。

(4) 选择评价地区为"北京市""天津市""河北省""山西省"。

(5) 从指标类别下选择"综合""国内生产总值",选择"GDP""第一产业增加值""第二产业占 GDP 比重"。

(6) 单击"计算"按钮。

(7) 生成计算结果页面。

检索界面如图 6-4 所示。

图 6-4　中国经济社会大数据研究平台决策支持中的科学评价指标选择界面

上述操作完成后,可查看分析生成的计算结果页面,为课题研究或科学决策提供服务。

### 4. 协同研究平台

针对政府、企业、高校以及科研单位的科学研究和协同创新需求,以知识资源的大规模集成整合、管理和增值利用为基础,将知识管理和知识服务深入机构的学习、研究和创新过程中,为研究人员、管理人员、业务部门等提供一站式资料查阅、知识管理、知识服务、协同研讨、协同创作、组织型学习等为一体的综合性协同工作平台,为科研、学习、创新及管理服务。

协同研究平台的主要功能如下:

(1) 知识管理。包括机构知识管理和个人知识管理,OKMS(协同研究平台)通过整合各种知识资源,构建机构的知识仓库和知识基础设施,打通知识生产的全过程,深入研究和创作过程中,将各业务过程的资料沉淀下来,形成针对具体问题的业务知识库和方法库。

(2) 知识服务。以整合内外部知识仓库为核心,以知识服务的方式为用户提供一站式的资料查阅服务,为研究过程中的具体问题提供面向问题的知识服务和关键性信息。

(3) 协同研究。综合应用知识仓库,针对各种研究项目提供以协同研讨为核心的研究平台,提供资料调研、问题研讨、报告撰写、研究过程管理、决策管理等功能,结合知识仓库和科学研究方法论,为协同研究提供辅助工具。

(4) 协同创作。基于 XML 多人协同完成各种文档,如调研报告、成果报告、技术文档、政府公文等在线撰写工作,在创作过程中支持审核、分工、研讨、修订和总结等,快速高效地完成内容创作。

(5) 组织学习。为机构员工提供一个自主学习和技能培训的平台,员工可自主根据研究主题进行学习资料管理及阅读笔记管理。同时,提供完整的在线学习平台,沉淀机构内部的业务知识,以学习课程的方式将业务知识得以传承。

(6) 协同创新。通过对各种创新资源的综合利用,为机构的创新工作提供支撑和服务,包括学术创新、工程技术创新以及管理创新。

(7) 决策管理。基于协同研究和创新成果，为机构的决策者、项目管理者提供真实、直观的决策依据，从而做到科学决策和透明化管理。

以班级为单位，建立班级协同文档，并发起文档协同，共同完成演示文稿、电子表格等文档的在线编写。创建方法如图6-5所示。

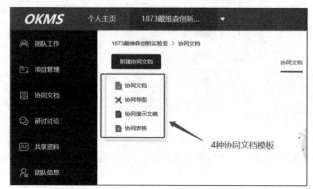

图6-5　创建协同共建文档

协同研究平台可多人在线实时协同，实现基于XML支持的文字、图片、音频、视频等交互式编辑。

协同研究平台提供个人知识管理功能，用户登录OKMS平台后，单击"个人中心"，可实现以下功能：

(1) 查看"我的项目""我的研讨""我的创作"，展示来自协同研究平台的项目、研讨信息和创作内容。

(2) 查看"学习空间"，学习空间主要展示了用户在知识搜索系统收藏的音频、视频、图片、文档等不同表现形式的知识。用户可通过单击查看并进入相应的页面学习或者回顾其中的知识，提升个人的能力。

(3) 可进行知识提交，可通过上传的方式将收集的个人知识汇集提交到机构的知识库中去，提交完毕后，系统将按照个人提交知识的数量、质量等计算个人的知识贡献值。

### 6.1.2　超星发现系统

超星发现系统的核心功能定位是基于海量信息资源，帮助用户更快更准确地在海量资源中找到所需信息，并充分利用数据仓储、资源整合、知识关联、文献统计模型等相关技术，通过引文分析、分面筛选、可视化图谱等手段，为用户从整体上掌握学术发展趋势，洞察知识之间错综复杂的交叉、支撑关系，发现高价值学术文献，提供便捷、高效而权威的学习、研究工具。

超星发现综合型资源目录检索系统包括图书、期刊、报纸、学位论文、会议论文、专利、标准、视频、引文、科技成果、信息资讯、法律法规、特色库等，同时内嵌有主题词表库、作者库、机构库、同义词表库、刊名表等控制词库数据。用户根据实际需要，可进行任意维度的组配检索、自由扩检和缩检，从而实现文献发现的精炼聚类和精准化搜索。

**1. 超星发现系统的一般检索功能**

(1) 空检索。通过空检索可方便查看各类型文献以及相关元素的总量，全局把握知识的现状与发展信息。

(2) 精炼检索。提供只检索学术文章，排除报纸文章。只检索本馆馆藏纸本或电子资源，排除同位词功能，让检索结果更加精准化。

(3) 排序规则。支持按照相关性、学术性、馆藏优先、出版日期升降序、引文量以及默认排序规则进行排序。

(4) 分面聚类。支持检索结果按照内容类型、关键词、年代、作者、作者机构、地区、刊种、中文学科、重要期刊以及基金类别进行聚类显示，帮助用户快速精准地进行资源定位。

(5) 智能词表辅助。提供同位词、下位词、扩展检索等多种智能检索方式，辅助用户快速获取资源。

(6) 支持不同文献类型混合排序；支持高级检索的精确\模糊匹配；支持高级检索勾选不同文献类型之后与之对应的字段信息的自动切换；支持专业检索；支持基于布尔表达式的逻辑检索。

**2. 超星发现系统的特色功能**

(1) 数据分析与知识关联。

支持多个主题或同类主题的学术产出等方面的对比与生长趋势分析，可以对比同一领域发展相关性，分析将来的发展趋势，通过知识关联对生长方向进行分析，发现这些行为之间的关联性、连续性。

学术发展趋势功能：通过归纳、总结各类文献数据的产出量与各项指标，总结出搜索主题在规定时间段内的学术发展趋势。学术趋势对比分析图支持表格化数据导出功能，方便用户存留相关数据。

预测未来趋势功能：深入挖掘、分析文献信息发展趋势的波峰与波谷，结合搜索主题的各项指标与关联指标，分析预测其未来发展趋势。

**【思考题 6-3】** 应用超星发现系统的数据分析功能，以"创新创业"为检索词，对检索结果中的各类型成果进行学术发展趋势数据导出，同时单独导出"创新创业"成果中"图书"成果的学术发展趋势图。

**解题思路：** 在超星发现系统检索界面，输入篇名"创新创业"检索词，然后单击检索结果，按不同类型进行导出，并单独导出"图书"成果的学术发展趋势图，结果如图 6-6 所示。

(2) 学者学术产出分析。

超星发现系统可以揭示以作者、科研学者个人为中心的学术产出情况。对学者的学术成果进行分析，帮助读者掌握所关注的学者、作者的学术评价以及所发表文献的学术价值。

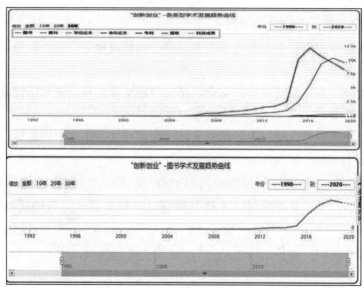

图 6-6 "创新创业"成果学术发展趋势曲线图(检索日期 2020-12-16)

在检索结果页会对所有检出结果进行重要期刊收录情况以及被引量的标识与标记。若某个学者的某一篇文章被多个重要期刊收录,如被 SCI 科学索引、EI 工程索引、北大核心期刊等收录,同时具有较高的被引次数,那么读者即可根据此则信息对此篇文章的价值加以更深的理解和判断。

同时也可配合检索结果的排序功能,在时间划分上判断关注的作者、学者的科研领域的变化,可得知该作者在早年时期和目前的科研领域分别是什么。如果关注的学者其科研领域在数年间没有发生变化,且其著作发文量较多,同时收录情况以及被引情况较好,读者则可基本确定其关注的学者为该学科领域内的专家、佼佼者。

例如,检索"中原工学院"的"岳修志"的学术成果,并进行学术影响分析。利用超星发现系统输入检索词"岳修志"进行检索,然后选择作者单位"中原工学院",并对学术成果进行分析,结果如图 6-7 所示。

图 6-7 学者学术成果检索分析可视化图(检索日期 2020-12-16)

(3) 引文引证分析。

引文引证分析能够帮助一些研究学者通过文献的引用频率,分析研究测定某一学科或作者的影响和重要性。通过文献间的相互引证关系，分析某学科(或专业)文献的参考文献的来源和学科特性，了解该学科与哪些学科有联系。另外，可以通过被引用率与引用率来研究文献老化规律；可以根据某著作被别人引用的程度，衡量该文献的学术价值和影响。

超星系统通过引文引证分析功能不仅实现了期刊与期刊的引证，同时还实现不同文献类型、不同文献信息要素之间的相互引证关系，最终实现期刊、图书、学位论文、会议论文以及报纸之间的一个立体的引用分析功能，方便读者和图书馆全面掌握文献信息的被引和施引关系。

(4) 可视化的关联图谱。

提供同类主题、学科、领域等文献资源的知识发展方向分析，方便研究某一学科领域或主题方向的知识发展；提供以学者、科研人员为出发点的知识点的挖掘、扩散；提供与当前学者、作者相关的其他作者、学者的扩散展示；支持以知识点、人、机构单位为中心的相关机构、单位的扩散展示。

(5) 与读秀、百链的无缝对接。

通过与读秀、百链的无缝对接，对于图书馆无法向读者提供借阅服务的书籍，读者可通过在超星发现中进行资源的查找之后，再通过读秀的原文传递功能将欲阅读书籍的部分页传递至个人邮箱中进行阅读。同样，对于图书馆无法提供纸本或者电子数据资源的外文资源，读者也可在发现中搜索，继而通过百链的文献传递功能获取外文资源的原文。

### 6.1.3 万方数据知识服务平台

#### 1. 万方智搜

截至 2020 年 12 月，万方智搜基于 3 亿条学术文献资源，以及在此基础之上构建的 2 千万余条机构、专家数据，近 1 万条期刊数据等，为用户提供文献检索、全文获取、文献分析、文献订阅等服务。除万方自建数据库外，还有诸多合作数据库，如 NSTL 外文文献数据库、Techstreet 国际标准数据库、Wiley 数据库，以及开放获取资源。

万方智搜的亮点功能如下：

(1) 智能检索。包括资源导航、基本检索、高级检索、专业检索、作者发文检索。

(2) 能进行智能识别。可对用户输入的检索词进行学者、期刊、机构等实体识别，并按规则排序。

(3) 多维揭示。可实现基本信息与关联信息的多维揭示。

(4) 获取有保障。可在线下载阅读，或通过文献传递方式，对于 OA 资源免费获取。

(5) 可进行个性化订阅。如可进行关键词和期刊订阅。

(6) 提供万方快看功能。包括专题聚焦、科技动态、基金会议和万方资讯四大板块。

【思考题 6-4】以南开大学信息资源管理系的"柯平"教授为例，用万方智搜检索其学术成果，及某一篇文献的被引文献，探究其学术影响力。

**解题思路：** 以作者"柯平"为检索词在智搜搜索框中进行检索，并在智能排序中选择"南开大学"，查看其知识脉络，也可选择一篇文献，查看其引证文献量，如图 6-8 所示。

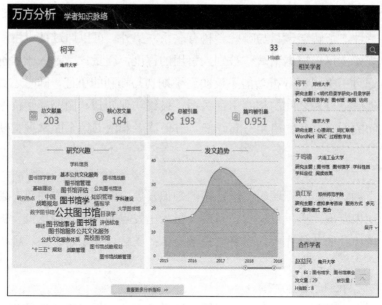

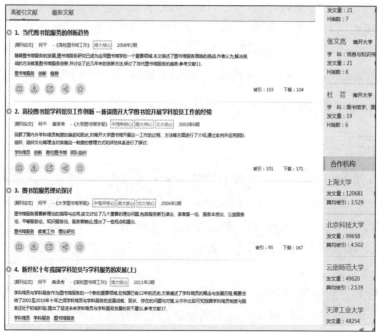

图 6-8　学者知识脉络图及高被引文献列表(检索日期 2020-12-16)

## 2. 万方科研工具

除提供海量资源和智能搜索外,万方知识服务平台还提供科研创新、学者分享、科研选题等服务,下面做简要介绍。

(1) Sci-Fund 科慧。

Sci-Fund 科慧针对中、美、加、英、德等国家近 100 个科研资助团体的资助项目实施常规的动态跟踪,旨在构建完整、准确、规范化、精细化描述的科研项目数据库。

其功能模块有资源获取、统计分析、服务资源,其中统计分析功能比较强大,可提供多种多样的可视化分析图,为用户提供更多分析方法。

**【思考题 6-5】** 某高校科技处想知道 2000 以来本校承担的科研项目总量、资助结构及项目所属学科分类,并期望能导出结构分析图表。

**解题思路:** 登录科慧检索界面,以承担机构为检索字段输入某高校的名称,然后将检索结果按照学科范围、项目类型等进行分析,如图 6-9 所示。

图 6-9 某高校 2000 年以来承担的项目分析图(检索日期 2020-12-17)

(2) 万方选题。

万方选题的定位是为具有科研选题需求的高校老师、学生、科研人员提供高价值选题发现、已定选题新颖性评测、高质量论文推荐等选题支撑服务,切实解决选题过程中的痛点,指导学科管理人员把握学科的发展方向,支撑科研管理和学科建设。

如果你对刚开始新的学习领域比较迷茫,不知道该阅读哪些文献才能快速学习领域知识。怎样找到研究领域的热门方向、研究前沿?领域整体的发展态势是怎样的?有哪些新兴的研究主题?确定研究主题后,想了解研究课题是否新颖?有哪些关联的研究?当有上述困惑发生时,万方选题可以起到帮助作用。

例如一个高校学生,在学习和科研过程中,可能会遇到以下难题:

① 刚进入新的学科领域,如何快速了解领域发展情况?
② 还没确定选题,如何发现高价值的选题方向?
③ 已经确定选题,如何评测选题价值?

难题①的解决方案如下。

读最新:了解学科领域最新研究进展。

读综述:整体把握学科领域的发展脉络。

读经典:通过阅读经典,掌握学科领域研究要点。

读大牛:阅读大牛文献,跟踪他们的学术动态,预测未来方向。

难题②的解决方案如下。
回溯学术脉络：了解研究热点随时间的演化关系及学科领域整体发展趋势。
追踪研究前沿：及时掌握学科领域中最先进、最具研究价值的选题方向。
发掘新兴主题：学科领域中重要的、处于快速成长阶段、未来可能成为热点的主题。
拓展研究边界：从学科渗透、交叉"地带"寻找新的课题。

如某同学想做"机器人"领域的研究选题，可利用万方选题平台，进行回溯学术脉络构建、前沿热点追踪和发现新兴主题，如图 6-10 所示。

图 6-10　万方选题分析界面

难题③的解决方案如下。
新颖性评测：评测已定选题的新颖性，有多少同行在研究。检索出的相似文献越少，说明选题的新颖性越高。

## 6.2　常见外文综合型信息资源

外文文献反映了国际科研的新方法新动向，代表了某一领域科技成果的前沿研究成果，因此，阅读外国文献对于把握最新科研动态，扩充自己的知识是非常有必要的。在检索外文文献时，尽可能选择收录文献质量比较高的数据库，这样不仅可确保文献质量，也能通过这些外文资源检索系统提供的文件管理软件对文献进行管理。目前，各高校均购买了不同类型的外文文献数据库，有单一(如 EBSCO 期刊数据库、SProQuest 博士论文检索系统)的，有综合型的。为快速获得较全面的某一专题方面的外文文献，本节主要介绍常见的知名综合型的外文信息资源 SCI 和 EI。

### 6.2.1　科学引文索引(SCI)

通过 Web of Science 核心合集可以直接访问 Clarivate Analytics 的三大期刊引文索引数

据库，Science Citation Index Expanded、Social Sciences Citation Index、Arts&Humanities Citation Index；两大国际会议录引文索引，Conference Proceedings Citation Index-Science、Conference Proceedings Citation Index-Social Sciences & Humanities；展示重要新兴研究成果的 Emerging Sources Citation Index (ESCI) 以及图书引文索引(Book Citation Index)；两大化学信息数据库，Index Chemicus(检索新化合物)和 Current Chemical Reactions(检索新化学反应)。其数据可以回溯到 1900 年，这些综合性信息来自全球 26000 多份学术期刊和超过 218000 种会议录。

通过独特的被引参考文献检索，可以用一篇文章、一个专利号、一篇会议文献或者一本书作为检索词，检索这些文献被引用的情况，了解引用这些文献的论文所做的研究工作。同时可以轻松地回溯某一项研究文献的起源与历史，或者追踪其最新的进展，既可以越查越深，也可以越查越新。

**【思考题 6-6】** 当你的手头只有一篇文章，一个专利号，一本书或者一篇会议论文，如何了解该研究领域的最新进展？如何了解某位作者发表文献的被引用情况？如有人想了解作者侯建国 1999 年在 Physical Review Letters 期刊发表的，有关硅表面碳 60 晶格取向的最新进展。

**解题思路：** 输入被引作者信息 Hou JG；输入被引著作名称 Phy* Rev* Lett*；输入被引著作发表年份 1999，然后单击"检索"按钮，查找列表如图 6-11 所示。

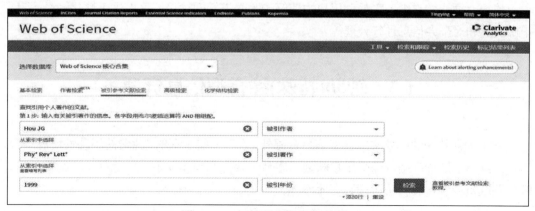

图 6-11　SCI 被引作者检索列表

SCI 的分析功能也比较有特色，利用分析功能可了解下列信息。

(1) 如何了解某个课题的学科交叉情况或者所涉及的学科范围？

可以按照"Web of Science 类别"或"研究方向"进行分析。

(2) 如何关注该领域的研究论文都发表在哪些期刊上，以便将来找到合适的发表途径？

可以按照"来源出版物"进行分析。

(3) 如何了解某个研究领域的主要研究人员？

可以按照"作者"进行分析。

(4) 如何了解从事同一研究的其他机构还有哪些？

可以按照"机构扩展"进行分析。

(5) 如何了解某个研究领域的进展情况？

可以按照"出版年"进行分析。

**【思考题 6-7】** 某人想了解有关"碳纳米管"研究的外文期刊分布情况，该怎么检索和操作？

**解题思路：** 登录 SCI，首先选择分析的字段，即碳纳米管，然后设置结果列表的排序方式及显示选项，最后单击选择可视化图像及显示结果数，即可查看结果分布。

### 6.2.2 工程索引(EI)

Ei Compendex 是由 Elsevier Engineering Information Inc 出版，是目前全球最全面的工程领域二次文献数据库，涵盖一系列工程应用科学领域高品质的文献资源，涉及机械工程、土木工程、环境工程、电气工程、结构工程、材料科学、固体物理、超导体、生物工程、能源、化学和工艺工程、照明和光学技术、空气和水污染、固体废弃物的处理、道路交通、运输安全、控制工程、工程管理、农业工程和食品技术、计算机和数据处理、电子和通信、石油、宇航、汽车工程，以及这些领域的子科学和其他主要的工程领域。

数据库收录 5000 多种工程期刊、会议文集和技术报告，超过 1130 万条记录，涵盖 190 余个工程和应用科学领域的资料，在线内容收录年代 1969 年至今。

EI 检索界面跟一般的数据库大同小异，检索界面比较简单，支持多途径检索。

摘要界面比较详细，可帮助用户快速筛选是否继续阅读，还可提供个性化账号、设置电邮提醒和对个人信息进行管理等。

## 6.3 辅助(特殊)综合型信息资源

除了大众熟知的中外文综合型信息资源外，也有一些小众的、免费的辅助性资源平台，其特点鲜明、定位准确，深受用户欢迎。本节主要介绍写作助手——笔杆论文写作助手、开放获取资源平台和科研管理数据库。

### 6.3.1 写作助手

以笔杆论文写作助手为例，它是集素材、场景、工具三位为一体的一站式写作服务平台，是一款基于大数据的写作与创新的辅助工具，其基于海量数据和强大的大数据技术，提供了一系列学术创作的文献服务功能，能有效提高用户的写作效率和写作素养。

#### 1. 写作服务

根据常规写作步骤，分为选题分析、资料收集、在线写作、参考文献智能编排、论文查重等服务。

以选题分析为例进行选题分析和资料收集。检索选项：硕士；学校：中原工学院；专业：能源与环境；关键词：环境治理。

具体步骤如下。

(1) 按检索选项输入检索词，如图 6-12 所示。

图 6-12　检索选择

(2) 单击"选题分析"按钮检索结果，推荐选题如图 6-13 所示。

图 6-13　推荐选题

(3) 在推荐选题中选择一个题目，或自拟题目，进入资料收集阶段，对搜集结果可分类查看。

阅读完资料，可进行在线写作、编辑章节、分享知识片段或导出写作内容，写作时可自动纠错。完成后对参考文献进行编排，可自动生成格式。最后，进行论文查重，生成查重报告。

**2. 其他服务**

提供期刊分析服务，可为投稿提供期刊评价。下面以某学报为例进行期刊分析，结果如图 6-14 所示。

提供投稿指南，按学科进行分类，可查询不同类型的专业期刊，如环境科学与生态学学科的专业期刊查询，如图 6-15 所示。

| 2010年-2019年引证报告 | 2010 | 2011 | 2012 | 2013 | 2014 | 2015 | 2016 | 2017 | 2018 | 2019 |
| --- | --- | --- | --- | --- | --- | --- | --- | --- | --- | --- |
| 发表总量 | 0 | 98 | 92 | 105 | 96 | 113 | 107 | 120 | 124 | 131 |
| 平均被引总量 | 0 | 0.4 | 0.1 | 0.1 | 0 | 0 | 0 | 0 | 0 | 0 |
| 被引总量 | 38 | 36 | 9 | 9 | 1 | 0 | 0 | 0 | 0 | 0 |
| 他引总量 | 38 | 36 | 9 | 9 | 1 | 0 | 0 | 0 | 0 | 0 |
| 影响因子 | 0.5 | 0.4 | 0.3 | 0.2 | 0.2 | 0 | 0 | 0 | 0 | 0 |

**期刊详情**
期刊名称：中原工学院学报
ISSN：1671-6906
出版周期：
数据库收录：知网；万方；维普

**相关期刊**
1. 纺织学报　　　　　2. 计算机工程
3. 棉纺织技术　　　　4. 印染
5. 计算机工程与应用　6. 计算机应用研究
7. 针织工业　　　　　8. 科研管理
9. 暖通空调　　　　　10. 纺织器材

图 6-14　期刊引证报告及详情

图 6-15　学科专业期刊检索

【思考题 6-8】当你面临毕业选题时，导师给出了选题范围，如何结合自己已有的学科知识，以及资源的搜集情况，选定一个适合自己的研究课题。

**解题思路**：从选题范围内提取几个关键词，然后用"笔杆论文写作助手"中的选题服务栏目，将检索词输入，进行对比分析，而后再根据对比分析结果进一步搜集资料，在资源阅读的基础上确定最终选题。

## 6.3.2 开放获取信息资源集成平台

开放获取资源也是科研活动中重要的资源之一,目前知名的开放获取信息资源平台有 CNKI 的开放存取集成平台(CNKI Open Access Aggregator,COAA)和中国科学院文献情报中心开放建设的 GOOA,下面分别做简单介绍。

### 1. COAA 简介(访问网址 http://coaa.discovery.cnki.net/)

COAA 是中国知网 2019 年发布的,截至 2020 年 12 月,拥有超过 10,000 种开放获取期刊,涵盖科学、技术、医学、社会科学和人文科学所有领域,优先整合国际高质量的开放获取学术资源。目前 OA 期刊覆盖全球五大洲共 100 多个国家和地区,涵盖 100 多个学科,囊括 70 多种语言。

功能特点:

(1) 检索方式。提供简单检索和高级检索两种方式,快速获取文献资源。

(2) 学科映射。基于直接映射法建立学科映射体系,支持不同知识组织系统互操作。

(3) 许可规范。规范整理资源的使用许可标识,保障 OA 资源的充分合理使用。

(4) 质量展示。每年及时更新 OA 资源被 SCI、SSCI、Scoups 等的收录情况,并展示相关影响因子信息,便于用户迅速直观了解资源的质量概况。

(5) 服务信息。提供期刊评审、投稿地址、作者指南、文章处理费和投稿费链接信息。

### 2. GOOA 简介(访问网址 http://gooa.las.ac.cn)

2015 年初正式上线,中科院文献情报中心开放获取期刊采集服务体系项目在评价、遴选优质 OA 期刊后,构建 OA 期刊采集服务系统——GOOA,集成了严格遴选的知名出版社自然科学领域及部分社会科学领域的 OA 期刊及其论文全文(数量不断增长中),提供 OA 期刊和论文集成发现和免费下载、OA 期刊投稿分析、关联检索、知识图谱分析、用户分享等特色功能。

特色服务:

(1) 构建严格的 OA 期刊评价遴选体系,建立高质量的 OA 期刊集成体系。

(2) 提供自然科学领域 OA 期刊和论文的一站式集成服务。

(3) 提供论文在图、表、开放数据等层次的丰富信息检索,提供检索结果的可视化分析。

(4) 实现基于本体概念(知识点)的语义标注/导航,并提供检索词的知识点扩展检索。

(5) 提供基于评价标准的学术 OA 期刊投稿分析,助力作者投稿。

(6) 提供数据开放接口,支持学者或第三方系统获取特定期刊和论文,以支持面向科研用户需求的数据再利用。

(7) 对期刊和论文的评价和共享功能,让 OA 论文的学术评价更直接。

对比两个开放获取资源集成平台,可发现两者的收录范围、提供的检索途径,以及结果输出各有不同,也都有不足之处。随着 OA 期刊学术影响力的上升,类似的 OA 资源集成平台也将越来越受用户欢迎,功能也会逐渐完善和强大。

【思考题 6-9】以某一课题为例,应用两个平台进行相关主题的 OA 资源检索和输出,对比两个平台的使用方法和体验感受。

**解题思路：**以同一个检索词在两个不同的平台进行输出检索，会发现有不一样的结果和检索体验，这也说明了不同的开放获取平台资源收录范围是不一样的，检索功能大同小异。

### 6.3.3 科研项目数据库

#### 1. 科研项目数据库简介

以海研全球科研项目数据库为例，目前汇聚了世界上 20 多个科技发达国家和地区的 800 多万个受资助科研项目数据，及 2000 多万条科研成果(产出)链接指向。科研项目数据最早可追溯到 20 世纪 50 年代，涉及全学科领域，具有多个主流语种，是收录范围最广、数据规模最大的科研项目数据库，涵盖"课题申报""科研项目""企业需求""文献服务"四个功能模块。其中"课题申报"面向全国和地方的科研资助机会通知信息；"企业需求"是科研老师科研成果转化的机会信息；"科研项目"实时动态更新，确保始终具有最新的科研项目数据。

#### 2. 海研全球科研项目数据库使用方法介绍

(1) 课题申报检索。

可通过正文、标题两个检索选项进行关键词检索，也可选定资助类型、范围、级别、起止时间进行限定检索。

以某高校为例，检索其课题申报类型及数量，可通过图 6-16 检索和显示。

图 6-16 海研全球科研项目数据库检索显示

(2) 科研项目检索。

可进行国内外科研项目的检索，按语种、相关性、起止年限等进行检索，支持成果链接指向，可进一步获取信息。

(3) 企业需求服务。

为企业、科研机构、科研人员和高校之间搭建了良好的沟通平台，企业可在企业需求中发布所需要的相关技术及项目，科研人员可依据自己技术的匹配度来选择性的进行联系，并最终达成技术转化和合作。在检索栏目中，用户可进行简单检索并获取所需的信息，也可按行业导航进行便捷筛选。

**【思考题 6-10】** 某高校有一科研项目想寻求企业合作，可否利用海研全球科研项目数据库寻找合适的合作方？

**解题思路：** 海研全球科研项目数据库有一服务栏目即"企业需求"，栏目里有企业发布的需求信息，可利用项目的关键词查询，看与企业需求相匹配的情况，进而找到匹配需求的项目，进行进一步沟通。

# 小 结

本章节主要介绍了中外文综合型信息资源及其利用，在科学研究过程中，中外文资源获取的全面性很大程度上决定了拟研究课题的研究价值和研究方向。与此同时，无论是科研项目的申报，还是科研论文的写作都有必要进行课题查询、选题比较，所以，不仅要学会利用综合型资源平台获取全面的文献信息，还要学会利用一些资源平台所提供的拓展服务对文献信息进行管理，使科研活动变得有章有序。

# 思考练习

1. 以某一主题为例，对比分析中国知网、万方服务平台、超星发现三大综合性中文信息资源服务平台的不同及相同之处。

2. 利用万方数据库的智搜平台，对某高校某专业的硕士论文进行结果分析导出。

3. 在你的专业领域内，选择一个你感兴趣的课题，检索该课题的相关研究内容有哪些？通过阅读，尝试分析该课题的最新研究动向。

# 第7章　提高篇：科学知识图谱和文献信息可视化

信息的可视化改变了人类看世界的方式。在科学知识图谱中，"看"包括"检索"和"解读"两个步骤，如何才能高效地对文献进行检索与解读呢？我们通过对科学知识图谱基础知识进行介绍，并采用 CiteSpace 和中国知网、万方知识服务平台可视化工具，来探索文献之间的关联度，将大量的文献数据转化为可视化图谱。

【场景】你根据课题需求，在各种数据库中进行文献检索，获取了各种类型的文献。但是文献和文献之间到底存在什么样的关系，与课题相关的知识是如何发展起来的，这些文献对课题的贡献程度怎样？你现在需要对相关文献的关系有一个清晰的表达。如何对某一个学科的文献资源进行可视化解读？如何通过可视化的手段找出文献之间的关联度？如何通过文献的关联度建立学科之间的联系？这些都需要借助相关软件或系统实现。

## 7.1　科学知识图谱基础知识

科学知识图谱用科学计量学的方法来进行引文分析，通过可视化的方法来表征分析对象的发展过程。它是通过将应用数学、图形学、信息可视化技术、信息科学等学科的理论与方法与计量学引文分析、共现分析等方法结合，并利用可视化的图谱形象地展示学科的核心结构、发展历史、前沿领域以及整体知识架构，达到多学科融合的目的，为学科研究提供切实的、有价值的参考。

### 7.1.1　科学知识图谱的概念

科学知识图谱是引文分析与数据、信息可视化相结合的产物。其中引文分析是指利用各种数学及统计学的方法和比较、归纳、抽象、概括等逻辑方法，对科学期刊、论文、著者等各种分析对象的引证与被引证现象进行分析，以揭示其数量特征和内在规律的一种文献计量学方法。科学知识图谱以科学知识为计量研究对象，将复杂的科学知识领域通过数据挖掘、信息处理、知识计量和图形绘制，以可视化的方式显示科学知识的发展进程与结构关系，揭示科学知识及其活动规律，展现知识结构关系与演进规律。

### 7.1.2　科学知识图谱绘制方法

常用的科学知识图谱绘制方法有多元统计分析、词频分析法、共词分析法、引文分析、共被引分析和社会网络分析等。

## 1. 多元统计分析

多元统计方法是由经典统计学发展而来，是一种综合分析方法，能够在多个文献和多个指标相互关联的情况下分析它们的统计规律，常见的有聚类分析、因数分析、多维尺度分析等。

(1) 聚类分析。按照文献、著者、关键字、期刊或学科间的联系以及结构变化，将研究对象进行分类的一种分析方法。通过聚类分析，可以实现组内的文献具有较高的相似性，而组间的文献之间具有较大的差异性。

(2) 因数分析。按照学术群体或者学者的分布状况，利用少数几个不相关的综合因素来描述因素之间联系的多元统计分析方法，即同类中变数因子的相关性较高，不同类变数因子的相关性低或者不相关。

(3) 多维尺度分析。将观测文献定位到概念空间(通常情况下是二维或者三维空间)，通过测定观测量之间的距离来发现各观测文献之间的相似性，主要用于研究领域、思想流派的分析。

## 2. 词频分析法

词频分析法是利用能够揭示或表达文献核心内容的关键字或主题词在某一研究领域文献中出现的频次高低来确定该领域研究热点和发展动向的文献计量方法。

由于一篇文献的关键字或主题词是文章核心内容的浓缩和提炼，因此，如果某一个关键字或者主题词在其所在领域的文献中反复出现，则可反映出该关键字或主题词所表征的研究主题是该领域的研究热点。

## 3. 共词分析法

共词分析法(Co-word Analysis)假设文献的关键字可以较准确地描述文献内容，概括多篇论文间的关系，而评价文献间关联度的重要指标就是两个关键字在同一篇文献中共同出现。共词分析法属内容分析方法，在一篇文献中统计一组关键字或主题词两两出现的次数，再用聚类分析对次数结果进行分析。关键字之间的联系、亲疏程度可以呈现关键字的聚类结果，而共词分析中所涉及的词往往代表了某个学科和主题研究，因此通过分析这些词语之间的关系可以展现学科或者主题的结构变化。

## 4. 引文分析

1955 年加菲尔德(Eugene Garfield)发表论文《引文索引应用于科学》，提出了用引文索引检索科技文献的方法，引文分析便逐渐成为科学计量学研究领域的重要方法。

引文分析(citation analysis)是利用数学及统计学的方法和比较、归纳、抽象、概括等逻辑方法，对科学期刊、论文、著者等各种分析对象的引证与被引证现象进行分析，进而揭示其中的数量特征和内在规律的一种文献计量分析方法。

引文是科学对话的一种方法，是作者认为对自己的研究"有用"的资料，但同时也表明，引文并不是许多人认为的那样，只是"定量"的、"客观"的。首先它是作者的"主观"

判断,但有多少位作者有这样的"主观"判断,其引文的"数据"则是"客观"的。它既是定性的,又是定量的。

现代科学论文的一个重要特征是,在"参考文献"标志下依序列出所引文献的著录事项。参考文献(被引用文献)与正文(引用文献)的简单逻辑关系就是引文分析的基础和背景。引文分析揭示了科技文献的引证与其被引证现象进行研究的过程。使用的方法有图论、模糊集合、数理统计等数学方法和逻辑思维方法,目的在于揭示文献所蕴含的情报特征和相关关系。

引文分析中还有一些辅助概念,运用也较普遍。具体如下:①文献耦合。一篇参考文献被两篇文献引用便构成一个引文耦,引文耦越多,说明两篇文献关系越密切。②同被引。两篇论文共同被后来的一篇或多篇论文所引用的现象,其量度同被引强度,即两篇(或多篇)文献同被后来的文献所引用的频次。显然,同被引频次越高,两篇论文相关性越强。③自引。作者引用自己以前发表的独撰与合撰论文的现象,自引还可以扩展到杂志、学科、地区、团体乃至国家对文献的自用。

CNKI 中各种引文关系在 4.2 节已有相关论述,可以参考。

### 5. 共被引分析

共被引的概念是由美国情报学家 Small 于 1973 年提出,可以分为文献共被引和作者共被引和期刊共被引。

(1) 文献共被引。

文献共被引(document co-citation analysis,DCA),DCA 方法的基本假设是:如果两篇(或多篇论文)同时被后来一篇或多篇论文所引证,则称这两篇论文构成共被引关系。例如,论文 A、论文 B 同时被后来一篇或者多篇论文所引证,则称论文 A 与论文 B 构成文献共被引关系。同时引用这两篇文献的文献篇数称为共被引强度。文献的共被引关系会随着时间的变化而变化,通过文献共被引网络研究可以探究某一学科的发展和演进动态。

**【思考题 7-1】** 文献 A、B、C 同时引用了文献 D、E,此时文献 D、E 就是共被引关系,请问文献 D、E 的共被引强度是多少?

**解决思路:** 本例中文献 D、E 同时被 A、B、C 所引证,则共被引强度为 3。

(2) 作者共被引。

作者共被引(author co-citation analysis,ACA),ACA 方法的基本假设是:当两位作者的文献同时被第三位作者的文献引用,则称这两位作者存在共被引关系。如果这两位作者共被引频次越高,则说明他们的学术关系越密切,"距离"越近。通过聚类分析、多维尺度分析和因子分析等统计方法,可以按照这种"距离"将学科领域内的核心作者进行分类,并通过图形表示,以可视化方式鉴别分析学科领域内的科学共同体。

(3) 期刊共被引。

期刊共被引(journal co-citation analysis,JCA),JCA 方法的基本假设是:以期刊为基本单元而建立的共被引关系,根据期刊的共被引关系及其强度,判断期刊的学科领域性质、了解学科领域结构、分析研究主题的改变,以及确定核心期刊的依据。

#### 6. 社会网络分析

社交网络在维基百科的定义是"由许多节点构成的一种社会结构。节点通常是指个人或组织，而社交网络代表着各种社会关系"。文献学中的社会网络分析主要指通过合作关系建立起来的科研合作网络，社会网络分析用来衡量和描述科研人员之间的关系。以科学合作网络分析为例，要想判别某两位科研人员之间是否存在合作，就要看他们是否共同发表过论文或者共同参与科研项目等。

### 7.1.3 科学知识图谱应用

科学知识图谱属于科学计量学研究的范畴，基于引文分析的科学知识图谱可用于以下几方面：

(1) 分析学科进展及发展趋势。
(2) 分析学科核心作者群。
(3) 分析学科核心期刊群体的结构。
(4) 分析时空分布特征、主要热点领域、研究前沿、动态和发展趋势。
(5) 分析论文产出的主要领域、国家、机构、科学家和期刊。

科学知识图谱还可用于制定科学决策的依据；确定研究的热点、方法、学科分布和应用领域；揭示相关文献所代表的特定领域的研究主题、主题的层级及其关系以及由研究主题所映射的具体研究方向之间的关系；揭示研究主题接近所属领域热点问题的程度；考察特定领域科学研究主题的变迁；预测特定领域的知识发展趋势等方面。

## 7.2 CiteSpace

CiteSpace 是应用 Java 语言开发的一款信息可视化分析软件，是由陈超美教授于 2004 年 9 月开发，其版本不断升级和更新，目前最新版本是 CiteSpace.5.7.R1(截至 2020 年 7 月)。CiteSpace 设计的思想实质是把大量的文献数据转换成可视化图谱，让人们对知识的理解更直接，并能发现那些隐藏在数据背后不易被人察觉的规律。CiteSpace 是绘制科学知识图谱的一款软件。

### 7.2.1 系统概述

#### 1. 系统要求

在安装和启动 CiteSpace 之前，应确保计算机上安装有与 CiteSpace 相匹配的 Java Runtime Environment(JRE)，Java 运行环境的安装要根据当前系统的配置。如果是 32 位的 Windows 操作系统，则需安装 Windows x86 的 JRE；如果是 64 位的 Windows 操作系统，则需安装 Windows x64 的 JRE；如果是 Linux 等操作系统，则需要下载相应的 Java 运行环境。CiteSpace 官方下载地址如图 7-1 所示。相关学习资料：Chaomei Chen. How to Use

CiteSpace 5.7.R1。网址：https://leanpub.com/howtousecitespace。

图 7-1　CiteSpace 官网

### 2. 设计理念

CiteSpace 的设计理念是基于波普尔的三个世界理论，以科学知识图谱的方式来认识世界，改变人们看世界的方式。它主要基于共引分析(cocitation analysis)理论和寻径网络算法(pathfinder network scaling, PFNET)等，对特定领域文献进行计量，以探寻出科学领域演化的关键路径及知识转折点，并通过一系列可视化图谱的绘制来形成对学科演化潜在动力机制的分析和学科发展前沿的探测。CiteSpace 的设计基于"科学知识本身是不断变化的"这一基本假设，旧的文献逐渐过时，新的文献不断出现，CiteSpace 分析关注的不是科学领域或者知识领域是否发生变化，而是寻找哪些文献在何时对整个科学领域或者知识领域的变化产生或有可能产生关键性的作用。

### 3. CiteSpace 与科研工作者的关系解析

CiteSpace 能够有效地帮助读者更好地理解所从事的研究领域，通过 CiteSpace 的分析可以了解研究领域的整体状况，也能凸显出本领域的一些重要文献资料。CiteSpace 可以帮助科研工作者了解到以下方面：

(1) 所研究的领域，哪些文献是具有开创性和标志性的？
(2) 在整个研究的过程中，哪些文献具有关键的作用？
(3) 哪些文献在课题研究中一直占据着主流地位？
(4) 跨学科领域之间是如何关联在一起的？
(5) 基于一定知识基础的研究前沿是如何发生演变的？

## 7.2.2　CiteSpace 的主要功能

CiteSpace 的运行界面如图 7-2 所示。

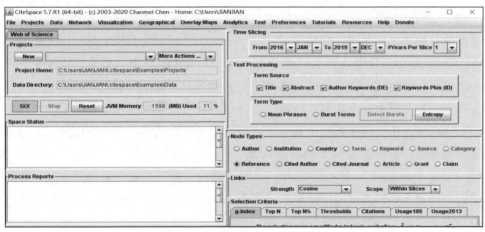

图 7-2  CiteSpace 运行界面

## 1. 主要节点类型

CiteSpace 运行生成的可视化图谱为网络图，分析的对象可以针对施引文献和被引文献，形成的网络图中的节点会因不同的分析项目而代表不同的含义。对象分析功能面板如图 7-3 所示。

图 7-3  CiteSpace 对象分析功能面板

节点类型决定了使用 CiteSpace 分析的目的。

(1) Author(共现作者)为作者合作分析功能。分析对象为文档中的"AU"字段，运行结果为作者合作网络，CiteSpace 给出了合作网络中各作者在网络中的重要性指标及网络属性。

(2) Institution(共现机构)为机构合作分析功能。可以得到各研究领域中的研究力量分布。

(3) Country(共现国别)为国家合作分析功能。可以得到各国家的研究力量分布。

(4) Term(共现词)为词共现分析功能。CiteSpace 中的 term 表示文章中的标引词，term 来源可以来自文章标题、摘要及关键词部分，CiteSpace 运行过程中如果采用了 term 词标示，需要在面板 term source 模块下选择 term 的来源，可以选择一个来源，也可以选择多个来源。使用 term 分析要比关键词分析更深入，反映出来的信息也更全面。

(5) Keyword(关键词)为关键词共现分析功能。分析对象为文档中的 DE(Author keywords)和 ID(Keyword plus)字段，得到结果为关键词共现网络，此网络可以反映出某一领域当前研究热点及过去产生过哪些热点研究。

(6) Category(共现领域)为学科共现分析功能。用于交叉学科的分析，分析对象为文档中的 SC 字段，通过构建学科关联网络，可以揭示各学科间的内在联系。

(7) Reference(文献共被引)为文献共被引分析功能。参考文献共被引是指两篇参考文献被同一篇文献引用的现象，通过分析共被引网络中的聚类及关键节点，可以揭示某个研究领域的知识结构，CiteSpace 还能以独特的方式表示研究前沿和知识基础、研究前沿的演变，以及在演变过程中起到关键作用的文献。

(8) Cited Author(作者共被引)为作者共被引分析功能。作者共被引是指两个作者共同被其他文献引用的现象。CiteSpace 计算作者共被引时只考虑第一作者共被引情况，并且同一作者在同一篇文献中被引用多次也按一次计算。通过计算共被引作者关系，可以得到作者共被引网络图，图中可以揭示出某个研究领域的学术共同体。不是合作关系，而是同一研究领域的作者，合作关系由 Author 来探测。

(9) Cited Journal(期刊共被引)为期刊共被引功能。期刊共被引是指两本期刊被同一篇文献引用的现象，期刊共被引所反映的是各类期刊及学科间的关联性。通过期刊共被引分析可以获得某个研究领域的知识基础分布。

(10) Article 为文献耦合分析功能。分析施引文献之间的耦合关系，两篇文献引用了相同的一篇或多篇参考文献，得到的结果为文献耦合网络。

(11) Grant 为基金分析功能。分析文献的基金资助情况，得到的结果为资助基金的共现网络。

CiteSpace 网络图首先可以看出哪些文章属于高被引论文，被引频次最高的论文在该领域具有重要影响，其余论文依次类似分析。其次，从图中可以看到哪些文献联系比较紧密，联系紧密的含义在于这些文献经常被施引文献一起引用，也就是说这些文献经常一起出现在多篇后来发表的文献中，代表着这些共同被引用的文献一定在内容上具有相似性。因此，经常共同出现在参考文献中的文章，其共被引强度就会变大，共被引强度越大，说明文献内容上越相似。基于此，便可以利用 CiteSpace 聚类功能进行文献共被引的聚类分析，挖掘相似文献的共同主题，这就是文献共被引的意义所在。

**【思考题 7-2】** CiteSpace 中共词分析对象是 Keyword 和 Term，二者有何区别？

**解决思路：** Keyword 分析对象为文档中的 DE 和 ID 字段，term 来源可以来自文章标题、摘要及关键词部分。

2. 文本处理

若要进行文本的内容分析，需要在运行主窗口中 Term Source 面板上选择 Term 包含的范围，有四个数据来源可供选择：Title、Abstract、Author Keywords(DE)、Keywords Plus(ID)。如果选择题目或者摘要，还需要在 Term Type 中选择 Noun Phrases 选项，此选项的功能是将题目和摘要中的名词短语提取出来，进而可对这些名词短语进行特征词共现分析。文本处理如图 7-4 所示。

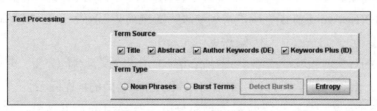

图 7-4  CiteSpace 文本处理

### 3. 阈值设置

在实现可视化之前，需要完成时间阈值、连线阈值、节点阈值的选择或者设置。

(1) 时间阈值。时间阈值通过 From…To 选择起止时间，通过 Years Per Slice 选择时间区间，图 7-5 所示一年为一个时间切片。

图 7-5　时间阈值设置

(2) 连线阈值。连线阈值表示分析对象数据之间(图谱的边)的连接强度，有夹角余弦距离、Jaccard 距离、Dice 距离三种计算方法。CiteSpace 默认连接强度计算方式为夹角余弦距离。

(3) 节点阈值。如果节点阈值分析的数据量过大，那么可视化的图谱必然过于庞大或者杂乱无章，这时就需要对阈值进行设置，对数据进行筛选，去掉冗余信息，使图谱更加清晰。节点阈值设置如图 7-6 所示。

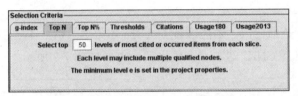

图 7-6　节点阈值选择界面

### 4. 常见的数据筛选策略

下面主要介绍常见的四种数据筛选策略，如表 7-1 所示。

表 7-1　四种数据筛选策略

| 选择策略 | 节点选择界面 | 含义 |
| --- | --- | --- |
| Top N | g-index Top N Top N% Thresholds Citations Usage180 Usage2013　Select top 50 levels of most cited or occurred items from each slice. Each level may include multiple qualified nodes. The minimum level e is set in the project properties. | 选择每一时间段中被引频次或出现频次最高的 50 个节点数据 |
| Top N% | g-index Top N Top N% Thresholds Citations Usage180 Usage2013　Select top 10.0 % of most cited or occurred items from each slice. The maximum number of selected items per slice 100. | 选择前 10%，但小于 100 个高被引或高频出现的节点数据 |
| Thresholds | g-index Top N Top N% Thresholds Citations Usage180 Usage2013　Thresholding (c, cc, ccv) | 按照(4,3,19)、(4,3,20)、(3,3,20)设置的阈值选择节点数据 |
| Citations | g-index Top N Top N% Thresholds Citations Usage180 Usage2013　Use TC Filter 0 - 201 Check TC Distribution Continue　TC Freq Accum. % | 选取被引频次在某一区间的节点数据 |

(1) Top N：系统设定 N=30，在每个时间切片中提取 N 个被引次数最高的文献。N 越大，生成的网络相对更全面一些。

(2) Top N%：将每个时间段中的被引文献按被引次数排序后，保留最高的 N%作为节点，并且数据数量限制在 M 个，即如果 N%的数据超过 M，则只取前 M 个数据。

(3) Thresholds：通过(c,cc,ccv)的设置来筛选数据，需要对数据在时间维度上进行前、中、后三个时间段的阈值设置，CiteSpace 在运行过程中通过线性插值的方法对各时间段进行阈值控制。其中，c 为引文数量，cc 为共被引频次，ccv 为共被引系数。

(4) Citations：是筛选策略对第一种策略的补充，单击 Check TC Distribution 可以得到文献被引频次的分布，TC 指被引频次，Freq 指某一频次数对应的文献数量，Accum.%指所占的累积百分比。

### 7.2.3 数据采集及处理

#### 1. CNKI 数据的分析案例

(1) 数据转换。

CNKI 需要进行数据转换，才能进行 CiteSpace 数据分析。单击主菜单 Data 中的子菜单 Import/Export，选择 CNKI 选项卡，数据转换页面如图 7-7 所示。

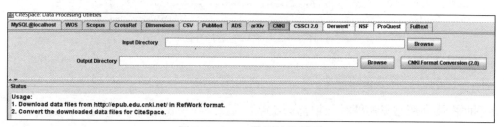

图 7-7　CNKI 数据转换页面

打开 CNKI 页面，检索主题为"用户画像"and"图书馆"，去掉不相关的文献(如期刊征稿通知、序等)，选中所有文献，单击"导出/参考文献"按钮，如图 7-8 所示。

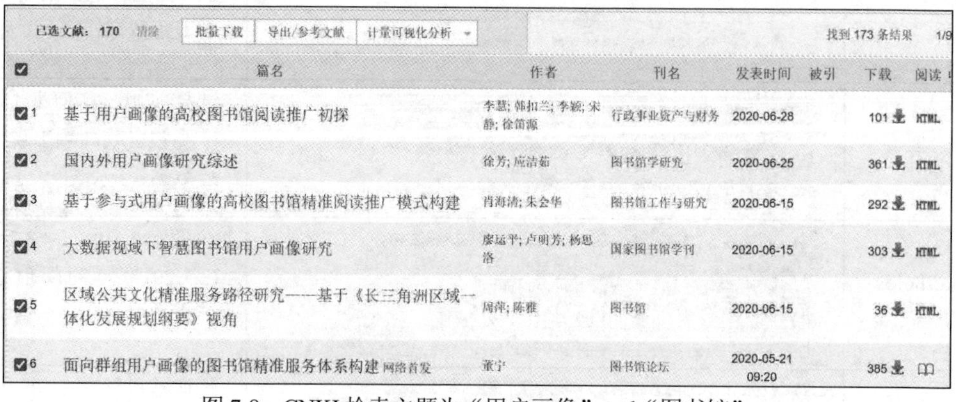

图 7-8　CNKI 检索主题为"用户画像"and"图书馆"

文献导出格式按照图 7-9 要求选择 Refworks。注意，保存的文件名必须以 download

开头，如保存文件名可以是 download、download_2020 等。在转换的过程中需要新建两个文件夹，一个存放原始数据(刚下载的 download 开头的文件)，一个存放转换后的数据。文件导出格式转换如图 7-9 所示。

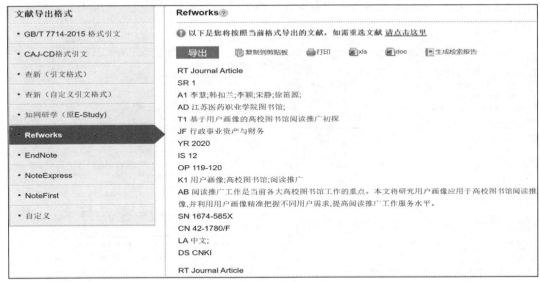

图 7-9　文献导出格式转换

(2) CiteSpace 项目创建。

建立空文件夹 user_porfiles，在 user_porfiles 内新建 data 和 project 两个空文件夹，复制转换后的数据文件到 data 文件夹中，project 文件夹仍然为空(主要用于保存分析后的结果)。

① 新建工程。在 Projects 中单击 New 按钮，在下拉列表中选择 use-rporfiles 选项 Project Home 和 Data Directory 路径为文件夹 user_porfiles 下的 project 文件夹和 data 文件夹。新建工程如图 7-10 所示。

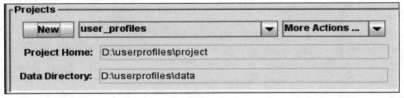

图 7-10　新建 CiteSpace 工程

② 依次对 Time Slicing、Text Processing、Node Types、Selection Criteria 进行参数设置，CNKI 数据库中的引文数据未完全开放，因此 CiteSpace 数据转换器没有提供引文处理功能，Reference、Cited Author、Cited Journal(文献共被引分析、作者的共被引分析以及期刊的共被引分析)暂无法使用。将 Node Types 设置为 Keyword，设置如图 7-11 所示。

运行结果如图 7-12 所示。

(3) 运行结果调试。

① Labels 设置。若生成图形的可视化效果不好，可以通过主菜单的 Labels 进行设置。在 Labels 选项卡中，Threshold(阈值)选项，可以改变显示在图谱中的文字数量，阈值越大，

节点文字越少,反之越多;Font size(字体大小)选项,可以调整节点文字的大小,调至 0 则不显示文字;Node size(节点大小)选项,节点即默认视图网络中的一个个点,默认以十字架形式存在(见图 7-12),调整该选项可以控制节点大小。注意,调整的是整体节点的大小,而不是单个节点,因为节点的大小代表着其在网络结构中的重要程度,因此不能调整单个节点的大小。

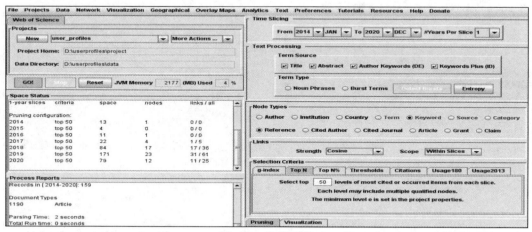

图 7-11 参数设置

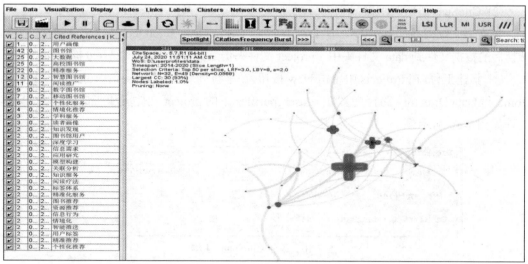

图 7-12 运行结果图

② 节点形状选择。CiteSpace.5.7.R1 形状节点的默认形状为十字架型,如果还喜欢老版本的年轮型,可以通过主菜单找到 Nodes 选项,然后找到 node shape,进行四种形状选择,分别是 cross(十字型)、circle(年轮型)、triangle(三角型)和 square(方型)。

③ 默认节点类型。节点信息的读取默认的是引用的次数,例如分析的是关键词,"用户画像"的 count(频次,可在左边信息栏中查询到)为 106 次,如图 7-13 所示。那么就说明在我们分析的文章里面,有 106 篇文章中包含了这个关键词,怎样查到是哪几篇呢?

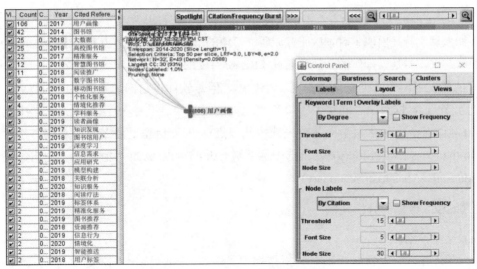

图 7-13　CiteSpace 节点施引查找

首先选择要查询的节点，右击该节点，在出现的对话框中选择 Node Details，结果中 The History of Appearance 显示文章按照"年份的分布图"，The Keyword Appeared in 106 Records 显示具体引文信息。

④ 节点类型切换。默认节点代表的是该节点包含信息的引用情况，但节点的代表类型并不是只有一种，除了引用情况，还可以切换成其他类型，如 sigma 指数、中心性等。运行结果页面，菜单 Nodes 下 Visual Encoding 子选项为节点类型，其中 Uniform Size 代表将所有节点设置为统一大小，不代表类型。节点类型切换如图 7-14 所示。

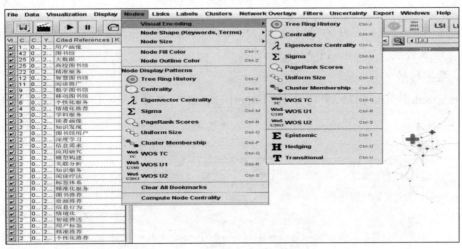

图 7-14　节点类型切换

⑤ 节点颜色调整。为了图谱的美观，有时候需要对节点的颜色进行适当的调整。方法如下：运行页面菜单 Nodes 的子选项 Node Fill Color、Node Outline Color 用于调整节点颜色。其中 Node Fill Color 是指节点内部颜色，Node Outline Color 是指节点外部边框的颜色，分别单击会弹出相应调色板。

⑥ 节点的隐藏/恢复/合并。由于软件并不能像人一样去思考，所以有的时候得出的节点信息不如人意，若是出现了对本次研究无研究价值的节点，可通过节点右键【Hide Node】功能其隐藏起来，若是误操作的话，可通过【Restore Hidden Nodes】将隐藏的节点还原回来。

有的情况下两个数据表达的是同一个意思，但是软件将它们识别为不同的节点，则需要将两个节点合并(例如"北京大学"和"北大"就需要合并)。方法如下：先选中要保留的节点(例如保留"北京大学"就首先选中此节点)，即要保留的主节点，右击，然后选择"Add to the Alias List(Primary)"，再选中需要被合并的节点(例如"北大")，右击，然后选择"Add to the Alias List(Secondary)"。

**2. CSSCI 数据的分析案例**

(1) 文献检索。

检索条件：期刊名称="数据分析与知识发现"，文献类别="论文"，学科类别="图书馆、情报与文献学"，时间="2017—2019"，检索结果如图 7-15 所示。

图 7-15  CSSCI 检索页面示例

全选后单击下载，保存为 download_xjfx.txt 文件。这里需要注意的是，CiteSpcace 引文的保存格式必须以 download**.txt 来命名。

(2) 数据转换。

CiteSpace 主页面【Data】菜单下"Import/Export"，选择 CSSCI2.0 选项卡，如图 7-16 所示。

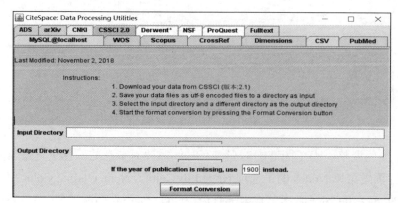

图 7-16  CSSCI 格式转换

按照 CSSCI 数据转换要求，首先要把保存文件的编码设置为 UTF-8，另存文件时默认的格式类别就是 UTF-8，如图 7-17 所示。

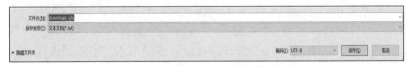

图 7-17　utf-8 编码转换

数据转换需要建立两个文件夹，一个存放 Input 数据，一个存放 Output 数据，进行数据转换。其操作同 CNKI 案例的操作，自动生成的输出文件为 download_xjfx_wos 格式。

(3) 新建工程与选择项设置。

① 新建工程。CiteSpace 主页面，单击 NEW 按钮，新建 Title 为数据分析与知识发现的工程，如图 7-18 所示。新建过程中需要注意的是，Data Source 选择是 Wos，也可以选择 CSSCI，但是 CSSCI 容易出错，Wos 是万能数据源，一般情况下只要选择 Wos 即可。

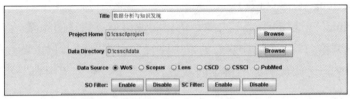

图 7-18　新建工程界面

② 选择项设置。选取文献集合为期刊"数据分析与知识发现"、2017—2019 年的论文，因此，Time Slicing 选择 2017—2019；Node Types 类型选择 Reference 进行数据分析(注意：如果是 CSSCI 导出的数据是可以进行 Reference 等操作，但是如果是 CNKI 导出的数据是不能进行 Reference 这项操作的)；Selection Criteria 选择 top N。

(4) 运行结果。

运行结果如图 7-19 所示。

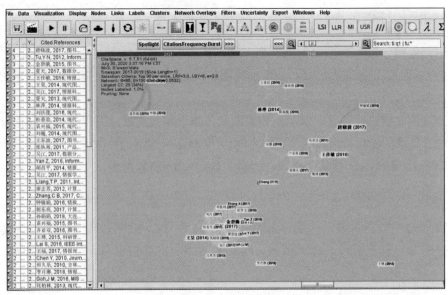

图 7-19　运行结果

CiteSpace 提供了一种交互式的可视化功能，通过控制面板的 Labels 选项卡中的 Threshold、Font Size 和 Node Size 可调节文献节点标签数量、标签的大小和节点的大小，从而使整个标签的结构更加清晰。通过 缩放条可以调节生成图的显示比例，通过 查找框输入查询词查找所要的节点，如需要查找节点标签中含有 profiles 和 2020 的节点，可在查找框中输入 "profiles|2020"，这些节点信息将被显示出来。运行界面的左侧提供了节点信息表，如图 7-20 所示。

| Visible | Count | Centrality | Year | Cited References |
|---|---|---|---|---|
| ✓ | 4 | 0.02 | 2017 | 唐晓波, 2017, 图书情报工作, V61, P9 |
| ✓ | 3 | 0.00 | 2012 | Tu,Y N, 2012, Information Processi... |
| ✓ | 3 | 0.00 | 2015 | 金碧漪, 2015, 图书情报工作, V59, P... |

图 7-20  节点信息表

节点信息表包含了 Visible(是否可见)、Count(数量)、Centrality(中介中心性)、Year(初现年)、Cited References(文献标签)。

① 将"Visible"一栏的"√"去掉，可以实现该节点信息的隐藏。

② 中介中心性：以经过某个节点的最短路径数目来刻画节点重要性的指标。一个节点担任其他两个节点之间最短路的桥梁的次数。一个节点充当"中介"的次数越高，它的中介中心度就越大。

**【思考题 7-3】** CiteSpace 用的是哪一种中心性分析？

**解决思路：** CiteSpace 用的是中介中心性分析。

## 7.3  中国知网的知识可视化

下面介绍对中国知网资源进行可视化的方法，主要以期刊资源为例。

### 7.3.1  知网的计量可视化分析

在中国知网，资源选项卡为"期刊"的高级检索条件下，检索条件为"篇名"，关键词为"用户画像"，"期刊来源"为"SCI 来源期刊、EI 来源期刊、核心期刊、CSSCI、CSCD"，相关设置如图 7-21 所示。

对查询的文献进行剔除，取消不相关文献。选中相关文献，进行计量可视化分析。分析结果包含目录的指标、总体趋势、关系网络(文献互引网络、关键词共现网络、作者合作网络)、分布(资源类型、学科、来源、基金、作者、机构)等内容。

1. 指标

关键词为"用户画像"的指标分析如图 7-22 所示。指标分析中包含的参数有文献数、总参考数、总被引数、总下载数、篇均参考数、篇均被引数、篇均下载数、下载被引比。

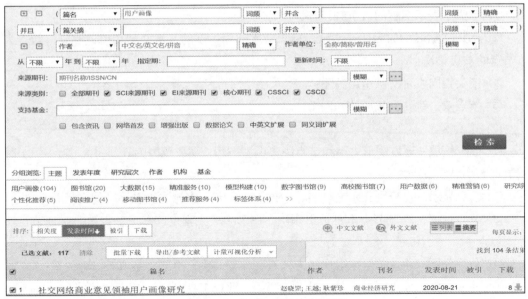

图 7-21 中国知网的检索界面

图 7-22 指标分析

### 2. 总体趋势

关键词为"用户画像",截至 2020 年 8 月,总体趋势如图 7-23 所示。

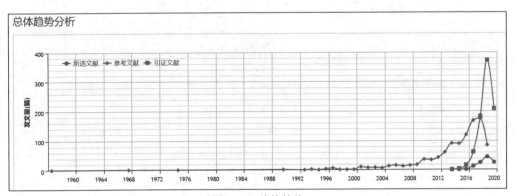

图 7-23 总体趋势

### 3. 文献互引网络分析

通过可视化的方式帮助分析文献之间的关联关系,快速发现有价值的文献。文献中不仅包含所选的文献,还将扩展与该文献相关的参考文献和被引文献。

(1) 主显示区域。

① 通过时间轴颜色来区分文献年代;

② 球大小表示文献的被引频;

③ 标识文献名称的为所选文献,标识数字的为扩展的参考文献和引证文献,数字为该节点的被引频次;

④ 箭头指向表示文献引用关系;

⑤ 节点双击跳转到相应的知网节。

(2) 工具区。

① 图形缩放：通过图形大小和节点距离调整图形,缩放范围为0.2~1.8,当小于1时按节点大小显示节点内容;

② 信息显示：可分别显示文献名、关键词、作者、来源,查看不同的文献关系;

③ 节点过滤：通过节点本身被引频次,图形中关系强度、参考节点数、引证节点数过滤节点;

④ 关系分析：通过单层或多层的方式查看参考关系、引证关系或者二者关系;

⑤ 其他操作：导出图形、全屏显示、帮助、锁定工具栏。

(3) 缩略图区。

① 显示图形整体缩略图,可隐藏。

② 通过移动显示框,显示区域内容。

关系分析分为单层关系和多层关系,关系分为参考引证、参考文献、引证文献,可以根据需要选择合适的参数。检索到的图形往往节点过多,可以按照被引频次、关系强度、参考节点、引证节点等节点进行过滤。例如被引频次设置数据越大,相关节点数越少,节点的显示信息可以所选文献刊名及参考引证文献的被引频次、关键词、作者、来源进行显示,如图7-24所示。

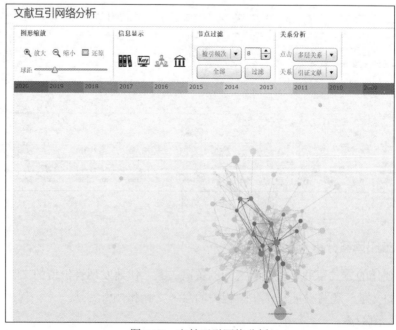

图7-24　文献互引网络分析

## 4. 关键词共现网络

通过可视化的方式分析所选文章的主题，以及各个主题之间的关系。

(1) 主显示区域。

① 初始默认显示聚类数为 3 的结果，不同颜色表示不同的簇。

② 节点大小表示该词出现的频次。

③ 连接线的粗细表示两个节点词的共现频次。

④ 双击节点，跳转到相应的知网节。

(2) 工具区。

① 图形缩放。通过图形大小和节点距离调整图形，缩放范围为 0.2～1.8，当小于 1 时按节点大小显示节点内容。

② 节点过滤。通过节点出现频次进行节点过滤。

③ 关系分析。查看与该词共现的关键词，可查看共现次数。

④ 年份分析。查看主题时间演变。

⑤ 聚类分析。将关键词按照共现聚类，可以选择不同的聚类数，查看中心点。

⑥ 其他操作。导出图形，全屏显示、帮助、锁定工具栏。

(3) 缩略图区。

① 显示图形整体缩略图，可隐藏。

② 通过移动显示框，显示区域内容。

关键词为"用户画像"的关键词共现网络如图 7-25 所示。

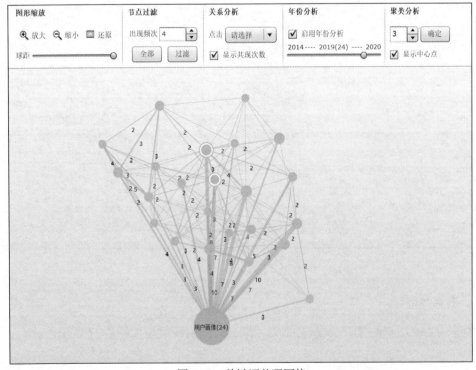

图 7-25　关键词共现网络

## 5. 作者合作网络

通过可视化的方式分析所选文章作者之间的关系。

(1) 主显示区域

① 节点大小表示作者的发文量；

② 连接线的粗细表示两个节点作者的合作频次；

③ 双击节点。跳转到相应的知网节。

(2) 工具栏。

① 图形缩放。通过图形大小和节点距离调整图形，缩放范围为 0.2～1.8，当小于 1 时按节点大小显示节点内容。

② 节点过滤。通过节点出现频次进行节点过滤。

③ 关系分析。查看与该作者直接合作的作者，可查看合作次数。

④ 年份分析。查看作者演变。

⑤ 其他操作。导出图形、全屏显示、帮助、锁定工具栏。

(3) 缩略图区。

① 显示图形整体缩略图，可隐藏。

② 通过移动显示框，显示区域内容。

关键词为"用户画像"的作者合作网络如图 7-26 所示。

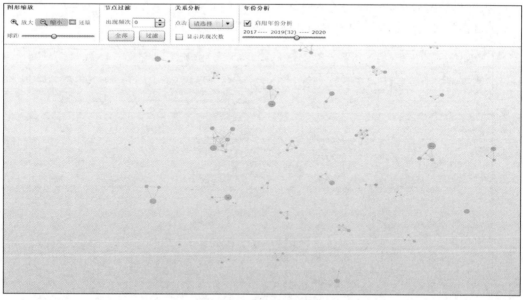

图 7-26 作者合作网络

## 6. 资源类型

关键词为"用户画像"、文献类别为"期刊"的资源类型如图 7-27 所示。

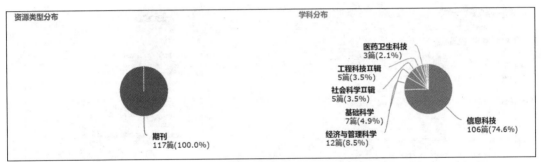

图 7-27 资源类型分布

关键词为"用户画像"的期刊资源，来源分布、基金分布、作者分布、机构分布如图 7-28 所示。

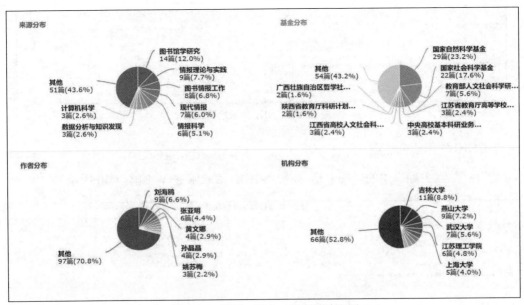

图 7-28 期刊、基金、作者等分布图

### 7.3.2 CNKI 的学术趋势与热点

**1. CNKI 的学术趋势**

在 CNKI 的学术趋势搜索(网址：http://trend.cnki.net/TrendSearch/)输入"阅读推广"，界面如图 7-29 所示。

(1) 学术关注度。全部年份阅读推广的相关热门被引文章。

(2) 用户关注度。近一年阅读推广的相关热门下载文章。

(3) 相关搜索。包括推广活动、社区服务、公共图书馆、终身学习、阅读活动、香港特区政府、推广计划、图书馆服务、社区图书馆建设、社区图书馆、青少年儿童、流动图书馆、澳门图书馆。

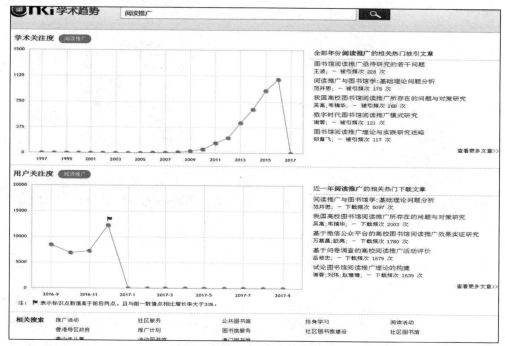

图 7-29　CNKI 学术趋势图

## 2. CNKI 学术研究热点

选择"热点主题"中的"图书馆 高校图书馆 信息服务",如图 7-30 所示。

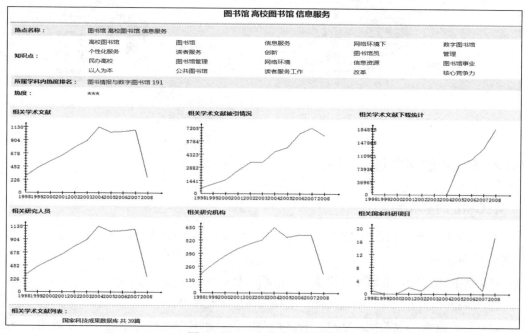

图 7-30　CNKI 热点主题示例

【思考题 7-4】中国知网中如何对某关键词的学术论文进行可视化分析?

**解决思路:** 参考中国知网对期刊的分析。

## 7.4 万方知识服务平台的知识可视化

下面以万方知识服务平台资源为例，介绍知识的可视化。

### 7.4.1 万方分析

**1. 主题分析**

按照主题分析关键词为"用户画像"，得到的结果如图 7-31 所示，分析结果可以查看关键词的知识脉络、学术产出、学术影响、学者数、机构数、代表论文等。

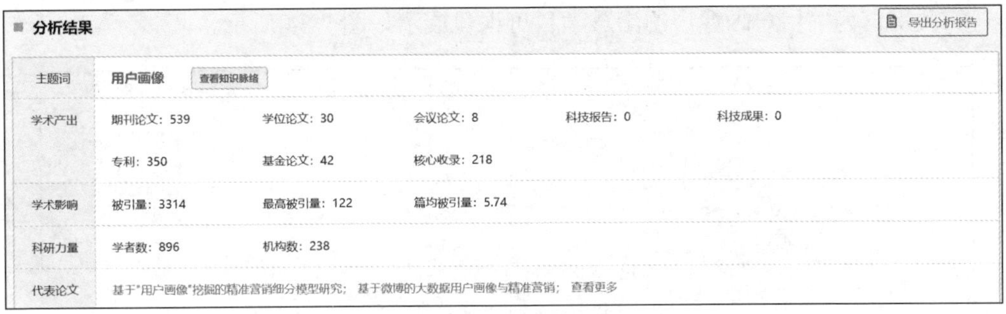

图 7-31 分析结果图

产生的分析报告可以以 PDF 或者 Word 格式导出，导出时可以按照一定的指标进行设置，如图 7-32 所示。

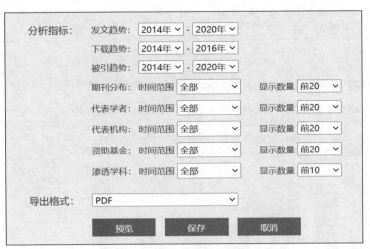

图 7-32 分析指标及导出格式设置

万方分析可以针对发文趋势、下载趋势、期刊分布、代表学者、代表机构、资助基金、渗透学科进行可视化展示。

① 关键词为"用户画像"，代表作者按发文量排行如图 7-33 所示。

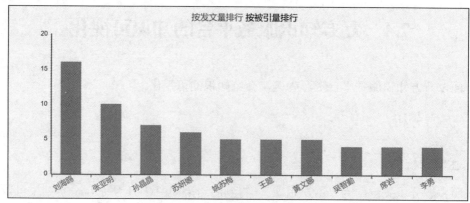

图 7-33　代表作者按发文量排行

② 关键词为"用户画像"的渗透学科可视化展示如图 7-34 所示。

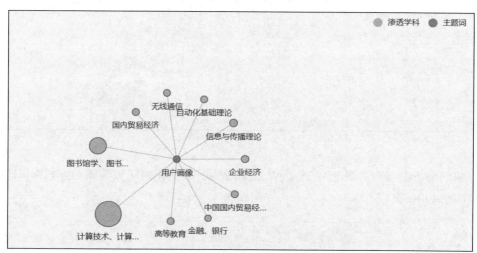

图 7-34　渗透学科可视化展示

③ 关键词为"用户画像"的按发文量期刊分布如图 7-35 所示。

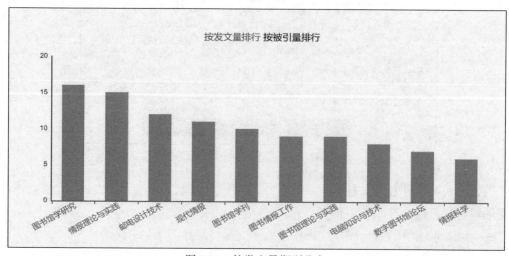

图 7-35　按发文量期刊分布

④ 关键词为"用户画像"的知识脉络分析，如图 7-36 所示。

图 7-36 "用户画像"的知识脉络分析

## 2. 学者分析

万方学者分析追踪学者科研动态，把握研究前沿及未来研究风向，了解学者文献产出状况、探究学者研究主题演变、发现学者间的合作关系、发现学者间的引证关系。

案例：检索学者姓名为岳修志，学者单位为中原工学院，如图 7-37 所示。

图 7-37 万方分析-学者分析

① 分析结果如图 7-38 所示。

学者岳修志的学术影响，H 指数为：10，被引量为：650，篇均被引量为：12.26。

H 指数(H index)是一个混合量化指标，可用于评估研究人员的学术产出数量与学术产出水平。H 指数是 2005 年由美国加利福尼亚大学圣地亚哥分校的物理学家乔治·希尔施提出的。

图 7-38　学者分析结果

Hindex 的原始定义是,一名科学家的 H 指数是指其发表的 Np 篇论文中有 h 篇每篇至少被引 h 次、而其余 Np-h 篇论文每篇被引均小于或等于 h 次。

H 指数被认为是对先前众多衡量指标的一大改进。先前的衡量指标都倾向关注科研人员发表论文的期刊,因而,它们都假定作者的贡献等同于期刊的平均值。如果一位科学家的出版成果以它们被引生命周期的数字进行排序的话,那么 H 指数就是一个最大值,这个最大值是指每篇论文至少被引了 h 次的 h 篇文章。

② 学者分析报告如图 7-39 所示。

```
                    报告目录
1.报告说明 ..................................................... 1
2.学者相关统计 ................................................. 1
3.学者分析指标 ................................................. 1
    3.1.发文趋势 ............................................... 1
        3.1.1.学术论文 ........................................ 1
        3.1.2.期刊论文 ........................................ 2
        3.1.3.学位论文 ........................................ 2
        3.1.4.会议论文 ........................................ 2
        3.1.5.科技报告 ........................................ 2
        3.1.6.科技成果 ........................................ 2
        3.1.7.专利 ............................................ 2
    3.2.下载趋势 ............................................... 2
        3.2.1.学术论文 ........................................ 2
        3.2.2.期刊论文 ........................................ 3
        3.2.3.学位论文 ........................................ 3
        3.2.4.会议论文 ........................................ 3
        3.2.5.科技报告 ........................................ 3
        3.2.6.科技成果 ........................................ 3
        3.2.7 专利 ............................................. 3
    3.3.被引趋势 ............................................... 3
        3.3.1.学术论文 ........................................ 3
```

图 7-39　学者分析报告

③ 学者"岳修志",学者单位为"中原工学院"的知识脉络图如图 7-40 所示。

### 3. 机构分析

掌握教育院所科研发展现状,了解机构科研产出趋势、探究机构研究主题演变、发现机构著名专家学者、追踪机构基金资助动态。

① 分析机构名称为中原工学院,分析结果如图 7-41 所示。

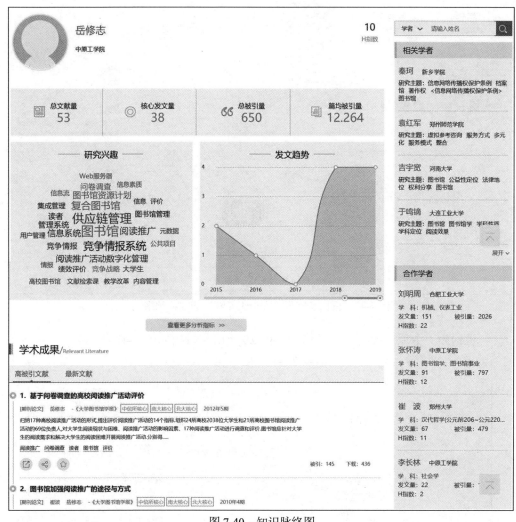

图 7-40　知识脉络图

图 7-41　机构分析

分析结果可以查看所选机构的发文趋势、下载趋势、研究主题、学科分布、期刊分布、代表学者、资助基金、机构合作、机构被引、机构引用等情况。

② 机构名称为"中原工学院"的知识脉络图如图 7-42 所示。

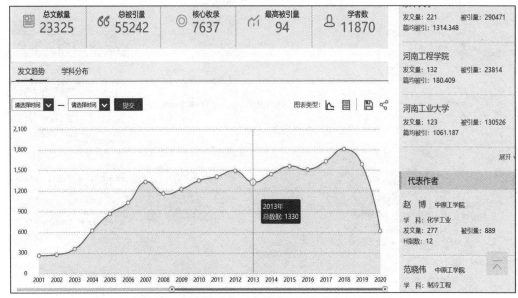

图 7-42 机构名称为 "中原工学院" 的知识脉络图

③ 机构为 "中原工学院" 的机构合作前 20 所研究机构如图 7-43 所示。

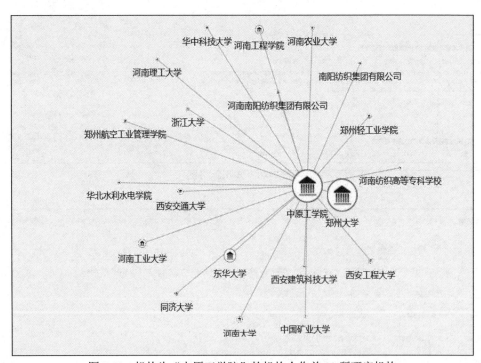

图 7-43 机构为 "中原工学院" 的机构合作前 20 所研究机构

④ 按代表学者的文献被引量排行，如图 7-44 所示。

### 4. 学科分析

洞悉学科领域发展态势，了解学科科研产出趋势、探究学科研究主题演变、发现学科著名专家学者、追踪相关基金资助动态。

第 7 章 提高篇：科学知识图谱和文献信息可视化

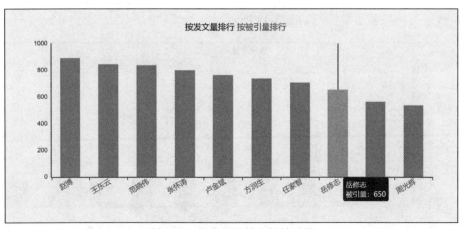

图 7-44 代表学者的文献被引量

检索学科为"图书馆学、图书馆事业"，其检索页面如图 7-45 所示。

图 7-45 学科分析检索页面

① 分析结果如图 7-46 所示。

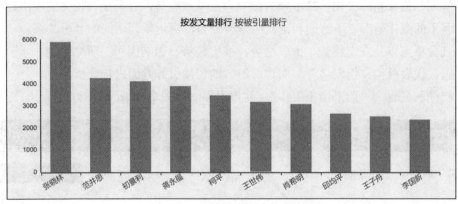

图 7-46 检索学科为"图书馆学、图书馆事业"分析结果

② 代表学者按被引量排行，如图 7-47 所示。

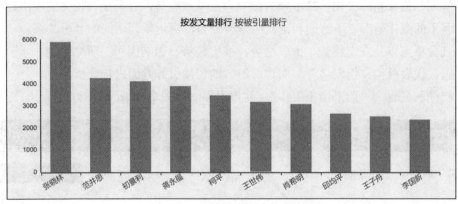

图 7-47 代表学者按被引量排行

③ 代表机构按被引量排行如图 7-48 所示。

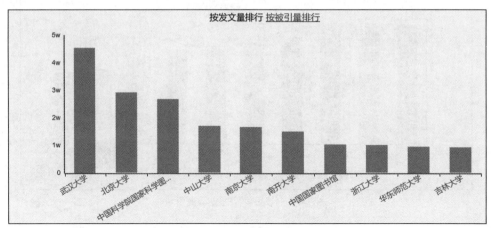

图 7-48　代表机构按被引量排行

④ 引用前十名学科如图 7-49 所示。

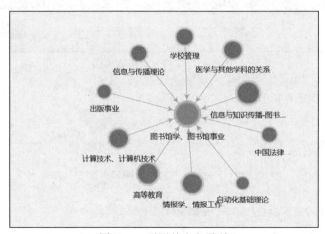

图 7-49　引用前十名学科

### 5. 期刊分析

了解期刊论文指标变化，揭示期刊影响力及发展趋势，分析期刊论文的产出趋势，跟踪影响因子的变化情况，了解期刊论文的学科分布，揭示期刊之间的互引关系。

期刊分析可以从发文趋势、下载趋势、被引趋势、影响因子、研究主题、学科分布、资助基金、代表机构、代表学者、期刊引用、期刊被引等方面进行分析。

分析期刊名称为"图书情报工作"，其检索界面如图 7-50 所示。

图 7-50　期刊分析检索页面

① 分析结果如图 7-51 所示。

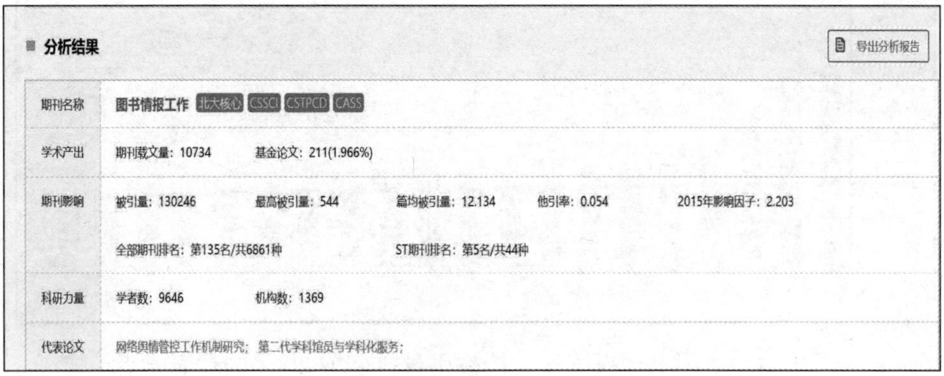

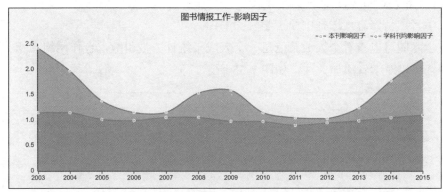

图 7-51　图书情报工作分析结果

② "图书与情报"期刊的影响因子变化趋势，如图 7-52 所示。

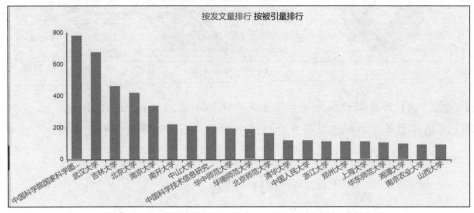

图 7-52　"图书与情报"期刊的影响因子变化趋势

③ 按发文量前 20 名的代表机构，如图 7-53 所示。

图 7-53　"图书情报工作"发文量前 20 名的代表机构

④ 按被引量排名前 20 名的代表学者，如图 7-54 所示。

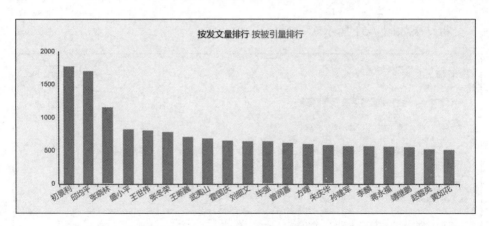

图 7-54 "图书情报工作"按被引量排名前 20 名的代表学者

### 7.4.2 万方学术圈

网址：http://social.wanfangdata.com.cn/

输入学者：岳修志，选择中原工学院图书馆。

万方学术圈可以查看个人成果信息、个人成果统计、被引数、合作网络、相关学者等信息，并且可以对学者添加关注，如图 7-55 所示。

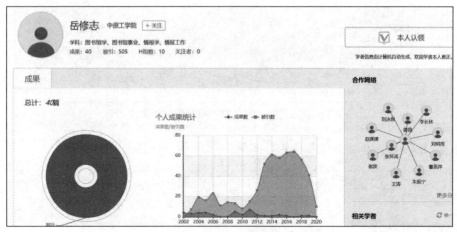

图 7-55 万方学术圈

【思考题 7-5】万方知识服务平台中如何对某学科进行可视化分析？
**解决思路：** 参考万方知识服务平台对图书馆学、图书馆事业学科的分析。

## 小 结

科学知识图谱采用可视化的手段来标识知识之间的关系，通过建立文献之间的联系，理清知识的来龙去脉和相关联性，为更进一步的科学研究理清了思路。CiteSpace 是专门为科学文献可视化而生的软件，可以用来观察某个研究领域的研究趋势或动向，并以可视化的方式加以呈现,其在知识计量分析、文献综述写作等有重要的作用。中国知网、CSSCI、万方等对于知识可视化也有自己的特色,用户可以根据需要比较选择。

## 思考练习

1. 请使用万方分析对自己所在学院某位教师进行学者分析,得到学者分析报告,并对你所学专业进行学科分析。

2. 利用 CiteSpace 网络图,查找自己所学专业的某一个领域(如"计算机图形学"),查找哪些文章属于高被引论文,被引频次最高的论文有哪些?了解哪些文献联系比较紧密?对相关研究的作者及机构进行分析?

3. 科学知识图谱的绘制方法有哪些?并简要总结几种方法之间的区别?

# 第8章 管理篇：文献管理工具

文献管理工具是研究者用于标记文献，按照优先级、作者、年份、期刊、关键词、作者机构、收录范围等将文献组织化的计算机软件。文献管理工具还具有快速检索所下载的文献、给文献做笔记、进行文献数据分析等功能，利用文献管理工具可以在 Office 等软件中快速插入参考文献，使得论文写作变得更便捷。

【场景】当你想撰写一篇文献综述的时候，需要查阅该课题的相关文献，大量的期刊、学位论文等集中在一起，阅读、做笔记、统计分析等都存在很大的问题，在这里我们引入了文献管理工具来进行文献资源管理。

## 8.1 NoteExpress 文献管理工具

NoteExpress 围绕科学研究最关心的文献信息，为用户提供信息导入、过滤、全文下载，以及众多的管理功能，可以大大提高研究者的文献管理和研究效率。同时，NoteExpress 的社区功能，能将用户自己的题录分享到社区的组群中。

### 8.1.1 NoteExpress 简介

NoteExpress 是一款文献管理软件，主要包括以下功能。

(1) 数据收集。内置几百个收费、免费电子资源库的接口，可以快速下载大量题录(文摘)，针对性下载对读者有价值的全文。

(2) 管理。分门别类管理电子文献题录以及全文海量数据。

(3) 分析。对检索结果进行多种统计分析。

(4) 发现。综述阅读方式，快速发现有价值文献，与文献相互关联的笔记功能。

(5) 写作。支持 Word 以及 WPS，在论文写作时自动生成符合要求的参考文献索引。

(6) 社区。在线学术社交网络平台，可结合 NoteExpress 客户端实现题录上传、分享、下载功能。

### 8.1.2 NoteExpress 下载

NoteExpress 的下载网址为 http://www.inoteexpress.com。个人用户可下载标准版。下载成功后，双击安装程序，即可进行安装。如在安装过程中遇到防火墙软件或者杀毒软件提示，选择允许，最好能将 NoteExpress 加入信任列表。NoteExpress 3.X 版的写作插件支持 MS Office Word(32 位和 64 位)、金山 WPS 等写作工具软件。

## 8.1.3 用 NoteExpress 新建数据库和分类目录

**1. 新建数据库**

NoteExpress 安装完毕后首次启动会打开自带的 Sample 示例题录数据库，该数据库存放在"我的文档"目录下，供新用户练习使用。建议用户正式使用时建立自己新的数据库。在 NoteExpress 主程序的【文件】下拉菜单中选择【新建数据库】选项，然后选择保存位置即可。

**2. 建立分类目录**

建立个人数据库后，根据研究的需要，可以为数据库建立分类目录，并对目录进行增、删、改，以及分类目录排序，如图 8-1 所示。

图 8-1 NoteExpress 主界面

## 8.1.4 使用 NoteExpress 采集数据

**1. 网上数据库导入**

(1) 在线检索。内置 200 多个常用数据库，无须登录数据库网站，直接以 NoteExpress 作为网关进行检索；多线程下载方式，下载速度快。

① 选择【在线检索】→【选择在线数据库】选项，选择所需数据库；
② 输入检索条件，单击【开始检索】按钮；
③ 勾选所需题录，保存到所需文件夹，如图 8-2 所示。

(2) 浏览器检索。NoteExpress V3.0 以全新的学术导航网站替代了以往的浏览器检索入口，使用户在使用内嵌浏览器的同时，不仅可以访问到 NoteExpress 支持检索导入的数据库，而且可以同时浏览大量有价值的学术、知识、新闻以及其他阅读资源，方便关注有价值的信息。在导航首页的显著位置列出了 NoteExpress 浏览器检索支持导入的数据库，如图 8-3 所示。

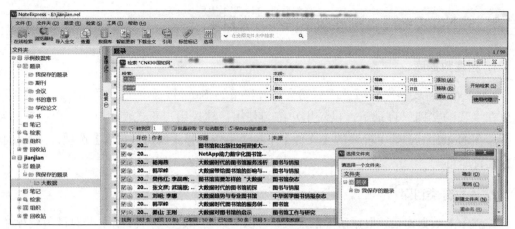

图 8-2 NoteExpress 网上数据库导入

图 8-3 NoteExpress 浏览器检索

对于 NoteExpress 支持浏览器导入的数据库，在检索结果界面就可以完成数据库检索页面数据的筛选以及保存工作，这是通过配置好的网页信息抓取程序，将用户需要的信息快速准确地保存在 NoteExpress 本地数据库中。

**2. 格式化文件导入(数据库页面检索结果导入)**

从数据库页面导出的固定格式的检索结果，如 EndNote 格式、RIS 格式等文件，使用与格式相对应的过滤器导入软件。

(1) 从数据库中选择一种格式导出文件，通常有 EndNote、refworks、NoteExpress 等，图 8-4 以 CNKI 为例，将导入的文件存放至计算机，导出格式选择 NoteExpress。

(2) 打开 NoteExpress，选择【文件】→【导入题录】选项；

(3) 选择格式文件存放的位置；

(4) 选择格式文件对应的过滤器，此例中为 NoteExpress。

**3. 全文导入、智能识别及更新**

对于已经下载了大量全文的用户，可以将这些全文使用 NoteExpress 进行管理。

图 8-4　格式化文件导入

(1) 全文导入、智能识别。将需要管理的全文导入 NoteExpress，支持任意一种格式的文件导入，导入时的文件名即为题录标题。例如支持 PDF、CAJ 文件的智能识别，能识别出 PDF、CAJ 文件中的标题、DOI 等字段信息。

① 选择【文件】→【导入全文】选项；
② 选择需要导入的文件；
③ 选择是否要从 PDF 中智能识别内容；
④ 选择题录类型，导入文件的位置。

如图 8-5 所示，也可以直接将全文文件拖入 NoteExpress 题录的目标文件夹。

图 8-5　NoteExpress 全文导入、智能识别及更新

(2) 智能更新。当全文导入 NoteExpress 后，软件会自动根据标题到网上自动检索补全其他字段信息。

(3) 自动更新。如有智能更新不到所需题录信息，可以选择自动更新的方式补全字段信息。

① 选择需要更新的题录，单击鼠标右键，选择【在线更新】→【自动更新】选项；
② 选择需要进行更新的数据；
③ 如果备选更新题录有多条，选择需要更新的题录后，单击【应用更新】按钮。

(4) 手工录入。NoteExpress 提供手工编辑录入题录的方式，在题录列表栏中单击鼠标右键，选择【新建题录】选项，即可打开编辑页面手工录入题录。

### 8.1.5 使用 NoteExpress 管理文献信息

通过上述方法导入文献题录，就基本形成了用户的个人数据库。当然，这对研究和管理工作而言仅仅是个开始。因为需要对纷繁的题录进行整理，为进一步的研究设计或文章撰写等服务。NoteExpress 提供各种管理模块，使用户能够充分高效地掌控所获得的信息，如文献查重、虚拟文件夹、表头 DIY、表头排序、附加链接、全文下载、标签标记、组织、回收站、本地检索等。

#### 1. 文献查重

在不同数据库中检索，或者数据库由几个小数据库合并而成，都不可避免地出现重复题录，这就需要查找重复题录。查重步骤如下：

(1) 选择【检索】→【查找重复题录】选项。
(2) 选择查重的文件夹范围。
(3) 选择查重的比较字段。
(4) 设置查重的敏感度、匹配度。
(5) 查重后重复题录高亮，可单击鼠标右键选择删除方式。

文献查重如图 8-6 所示。

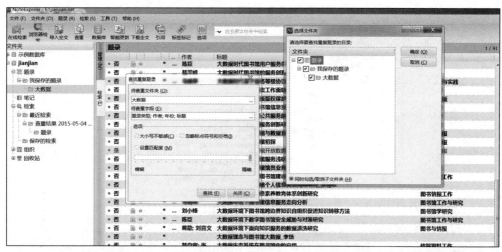

图 8-6 文献查重

#### 2. 虚拟文件夹

在同一数据库中，一条题录分属于两个或几个不同的分类目录(或者说一条跨学科的题录需要分别放在不同的文件夹下)，NoteExpress 提供虚拟文件夹功能管理此类文献。只需在选择的题录处单击鼠标右键，选择【链接到文件夹】选项，选择存放的文件夹位置即可。

### 3. 表头 DIY

计算机屏幕大小有限，如何能在一屏就能显示重要的题录字段内容？NoteExpress 提供表头自定义功能，可以根据需要增加或者删除字段，如图 8-7 所示。

图 8-7　表头 DIY

(1) 在表头处单击鼠标右键，选择【自定义】选项。

(2) 选择需要编辑的表头，表头可以新建、删除，并能够为每一个文件夹设置一个表头。

(3) 将所需字段添加或者删除。

### 4. 附件链接

NoteExpress 提供强大的附件管理功能，支持任意的附件格式(也可以添加多个附件)，比如常见的 PDF、Word、Excel、视频、音频文档等，当然还有文件夹、URL 等。这样，文献题录信息就会与全文信息关联在一起。添加了全文附件的题录，可以在"题录相关信息命令"栏看到一个回形针标志，单击回形针，可以迅速打开附件。

(1) 单条题录添加附件。在 NoteExpress 中，可以为每一条文献信息添加附件(附件已经存放在本地)，方便在需要的时候快速打开全文，一条题录可以添加多个附件。

① 选中需要添加附件的题录。

② 单击【附件】按钮。

③ 在空白处单击鼠标右键，选择添加附件，或者直接将附件拖动至空白处。

(2) 批量添加附件。如果需要对某一文件夹下的多个文献添加附件，可以使用 NoteExpress 的"批量链接"的功能，选择全文位置、文献信息与文件名匹配程度等，然后就可以批量链接附件到题录。

### 5. 全文下载

从数据库导入的题录，只有基本的题录信息，这些基本信息可以让用户大致了解某一文献的价值所在，决定是否有必要进一步阅读全文。对于需要阅读全文的题录，NoteExpress 提供批量下载全文的功能，将全文快速下载到本地并与题录自动链接，下载完毕后即可阅读全文，如图 8-8 所示。

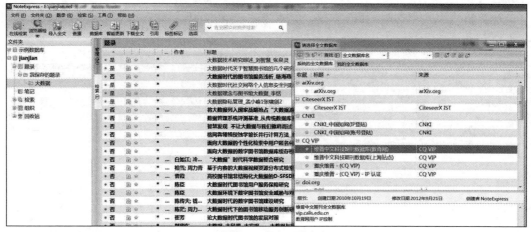

图 8-8  全文下载

(1) 选择所需下载全文的题录，单击工具栏中的【下载全文】按钮，或者单击鼠标右键，选择【下载全文】选项。

(2) 选择全文下载的数据库。

(3) NoteExpress 自动链接网络下载全文。

### 6. 标签标记

NoteExpress 支持星标、优先级(彩色小旗)以及标签云三种标记方式，方便用户按照需求和使用习惯管理题录。

(1) 选中需要标记的题录，单击星标即可标记，再次单击即可移除星标。

(2) 选中题录，单击标签标记。

(3) 选择不同颜色的小旗标记。

(4) 输入文字标签，或者选择已有的标签标记。

### 7. 本地检索

对于数据库的管理来说，本地检索的意义非常重大，对于拥有庞大数据的用户来说尤其重要，如图 8-9 所示。

(1) 在快捷检索栏中输入检索条件，设置检索范围，进行简单检索。

(2) 选择【检索】→【在个人数据库中检索】选项。

(3) 输入检索条件，设置检索范围，进行高级检索。

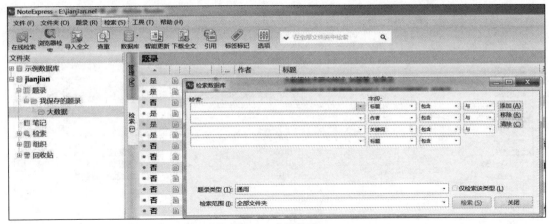

图 8-9 本地检索

### 8. 组织

对于科研者来说，文献的不同聚类方式会对文献阅读产生新的启发。因此，NoteExpress 提供组织的阅读方式，可以分别按照星标、优先级、作者、年份、期刊、关键词、作者机构将数据库内所有题录重新组织显示。

(1) 组织中显示的阅读方式。

(2) 浏览题录。

### 9. 回收站

同 Windows 操作系统一样，NoteExpress 也提供了回收站功能，方便找回误删除的题录或笔记。回收站中题录可以恢复，避免错删、误删带来的损失。回收站不再只有一个文件夹，而是可以显示删除的题录所在的文件夹，以方便记忆和管理。

### 10. 多数据库

NoteExpress 可以同时打开多个文档同时编辑，并且可以在不同的数据库之间进行切换。NoteExpress 提供了同时打开多个数据库的功能，可以在软件左侧的数据库栏看到打开的多个数据库，不同数据库之间的切换非常方便。

## 8.1.6 NoteExpress 文献信息统计分析

如图 8-10 所示，通过 NoteExpress 可以方便快捷地对关心的文献信息进行统计分析，这样就能够快速了解某一领域的重要专家、研究机构、研究热点等，分析结果可导出为 TXT 和 CSV 等多种格式，方便做出精准的报告。

(1) 在题录文件夹下选择所需分析的文件夹，单击鼠标右键，选择【文件夹信息统计】选项。

(2) 选择需要统计的字段。

(3) 将结果另存为 TXT 文本或者 CSV 文件。

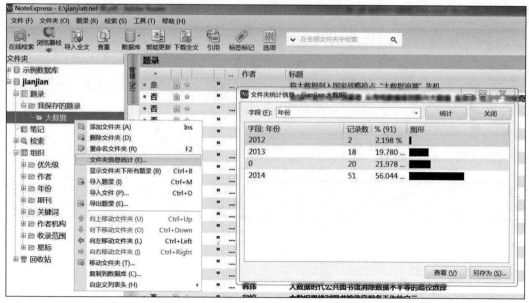

图 8-10 NoteExpress 文献信息统计分析

### 8.1.7 综述预览

通过综述预览窗口，可以浏览题录的标题、年份、来源、关键词、摘要信息，如图 8-11 所示。

图 8-11 NoteExpress 综述预览

### 8.1.8 NoteExpress 的写作插件

NoteExpress 支持 WPS 以及 MS Office，借助 NoteExpress 的写作插件，可以方便高效地在写作中插入引文，并自动生成需要格式的参考文献索引，也可以一键切换到其他格式。

(1) 光标停留在需要插入文中引文处。

(2) 返回 NoteExpress 主程序，选择插入的引文。

(3) 单击【插入引文】按钮。

(4) 自动生成文中引文以及文末参考文献索引，同时生成校对报告。

(5) 如果需要切换到其他格式，单击【格式化】按钮。

(6) 选择所需要的样式。

(7) 自动生成所选样式的文中引文以及参考文献索引。

**【思考题 8-1】** 微软 Office Word 中如何借助 NoteExpress 写作插件高效地插入引文？

**解决思路：** 按照 NoteExpress 写作使用方法进行操作。

## 8.2　EndNote 文献管理工具

EndNote 是文献管理与论文写作辅助工具，当撰写论文时，EndNote 可以帮助管理文献。

### 8.2.1　EndNote 简介

EndNote 是由 Clarivate Analytics(科睿唯安)公司开发的文献管理软件。EndNote 常见的功能如下：

#### 1. 参考文献管理

(1) 提供 3000 多种参考文献的格式，自动生成文中和文后参考文献。

(2) 自动重新排序，对文章中的引用进行增、删、改。

(3) 根据标题、摘要、关键词寻找新的目标期刊。

(4) 另投其他期刊时，瞬间自动生成新的目标期刊的参考文献格式要求。

(5) 分类管理、保存参考文献。

#### 2. 文献管理

(1) 在本地建立个人数据库，随时查找收集到的文献记录。

(2) 通过检索结果，准确调阅所需 PDF 全文、图片和表格。

(3) 将数据库与他人共享，对文献进行分组、分析和查重，自动下载全文。

#### 3. 论文撰写

(1) 随时调阅、检索相关文献，将其按照期刊要求的格式插入文后的参考文献。

(2) 迅速找到所需图片和表格，将其插入论文相应的位置。

(3) 在转投期刊时，可迅速完成论文及参考文献格式的转换。

### 8.2.2　EndNote 软件菜单主要功能

#### 1. File 文件菜单

用于 EndNote 中新建数据库、另存为数据库、打开数据库、导入数据、关闭数据库等，其功能如下：

(1) New：新建一个 EndNote Library。

(2) Open：打开已经建立的数据库。

(3) Close Library：关闭已经打开的数据库。

(4) Save a Copy：保存一个备份。

(5) Export：将 Library 的文献信息按照使用需要，选择某种期刊的参考文献输出或者某种格式输出，输出格式可以是.txt、.rtf、.htm、.xml 等。

(6) Import：用于导入文件或者文件夹。File 用于导入单一文件，Folder 用于导入文件夹，如果文件夹含有子文件夹，其内容也同步导入。

### 2. Edit 编辑菜单

(1) Undo：用于撤销上一次的操作。

(2) Cut：剪切文献的全部内容，转移到另外一个数据库中。

(3) Copy：复制文献的全部内容，粘贴到另外一个数据库中，也可以以插入引用文献的形式插入 Word。

(4) Paste With Text Style：以文本形式进行粘贴。

(5) Clear：清除已经选择的文献。清除后文献将进入 Trash 下。

(6) Select All：全部选择。

(7) Find and Replace：查找并替换。

(8) Copy Formatted：以选择的杂志格式复制特定的参考文献，可以直接粘贴到写字板或者 Word 等文字处理软件中。

(9) Preferences：可以根据使用者的喜好来设定 EndNote，例如，preferences 子项中的 PDF Handling，可以设定新文献自动导入的文件夹目录。

### 3. References 文献菜单

(1) New References：新插入一条文献记录。

(2) Edit References：编辑选定的文献。

(3) Move References to Trash：移动文献到回收站。

(4) Copy References To：复制文献到选择的 Library，可以新建 Library，也可以选择已经存在的 Library。

(5) File Attachments：将指定的文件添加到选定的文献上。

(6) Show Selected References：显示选定的文献信息。

(7) Hide Selected References：隐藏选择的文献，只显示未选择的文献。

(8) Find Duplicates：查找当前数据库中有没有重复的文献记录。

### 4. Tools 工具菜单

(1) Cite While You Write：撰写论文时，插入引用，按照要求格式化参考文献。

(2) Format Paper：论文中临时引用的文献转化成指定的参考文献格式。

(3) Subject Bibliography：进行简单的统计分析。

(4) Manuscript Templates：论文模板。

EndNote 软件页面如图 8-12 所示。

图 8-12　EndNote 软件页面

## 8.2.3　EndNote 个人数据库的建立

**1. EndNote 的工作流程**

文献记录通过过滤器被拆分成很多字段，如 Author、Year、Title、Journal 等，在 EndNote 中被称作 Library 数据库，EndNote 可以对这些字段进行排序、查找、统计，实现文献的管理、分析。EndNote 还可以把这些字段按照一定的输出格式(Output Styles)要求，输出生成参考文献列表。EndNote 自带过滤器和输出格式，可以按照自己的需要进行编辑。

**2. 文献索引的导入**

(1) 中国知网(CNKI)文献索引的导入。

在中国知网检索界面，以篇名为检索字段，输入关键词 Mooc And 图书馆，来源期刊为核心期刊。

搜索出结果后，勾选中意的文献，在检索结果页面的导航栏上单击"导出/参考文献"按钮，在弹出菜单的格式引文中选择 EndNote，单击"导出"按钮，将结果保存为*.txt 格式。

打开 EndNote 软件，在 File 菜单中选择 File 选项，在打开的对话框中选择 *.txt 文件，导入过程如图 8-13 和图 8-14 所示。

图 8-13  中国知网参考文献导出

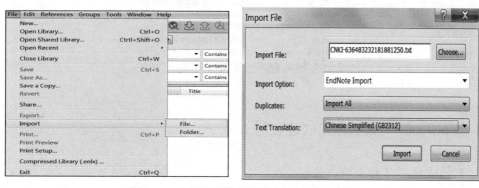

图 8-14  中国知网数据库导入 EndNote 过程

(2) 万方数据库文献索引的导入。

打开万方数据知识服务平台主页，以学位论文为例，检索题名中包括图书馆和 Mooc 两个关键词的学位论文，检索结果如图 8-15 所示。

批量导出检索结果，在导出过程中选择导出文献列表为 EndNote，导出结果为*.txt 文件。

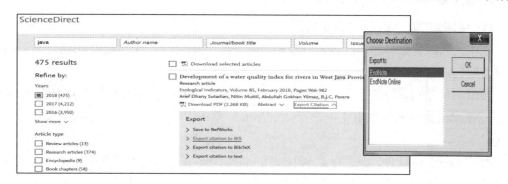

图 8-15  万方数据库导入 EndNote 过程

(3) 爱思唯尔数据库文献索引的导入。

爱思唯尔搜索页面输入关键词为 java，搜索 2019 年的期刊文章，得到 475 条记录。对于爱思唯尔的每篇论文，可以下载 PDF 全文、查看摘要、导出引文。

爱思唯尔数据库导出引文到 EndNote 的过程：选择 Export Citation，选择 Export to RIS，选择目标形式是导入 EndNote 或者 EndNote Online，选择 EndNote 后，引文会自动导入EndNote。目前，爱思唯尔数据库不支持批量导出引文。爱思唯尔数据库导入 EndNote 过程如图 8-16 所示。

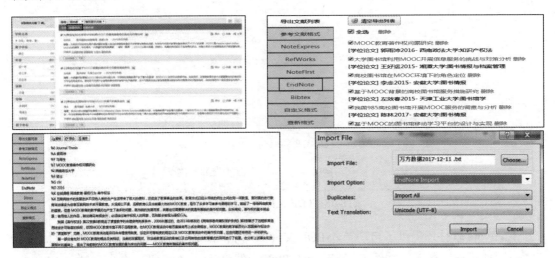

图 8-16　爱思唯尔数据库导入 EndNote 过程

(4) 维普数据库文献索引的导入。

维普数据库中查找题名中含有 java 关键词的期刊。选定要导出的论文，选择导出题录，文本格式选择 EndNote，导出格式为.txt 文件，导出过程如图 8-17 所示。

图 8-17　维普数据库导出题录

维普数据库引文在导入 Endnote 时，需要到维普官网下载 VIP for EndNote 插件，Import Option 选择 Others Filters 中的 VIP 过滤器。

## 3. PDF 文件导入

导入存储设备上已经存在的 PDF 格式的文件，其操作是：File→Import→File/Floder，File 是导入单个文件，Floder 是导入整个文件夹。在 Import Option 中选择 PDF，如图 8-18 所示。

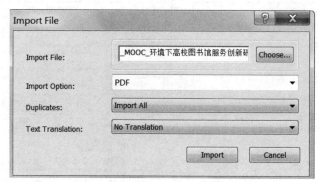

图 8-18　PDF 文件导入 EndNote

EndNote 软件还提供了自动导入 PDF 文件的功能，在 Edit→Preferences→PDF Handing 选项下，选择自动插入的文件夹。当有新的 PDF 文件更新时，EndNote 会自动插入 Library，如图 8-19 所示。

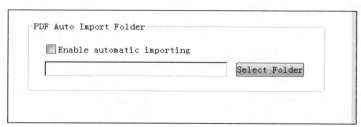

图 8-19　EndNote 自动导入 PDF 文件

## 4. 利用 EndNote 撰写学术论文

撰写学术论文时，可以利用 EndNote 检索相关文献编辑插入 Word，按照期刊要求的格式自动插入参考文献。转投到其他期刊时，可以将论文格式和参考文献的引用格式转换成转投期刊的格式，极大地减轻了科研人员的工作量。

(1) 编辑管理。

EndNote 软件具有强大的编辑管理功能，利用 References 菜单可以对 Library 中的文献进行删除、复制、剪切、粘贴、修改等操作。利用 Find Duplicates 功能可以查找重复的文献，利用 Search 功能可实现个人 Library 中的文献搜索功能。

EndNote 软件下的 File Attachments 功能支持对文献进行添加附件，附件的格式类型主要有 PDF、图片、Word 文档、表格等。EndNote 软件还具有添加笔记功能，便于使用者在阅读文献时添加有用的信息，如图 8-20 所示。

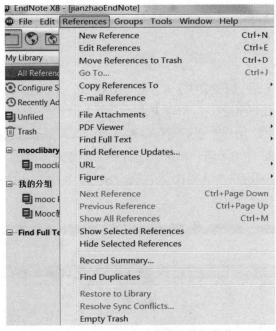

图 8-20　EndNote 文献编辑管理菜单

(2) 利用模板撰写论文。

EndNote 软件内置上百种期刊模板，可根据个人需求，利用模板撰写论文。运行 EndNote 后，选择 Tools→Manuscript Templates，选择需要的模板。以 Nature 期刊为例，过程如图 8-21 所示。

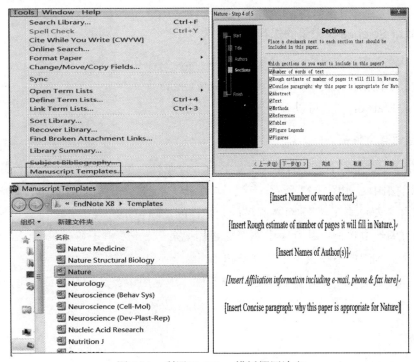

图 8-21　利用 EndNote 模板撰写论文

### 8.2.4 EndNote 网络版

**1. 用户的登录**

EndNote 网络版可以通过在线的方式方便地将收藏的文献生成引用文献，首次使用可以通过 http://www.webofscience.com 创建 Publons 个人信息来创建免费的 Web of Science ResearcherID 来跟踪引文。用户注册后，可以通过 http://my.endnote.com 访问，EndNote 网络版的使用参考 EndNote 使用手册。单击页面右侧的"登录"按钮，在弹出的下拉菜单中选择"注册"。已经注册的用户，输入 ID 和密码登录后，页面会从登录变成已登录的状态。EndNote 网络版用户的登录如图 8-22 所示。

图 8-22　EndNote 网络版用户的登录

**2. Web of Science™ 记录的保存**

（1）在 Web of Science™ 检索结果页面，勾选需要保存的文献。

（2）单击下拉菜单，选择"保存至 EndNote Online"。

（3）单击 EndNote™，可以看到保存的参考文献。

**3. 创建保存文件夹**

保存的记录被存放在"我的参考文献"的"未归档"里，建议在每次记录保存后再将其移动至我的组中，如图 8-23 所示。

（1）单击"未归档"，在页面右侧显示未归档的文献记录。

（2）通过勾选复选框，从列表中选择需要的记录。

（3）在添加到组的下拉菜单中选择新建组。

（4）在弹出的对话框中，输入新建组的名称。组名用中英文均可，每个用户最多可以创建 500 个组，我的参考文献最多可以保存 5 万条记录。

图 8-23　EndNote 网络版创建保存文件夹

### 4. 文件夹的共享、变更

选择"组织"标签下的"管理我的组",如图 8-24 所示。

(1) 选中"文件夹共享设定"。

(2) 进行共享对象的设定。

(3) 在开始共享此组中输入共享对象的 EndNote™ 网络版用户登录电子邮件地址,最后单击"应用"按钮,共享的组会在对方的我的参考文献的其他人的组中出现。

(4) 重命名,单击"重命名"按钮,修改组的名称。

(5) 删除组,单击"删除"按钮即可。

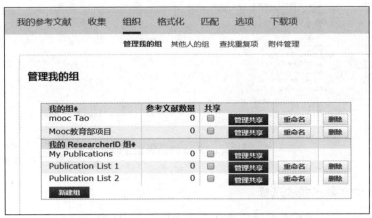

图 8-24　EndNote 网络版文件夹的共享、变更

### 5. 其他数据库的记录保存

中国知网、维普等其他数据库中的记录也可以导入 EndNoteTM 网络版进行统一管理。

(1) 将各数据库的记录保存至本地计算机,记录的保存需要以 EndNote™ 格式保存。

(2) 选择 EndNote™ 网络版"收集"标签下的"导入参考文献"。

(3) 在"选择收藏夹"下拉列表中，选择文件路径为保存在本机计算机上的文件。

(4) 在导入选项中选择导入的过滤器的名称，如果数据是以 EndNote™ 格式保存的，选择 EndNote Import。

(5) 在保存位置下拉菜单中选择需要保存的文件夹，然后单击"导入"按钮。

### 6. 在线检索

通过使用"收集"标签下的在线检索可以直接检索 PudMed(医学类)及 Library of Congress 等免费网络数据库中的记录，如图 8-25 所示。

(1) 在"选择收藏夹"下拉列表中选择常用检索的数据库或文献库目录。

(2) 单击"复制到收藏夹"按钮。

(3) 选择希望检索的数据库或文献库目录。

(4) 单击"链接"按钮，开始在线检索。

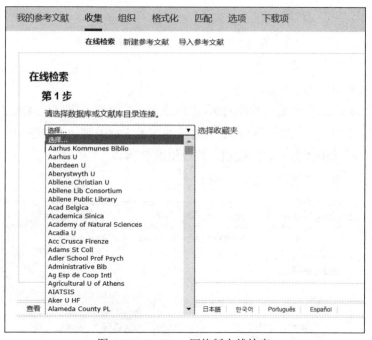

图 8-25　EndNote 网络版在线检索

### 7. 输出参考文献格式的选择

利用 3300 多种期刊格式，可以快捷、方便地生成引用的参考文献，如图 8-26 所示。

(1) 选择"格式化"标签。

(2) 选择文献。

(3) 选择希望进行格式化的参考文献组。

(4) 单击选择收藏夹，显示期刊选择列表。

(5) 选择常用的期刊。

(6) 单击"复制到收藏夹"。

当需要将参考文献进行格式化输出时,即可在选定参考文献组后,选择步骤(4)中预置的期刊格式,再选择保存输出的文件格式,即可完成参考文献的格式化输出。

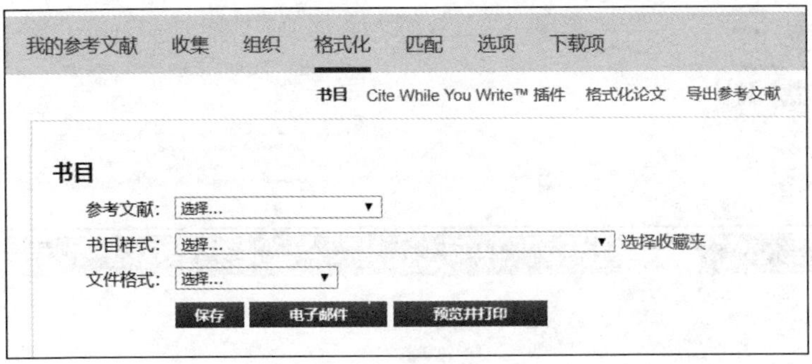

图 8-26　EndNote 网络版输出参考文献的选择

### 8. 在 Microsoft Word 中引用文献列表的创建(格式化参考文献)

(1) 在 Word 应用处输入{作者的姓,出版年}。如果遇到相同的作者,相同的年有多个文献应用的情况,输入文章标题开始的文字。EndNote 网络版引用文献列表的创建规则如表 8-1 所示。

表 8-1　EndNote 网络版引用文献列表的创建规则

| 文献库参考文献包含 | 临时引文布局 |
| --- | --- |
| 作者撰写的单个参考文献 | {作者的姓,年份} |
| 相同年份中作者撰写的多个参考文献 | {作者的姓,标题}* |
| 相同引文中的多个参考文献 | {第一作者的姓,年份;<br>第二作者的姓,年份} |
| 年份唯一的匿名参考文献 | {,年份} |
| 年份不唯一的匿名参考文献 | {,年份,标题}* |

(2) 保存时用 RTF 格式保存,如图 8-27 所示。

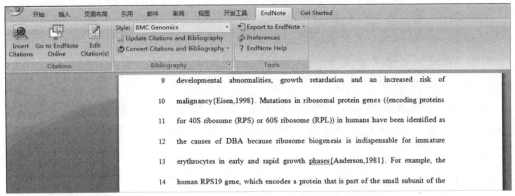

图 8-27　EndNote 网络版 Word 中插入参考文献

格式化参考文献列表,如图 8-28 所示。

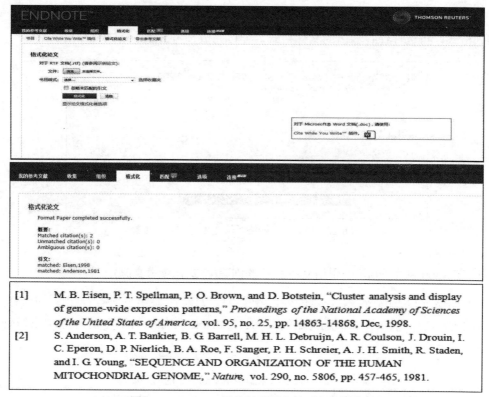

图 8-28　EndNote 网络版引用文献列表的创建

① 选择"格式化"标签下的"格式化论文"。

② 单击文件右侧的 Browse 按钮，选择之前以 RTF 格式保存的文件。

③ 在文献样式中选择希望设置参考文献使用的期刊格式。

④ 单击"格式化"按钮，在 EndNote 网络版上已保存的文件内容将插入论文，并且对其进行顺序编号，从而生成参考文献列表。

单击"格式化"后，如果 EndNote 网络版记录中有不能匹配的引文，则会显示以下两条信息：

Unmatched citation(s)=不匹配的记录

Ambiguous citation(s)=符合条件记录有多条，不能选择。

对于 Word 中不能匹配的记录，应修正预先准备的文档。先进行格式化，后修正 Unmatched 和 Ambiguous 的情况。

⑤ "忽略未匹配的引文"，选中该选项时，将在格式化后的文件中忽略未匹配的引文和有歧义的引文。如果未选中该选项，则必须更正未匹配的引文和有歧义的引文才能格式化文档。

9. 引用文献列表的创建(格式化参考文献)

(1) 将光标移动至文章中需要插入参考文献的地方。

(2) 单击 EndNote 网络版插件上的 Insert Citations(插件在格式化标签的 Cite While You

Write 插件处单击下载)。

(3) 在弹出的对话框中,输入需要插入文献的作者,单击 Find 按钮。

(4) 选中所需的引文,单击 Insert 按钮。

(5) 格式化参考文献,在 EndNote 网络版中的"格式化"下拉菜单中选择要格式化的期刊类型。

(6) 单击 Update Citations and Bibliography,如图 8-29 所示。

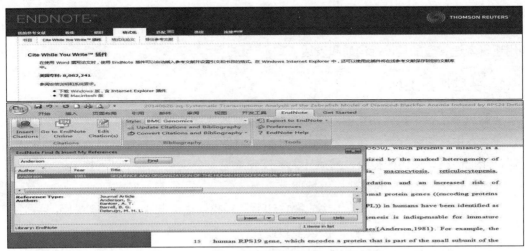

图 8-29　EndNote 网络版引用文献列表的创建

## 10. 电子邮件地址、密码的变更

(1) 选择"选项"标签,如图 8-30 所示。

(2) 在"密码"选项中变更密码。

(3) 在"电子邮件地址"选项中变更电子邮件地址。

如果在 EndNote 网络版的注册邮件与 Web of Science 的注册邮件是完全相同的,则没必要进行重新注册。

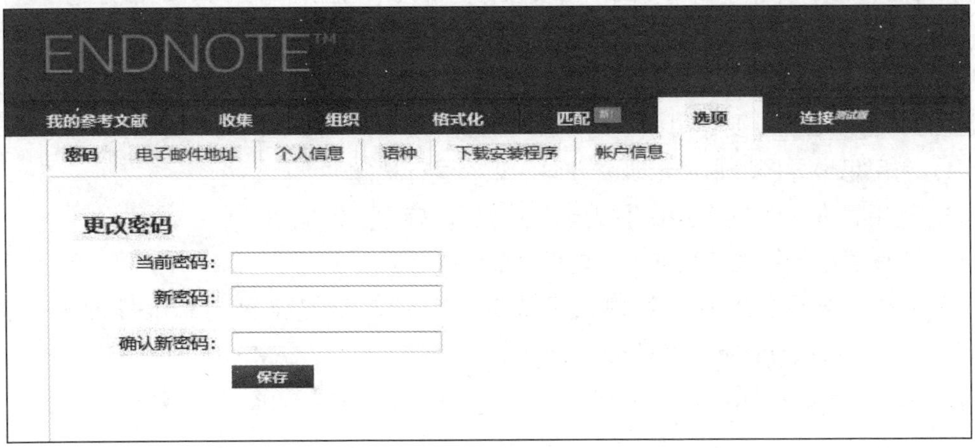

图 8-30　EndNote 网络版电子邮件地址、密码的变更

**【思考题 8-2】** Endnote 个人数据引文的导入方式？

**解决思路：** 不同的数据库平台导入方式存在差异，要按照平台的导入要求进行数据引文的导入。

## 8.3　逻辑表达管理工具

使用针对文献之间的关系进行管理的工具，用户对于文献有了一定的了解后，就可以利用逻辑表达管理工具进行沟通和表达。

### 8.3.1　头脑风暴工具

头脑风暴法属于集体创作的方法。在召开头脑风暴法会议时，每组通常为 5～12 名人员，在一名主席的领导下，在数分钟到一小时的时间里，对某一问题提出各种见解。主席要尽可能把问题谈得简明扼要，然后让大家发表意见。会议必须遵守以下规定：

(1) 绝不允许对他人的想法提出批评；
(2) 如果修改、补充他人的想法或把它和另一种想法结合起来，则受到鼓励；
(3) 数量是会议追求的目标，提议多多益善；
(4) 欢迎各种别出心裁，甚至是想入非非的主张。

网络上提供的"在线协作白板"软件，属于头脑风暴工具，如"小画桌"。头脑风暴工具有轻量便捷、多人协作、内置语音特点，支持电脑、平板、手机等设备，具有演示、多页、语音等功能。

### 8.3.2　思维导图工具

思维导图，又称脑图、心智地图、脑力激荡图、灵感触发图、概念地图、树状图、树枝图或思维地图等。在论文写作中的应用，主要将信息加以归纳和综合，辅助科研人员思考复杂问题和表征信息。思维导图作为信息表征工具，将图片、图形、词语等进行组合运用，通过呈现概念之间的层次关系和思维顺序，实现概念表征的可视化。这种可视化能够帮助科研人员从一种全局和整体的视角思考问题，进而提高科研人员的思维灵活性和发散思维能力。思维导图主要作用如下：

(1) 利用思维导图清晰展示研究方向，正确进行选题。
(2) 利用思维导图归纳和整理搜集到的资料，确定逻辑框架。
(3) 借助思维导图理清思路，展现思维的流畅性。

当前的思维导图工具一般内嵌了头脑风暴的功能。常见的思维导图软件有：MindMaster、Mindmanager、XMind、Coggle、Mindmaps、FreeMind、MindMeister 等。

用 MindMaxter 绘图，说明《孙子兵法》各章节的关系，如图 8-31 所示。

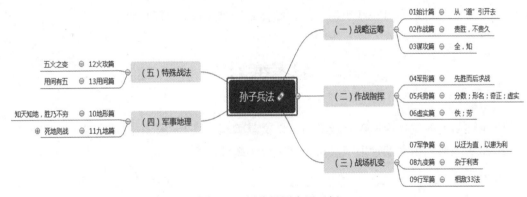

图 8-31 思维导图应用示例

## 8.3.3 卡片式写作工具

NoteExpress 和 EndNote 文献管理工具作为成熟的文献管理软件，能够提高科研效率，帮助科研人员整理笔记、大纲等。在文献管理的过程中，科研思路管理在科学研究中的作用越来越凸显，常见的如卡片式写作，将每个卡片作为科研过程中的节点，穿针引线，把科研思路织起来。

传统的卡片式检索工具是记录在一种小巧、矩形的纸质材料上并按文献的外表特征和内容特征排列的检索工具，供手工检索使用。传统的图书馆馆藏图书目录、馆藏期刊目录等都是以卡片目录的方式提供检索服务。

在进行论文写作时，如果要写一篇 3 万字的毕业论文，如果为了完成这个字数要求，一个字一个字地写起来，会感到特别困难。但是，如果手头目前有一大堆卡片，将这些卡片拼在一起，便可以勾勒出整篇文章的骨架。

现代的卡片式写作工具就是对作者笔记进行管理，一个个独立的笔记单独存放，之间不存在关联不能称为卡片，要激活卡片为作者提供思路支撑，就要主动建立链接。例如，Gingko 是一种非线性写作工具；Evernote 软件可以根据关键词频率等因素项，自动发现笔记之间的可能关联；Devonthink 软件可以帮助作者计算卡片之间的相似度，帮助作者建立序列。通过建立卡片之间的联系，把卡片串起来，也就足以形成段落、篇章，甚至一篇毕业论文的内容。

# 小 结

本章详细介绍了 NoteExpress 和 EndNote 文献管理工具的使用方法，简要介绍了头脑风暴、思维导图和卡片式写作等写作思路管理工具。通过可视化的文献管理工具协助研究者提高科研效率。EndNote 主要针对英文文章，在导入英文文献时，能自动识别文献的作者、来源、发表时间、摘要、关键字等。另外，EndNote 可以设置参考文献的引用格式，也可与 Word 对接，是写英文论文的最佳辅助工具，缺点是不能很好地支持中文期刊格式。

NoteExpress 软件优点是可在线更新目录,缺点是影响 Word 的打开速度。

## 思考练习

1. 论述常见的文献管理工具及其特点?文献管理工具 EndNote 的基本功能有哪些?
2. 思考如何利用文献管理工具进行文献分类统计?

# 第9章 运用篇：信息写作

2016年5月30日，习近平总书记在全国科技创新大会上提出："广大科技工作者要把论文写在祖国的大地上，把科技成果应用在实现现代化的伟大事业中。"科学研究的本质是一种创新活动，越来越多的人认识到科学研究对国家持续发展的贡献。信息写作是用文字、数字和图表等，将有关科学研究的过程、方法和结果，用书面的方式向其他人公布的一种信息传递形式。本章主要介绍信息写作中摘要、关键词、综述、写作规范及学术道德的相关内容。

【场景】大学生必须撰写相应的学术论文，且答辩通过，才能获得学位。学术论文为什么这么重要？因为撰写学术论文是对一个人综合能力的考察。作为一名大学生，你是否希望：(1)掌握相应的写作能力，写出高质量的学术论文；(2)在学科较好的期刊上发表自己的学术论文；(3)提升自己学术论文被检索的概率，达到与相关学者分享的目的。

【学习资料】

## 学术写作要具备的四种能力

1. 选题能力。"题目选对了，等于研究工作完成了一半"。要想选准题目，必须对本学科的历史、现状和发展前景等有一个全面的了解，知道哪些问题是本学科的疑点、热点和难点。

2. 获取资料的能力。"巧妇难为无米之炊"。题目再好，如果不能顺利地获得资料，也只能望题兴叹。有了题目之后，作者必须知道利用哪些信息机构、查找哪些书刊或者网站、通过什么检索途径来获得资料。

3. 研究能力。在论文写作中，研究能力体现在很多环节上。一是，资料的取舍和排布。写论文，没有资料，脑子里是空的；资料多了，脑子里是乱的。用哪些资料，不用哪些资料，什么资料用在什么地方，这些都颇费思量。二是，框架如何搭构、章节怎样安排、前后如何衔接，这些都需要逻辑思维能力。三是，思路如何展开、问题怎样论证，这些问题的解决又需要分析、推理能力。

4. 文字能力。在论文写作中，深邃的思想、新颖的观点，最终要用文字来表达，且论文要求逻辑严谨、用词准确、语言简练和行文流畅，因此，文字功夫是对作者的一个重要要求。

在上述四种能力中，论文的立论正确解决言之成理的问题，获取资料的能力解决言之有物的问题，研究能力则解决言之有序的问题。

## 9.1 摘要

摘要是以提供文献内容梗概为目的，不加评论和补充解释，简明、确切地记述文献重要内容的短文，让读者不阅读全文就能了解论文的基本内容，以判断有无必要阅读全文，也可供二次文摘采用。

### 9.1.1 摘要的基本要素

(1) 目的：研究、研制、调查的前提、目的和任务所涉及的主题范围。
(2) 方法：所用的原理、理论、条件、对象、材料、工艺、结构、手段、装备、程序等。
(3) 结果：实验和研究的数据、结果、被确定的关系、观察结果、得到的效果、性能等。
(4) 结论：结果的分析、研究、比较、评价、应用，提出的问题，今后的课题，假设、启发、建议、预测等。
(5) 其他：不属于研究、研制、调查的主要目的，但就其见识和情报价值而言，也是重要的信息。

### 9.1.2 摘要的特点

摘要拥有与文献同等量的主要信息。摘要撰写总体要求：语言精练、术语规范、逻辑清晰、表述准确、独立成篇。
(1) 摘要的内容包括研究的目的和意义、方法和过程、结果和结论。
(2) 摘要应具有独立性和自明性，应是一篇完整的短文，篇幅以 200~300 字为宜。
(3) 摘要中的内容应在正文中出现，不能对正文进行补充和修改。
(4) 摘要中不用图、表、非公用共知的符号和术语，不能引用文献；缩写名称在第一次出现时要有全称(包括中文和英文)。

论文写作的最终目的是要被人利用，如果摘要写得不好，在当今信息激增的时代，论文进入文摘、杂志、检索数据库后，被人阅读、引用的机会就会少得多，甚至丧失，一篇论文价值很高，创新内容很多，若摘要写得不够好，也就失去较多的读者。

### 9.1.3 摘要的类型

摘要质量的高低，直接影响论文的被利用情况。按摘要的不同功能划分，大致有如下 3 种类型：

(1) 报道性摘要。报道性摘要是指明一次文献的主题范围及内容梗概的简明摘要，相当于简介。报道性摘要一般用来反映论文的目的、方法及主要结果与结论，在有限的字数内向读者提供尽可能多的定性或定量的信息。

论文多选用报道性摘要，用比其他类型摘要字数稍多的篇幅，向读者介绍论文的主要内容，以"摘录要点"的形式报道作者的主要研究成果和比较完整的定量及定性的信息，篇幅以 300 字左右为宜。

(2) 指示性摘要。指示性摘要是指明一次文献的论题及取得的成果的性质和水平的摘要，其目的是使读者对该研究的主要内容(即作者做了什么工作)有一个轮廓性的了解。

创新内容较少的论文，其摘要可写成指示性摘要，一般适用于学术性期刊的简报、问题讨论等栏目以及技术性期刊等只概括地介绍论文的论题，使读者对论文的主要内容有大致的了解，篇幅以 100 字左右为宜。

(3) 报道-指示性摘要。报道-指示性摘要是以报道性摘要的形式表述论文中价值最高的那部分内容，其余部分则以指示性摘要形式表达，篇幅以 100～200 字为宜。

### 9.1.4 编写摘要的注意事项

(1) 摘要一般应说明研究工作的目的、试验方法、结果和最终结论等，而且重点是结果和结论。采用第三人称的写法，不必使用"本文""作者"等作为主语。

(2) 摘要中有数据、有结论，是一篇完整的短文，可以独立使用或引用，也可以推广。

(3) 结构严谨，表达简明，语义确切。摘要先写什么，后写什么，要按逻辑顺序来安排。句子之间要上下连贯，互相呼应。慎用长句，句型要力求简单。每句话要表意明白，无空泛、笼统、含混之词。

(4) 缩略语、略称、代号，除了相近专业的读者能清楚理解的以外，在首次出现时必须要加以说明。

(5) 英文题名以短语为主要形式，尤以名词短语最常见，即题名基本上有 1 个或几个名称加上其前缀和(或)后置定语构成。短语型题名要确定好中心词，再进行前后修饰。各个词的顺序很重要，词序不当，会导致表达不准。

(6) 中文摘要一般不宜超过 200～300 字；外文摘要不宜超过 250 个实词。如遇特殊需要，字数可以略多。

### 9.1.5 摘要的写作误区

(1) 摘要过于简单，未真实反映论文观点。有的学术论文，创新内容很多，但摘要却过于简单，甚至不分主次，本末倒置，一语带过，导致摘要无法真实反映论文观点。

(2) 摘要过于复杂，不能凸显论文观点。有的论文摘要内容写得过多，使读者看了不知所云，不能凸显论文观点；有的论文摘要铺垫过长，将无关紧要的文字植入其中，内容空泛、言之无物。对于这类摘要应去掉常识性内容，开门见山地直陈论文观点，在最简约的字数内把论文观点呈现出来，使读者一目了然。

(3) 摘要与提要混淆。从内容上看，摘要是原文献的浓缩，它的信息量与原文等值。提要的内容则比摘要更广泛，即反映原文献的内容信息，对原文献进行评价，介绍研究的背景，或对文章进行评价等。从写作目的上看，摘要的主要目的在于向读者客观呈现论文的观点或创新点，方便读者判断是否有再读原文的必要。而提要主要目的是向读者展示文章的主要内容、社会作用与价值等，起提示、推荐作用。

(4) 摘要语言表达欠妥当。语言表达欠妥当主要表现在几个方面：第一，摘要中加入主观性过强或过于夸大的结论，如"国内首创""填补了空白""首次报道了"等夸大性评价。这类评价给人以自吹自擂之嫌，还看出作者学术作风不严谨、不谦虚。第二，摘要中出现"本文""本研究""笔者"等做主语，这是由摘要必须客观报道文献内容，不加评论性文字的基本特点决定的。摘要本来就是反映这篇论文观点的，所以无须再注明"本文"；观点也就是作者本人的，无须再用"笔者"。第三，在撰写摘要时，有的作者过多使用抒情式的语言，如疑问句、感叹句或文学描写性语言；学术论文需要严谨的学术态度，摘要必须以严肃的态度，客观、公正地反映论文的观点，彰显其学术性，不能进行描写或抒情。

【思考题 9-1】你认为下面论文中摘要的编写是否规范？为什么？

《阅读推广活动评价指标体系构建》一文编写的摘要为"[目的/意义]通过较为科学和系统地构建阅读推广活动评价指标体系，提高阅读推广活动的绩效。[方法/过程]比较国内相关文献提出的阅读推广活动评价指标、全民阅读体系及其指标，分析单个、单位和区域阅读推广活动的过程及其要素。[结果/结论]初步提出基于公共项目视角的阅读推广活动评价指标体系，共有 6 个一级指标：管理绩效、技术绩效、经济绩效、社会绩效、生态环境绩效、可持续发展绩效，以及 19 个二级指标，92 个三级指标。这些指标有待进一步实证和校正。"

**解决思路：**根据摘要的基本要素、特点、注意事项、写作误区等内容进行分析。

## 9.2 关键词

关键词作为论文的文献检索标识，是为了配合文献标引工作而从论文标题和正文中选取的能够表达全文主题信息的单词或术语。

### 9.2.1 关键词的作用

关键词对编制检索工具和文献检索有重要作用，一方面，关键词体现论文的核心内容；另一方面，通过关键词可以查到该论文。论文关键词标引质量的高低将直接影响论文的检索效率，进而影响其有效传播和高效利用。

### 9.2.2 关键词标引的执行标准

论文的作者是论文关键词的提供者，关键词选取不当，主要是作者对论文关键词的标引规则和方法掌握不够，换句话说，对论文关键词标引的标准了解较少。《中国高等学校自然科学学报编排规范》《中国高等学校社会科学学报编排规范》等对论文关键词标引的原则有明确要求，可自行查找阅读。

### 9.2.3 如何正确标引关键词

关键词的标引具有专指性，即一个词只能表达一个主题概念。关键词的标引是一项专业性很强的技巧性工作，既要求从思想上高度重视，又要掌握一定的原则和方法技巧，注意克服标引工作中的常见问题，积极探索标引规律，不断提高标引质量。

(1) 直接选取，属于原文中使用的自然语言，一般不经过处理。关键词首先从论文题名中抽取，当题名无法满足要求时再从摘要中抽取，必要时还要浏览全文，从正文中摘录抽取，以免造成漏标，遗漏重要信息。

(2) 除专用名词外，关键词应是词典中能查到的词，不能自造，能够表达原文的主题内容。关键词的选择要尽量依据《汉语主题词表》等词表类大型工具书以及各学科专业性词典，词语专业性和通用性要强，具有实际检索意义，注意避免选择泛化现象，否则达不到检索目的。

(3) 关键词少用非公知的缩略语，一般用名词或名词词组形式，不包括冠词、介词、连词、感叹词、代词、副词、形容词、动词，不包括通用词(如理论、报告、分析、方法、特点、目的等)以及一些使用频率较高的词。

(4) 关键词标引的数量(即标引深度)根据内容需要而定，一般以 3~8 个为宜，之间用分号隔开。关键词太少不能完全描述文献主题，太多则造成过度标引，关键词的多少依文献的研究内容而定，在主题内容和检索效率之间求平衡。

(5) 关键词的排序应有一定的逻辑组合关系和层次性，按词条的外延层次从小到大排列，要求首标词能揭示研究的主体对象及所属的学科范畴。关键词的标引层次顺序为：研究对象—研究类别—研究路径—研究结果。

(6) 英文关键词要与中文关键词一一对应，即在数量上相符，在排序上一致，同时注意尽可能不用英文缩写，英文关键词的正斜体、大小写及标点符号(如英文中无书名号)等书写规则。

## 9.2.4 标引关键词常见的问题

论文关键词中经常会出现词义模糊宽泛、专指性差、检索价值不大的"不关键词"，这与关键词标引的专指性基本原则相背离，会降低论文的检索效率，进而影响论文的有效传播。论文关键词存在标引不当的问题，主要表现为标引的关键词不能准确反映论文主题、专指性不强、排列顺序的逻辑关系混乱、用词不规范等。例如，①没有实质的检索意义；②漏标。包括研究范围的漏标、研究时间跨度的漏标、著名人物的漏标、研究区域的漏标等；③误标；④过度标引。

【思考题 9-2】自己假设一个关键词，检验能否快速查找到自己想看的学术论文？

**解决思路**：以想查找"微信"方面的学术论文为例，2020 年 10 月 22 日，在"中国学术期刊(网络版)"进行搜索，如图 9-1 所示，共检索到 9406 条相关结果。可见，以"微信"为关键词不容易找到自己想要的学术论文，需进一步细化。

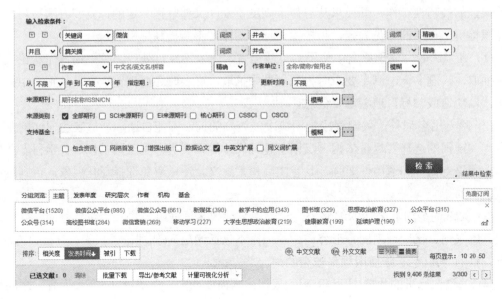

图 9-1  中国学术期刊(网络版)检索结果

## 9.3 综述

综述是对一定时间范围内某一学科或专题的原始文献中有价值的内容进行系统、全面的综合性分析与研究后,深入归纳整理出来的一种学术性文章。它能使读者以较少的精力、较短的时间对某一方面的研究状况建立起较为完整、明确、清晰的轮廓,使其概括性地了解某领域研究的内容、意义、历史、现状、发展水平和趋势。

### 9.3.1 综述的特点

综述能系统全面地反映某学科、专业的研究动态和发展水平,包含的信息量极大,是了解专业领域研究现状、水平和动向的有效工具。

(1) 客观。综述忠实地反映原始文献的基本内容,只对其观点、情况、数据进行客观的归纳、整理,并准确表述。

(2) 全面。对于所综述的学科或专业的有关资料,特别是重要的和最新的资料,都会尽量收集全。同时综述还提供大量的数据和文献线索,为读者展示有关课题的全面信息。

(3) 新颖。综述一般侧重于反映某一学科、课题或产品的最新情况。综述时效性较强,很多年鉴、期刊中都有年度进展、年度回顾等综述性文章。

(4) 具体。综述的选题比较具体,所论述的内容相对集中,这样才能将综述的选题论述清楚,选题太大,很难把握全貌。

### 9.3.2 综述的种类

(1) 叙述性综述。是指对某一专题的大量文献所探讨的问题进行综合分析后编写而成的一种综述。它要广泛搜集有关这一专题的各种文献，进行系统的整理、罗列、压缩和综合，从中提取主要内容和研究成果，并给以概括性叙述。这种综述一般客观地反映原始文献中的学术观点和见解，但不深入分析内容的得失。

(2) 事实性综述。是指对某一专题文献中的事实性资料进行系统的排比，并附以其他资料的一种综述。

(3) 评论性综述。是指对某一专题文献进行全面深入的分析和研究，并进行论证评价的一种综述。其特点在于"评"。

(4) 预测性综述。是指对某一课题的有关文献进行科学的分析与综合，并对未来的发展趋势提出预测的一种综述。

### 9.3.3 综述的作用

一篇好的综述要有机地整合相关领域的不同的研究成果，通常会评价研究结果，指出这些研究结果的异同，研究结果是否具有代表性，还有哪些遗留问题没有得到有效地解决等。综述在分析、总结最新研究成果的基础上，为今后的研究指明方向，提出合理化建议。

(1) 为读者提供综合信息。综述可以节省读者(用户)查找和阅读专业文献的时间和精力，帮助读者了解学科、专业的发展历程和研究动向，以此作为参考来协助自己的各项工作。一篇好的综述表明作者熟知某一知识领域，由此而建立起当前研究的可信度和可靠性。通过综述，读者可以了解到作者熟知某一研究领域的主要问题，使读者对作者的研究能力、研究背景产生信心，从而促使读者有信心阅读该研究论文。

(2) 报道最新研究成果。综述展示了前期相关研究与当前研究之间的关系。一篇好的综述通常会为读者勾勒出某一问题研究的发展历程，将研究的起源、发展和现状展现在读者面前，将当前研究置于一个相关的大的研究背景之中。因此，综述不但能为读者提供综合、全面、系统的有关信息，还是读者获取最新情报的有效工具。

(3) 为决策和规划提供依据。综述，尤其是报道动态信息的综述，汇集了某领域、某行业、某地区等的综合信息。一篇好的综述很好地总结和整合了他人的研究成果，有大量的科学预测，且从形式到内容都简明易读。综述往往会指出前期研究中存在的问题和不足，并建议新的研究方向，读者由此可能会为自己的研究找到突破口。因此，综述极易为决策者所接受，成为决策的参考或依据。

### 9.3.4 综述的意义

对大学生而言，综述还有以下特殊的意义。

(1) 为学位论文的研究寻求有力的论证依据。综述是跟踪和吸收国内外学术思想和研究的最新成就，了解科学研究前沿动向并获得新情报信息的有效途径，有助于掌握国内外最新的理论、手段和研究方法。从已有的研究中得到的启发，不仅可以找到论文深入研究的新方法、新线索，使相关的概念、理论具体化，而且可以为科学地论证自己的观点提供丰富的、有说服力的事实和数据资料，使研究结论建立在可靠的材料基础上。

(2) 避免重复劳动，提高研究的意义和价值。"科学工作者应把人类历史上尚未提出的或尚未解决的问题作为科研的选题。从事这种研究才是真正有意义的科学研究。"综述的作用就在于充分占有已有的研究材料，避免重提前人已经解决的问题，重做前人已有的研究，重犯前人已经犯过的错误。因此，大学生在确定学位论文选题之前一定要做好综述研究，提高研究的意义和价值。

(3) 综述是大学生学位论文的重要组成部分。作为大学生学位论文的重要章节，综述的作用在于介绍研究的现状，阐明选题设计的依据、研究的目的和意义，提出选题的创新之处。这样，既能反映选题的科学性、创新性和应用性，又可以使评审专家充分了解论文研究的价值，判断大学生掌握知识面的深度和广度，保证论文评审获得好的成绩。

### 9.3.5 综述的撰写步骤

在综述中，"现有研究的基础"体现在"综"上。通过梳理和分析，可以全面了解相关领域的研究现状，预测后续研究成功的可能性。"问题、不足和发展趋势"体现在"述"上，是综述撰写者结合自己的学术观点进行的反思与发现。

#### 1. 选题

根据不同的研究目的和需要，综述的选题会有不同的思路。作者可以根据自身的兴趣或研究的需要而定，也可以根据所占有的资料的质和量而定。选题既不能太大，又不能太小，选题过大，可能会由于作者自身知识结构、时间、精力等因素所限而难于驾驭；选题太小，难于发现各事物之间的有机联系。

选题要反映学科的新成果、新动向，选题是否合理决定着综述撰写的意义和价值。选题原则上应选择在理论和实践中具有重要意义的学科专题进行论述。围绕专题所涉及的各个方面，在综合分析和评价已有资料基础上提出其演变规律和趋势，即掌握其内在的精髓，深入专题研究的本质，论述其发展前景。

在选定某个具体的综述题目时，作者需要认真考虑撰写的难度问题。一方面，难度大价值也大，发表的机会相应也多；另一方面，撰写难度要与本人的能力相适应。有些热点难点问题虽然受到较多的关注，但是众说纷纭，归纳整理并不容易。有时看似填补了一个情报研究的空白点，其实撰写难度相当大，未能充分考虑自己是否力所能及。

对大学生而言，综述研究的直接目的在于分析掌握研究现状的基础上，确定学位论文的选题。

(1) 从对现有研究缺陷的分析中寻找问题。现有研究的缺陷可能是方法论的局限性、理论基础的片面性，也可能是研究设计的不足或研究方法运用的不当等，这些缺陷必然会影响研究结论的正确性和普遍性。

(2) 可以通过对不同甚至是矛盾观点的比较寻找问题。观点的不同可能是研究视角或方法的不同造成的，"没有一种研究方法能揭示一切"，任何单一的视角或方法所看到的都可能只是事物真相的一面，大学生可以从对矛盾观点的比较分析中得到启示。

(3) 大学生可以结合自己的思考或实践经验，寻找那些尚未引起研究者注意的问题。

(4) 可以尝试运用其他学科的理论或方法研究问题。"求助于若干最有关系的学科和它们所提出与运用的一些观点，有很大好处。"单一的视角或研究方法"就像戏院里的聚光灯，当用强烈光线照射舞台前方的某些部位时，就把大家的注意力集中在这些部位上，同时把其他特征降到背景和边缘的地位"；而多学科的视角或方法"就像所有灯光都照射在舞台上，人们的目光在整个舞台前后漫游"。将新的学科或方法引入某一领域的研究，用不同角度的"聚光灯"照亮研究对象的"某些部位"，有助于拓展研究的思路与视野，全面认识研究对象。

### 2. 收集文献

确定选题后，要着手收集与选题相关的文献。引用文献资料的覆盖面广、概括性强是综述的基本特点，充分阅读文献是写好综述的基础和前提。

收集文献可以是手工检索，即将自己阅读专业期刊上的相关文献做成读书笔记卡片，也可以用计算机检索的方法，通过各种检索工具、论文期刊检索获得，也可以从综述性文章、著作等的参考文献中查到有关的文献目录。

收集文献时，要采取由近及远的方法，找最前沿的研究成果，因为这些成果常常包括前期成果的概述和参考资料，可以使人快速了解到某一研究问题的现状。

### 3. 拟定提纲

在收集了相关文献之后，大致浏览阅读一遍，确定是否将它们包括在综述中。接着对浏览过的资料进行综合研究，通过对比分析、分类归纳、排除重复、突出重点、层层推进，建立起符合综述内容要求的联系，在此基础上，拟定综述的提纲，准备撰写。

综述撰写者要以自己的观点来统帅材料，使一条条分散的、杂乱无章的文献片段材料变成脉络清晰、观点明确、论证严密、论据充分的逻辑化知识集合。综述提纲要缜密，条理清楚，紧扣主题。

### 4. 撰写综述

综述一般包括：课题研究的目的及要解决的主要问题；课题研究的主要方法、手段和过程；课题领域的发展情况分析；各种代表性观点及状况评述；有关数据和情况；解决有关问题的可供选择的建议和方案；课题研究达到的水平、发展的趋势和可能出现的问题及对策等。在内容上一般是先概述课题的研究现状和发展水平，再评述现有观点和水平，最后是发展趋势和建议。

撰写综述时，撰写者应通过归纳概括，对各种观点兼容并蓄，切忌大段摘抄原文而使综述成为论文观点的罗列和情况汇集。同时一定要尽可能使读者一目了然地看到所论专题研究的演变过程、现状、各个局部及全貌，包括所形成的各种学派、代表人物、代表作品、主要观点，以及在诸多观点中，哪些是相同、相近和相互补充的，哪些是对立、分歧的，其分歧的焦点、热点和重点在哪里，还有什么空白点和难点需要填补和突破，研究发展走向和趋势如何等。撰写者的立足点要高，要力求把学术界具有一定代表性、具有指导和借鉴价值的观点客观、真实、公正地提炼出来。

在综述的撰写过程中，引用文献切忌断章取义，概括原文意思也要准确无误，标注引文出处更要核准无误,并按国家标准实行标准化著录。综述的语言文字要规范严密,简洁有力,要有鲜明的学术色彩,同时又要注意针对读者对象的不同而采取不同的叙述方式,使综述具有一定的可读性,以免影响其利用率。

### 9.3.6 撰写综述时常见的问题

(1) 文献搜集不全,遗漏重要观点。有些大学生由于资料搜集范围或方法不当,未能将有代表性的资料完全纳入研究的范围,或仅仅根据自己的喜好选择材料。其结果便是不能系统全面地把握研究现状,或片面理解他人研究结果,从而盲目地认为某问题或领域尚未被研究,使得自己的研究变成一种重复性的劳动。

(2) 文献阅读不深入,简单罗列,"综"而不"述"。撰写综述必须充分理解已有的研究观点,并用合理的逻辑(时间顺序,观点的内在逻辑、相似程度等)将它们准确地表述出来。如果综述仅仅是将前人的观点罗列出来而未进行系统分类、归纳和提炼,那么内容就会十分杂乱,缺乏内在的逻辑。这样不利于厘清已有研究结果之间的关系,难以认清某问题研究的发展脉络、深入程度、存在的问题等,更不必说走到问题研究的前沿了。

(3) 个人观点在综述中占主体。有些大学生在综述中对研究现状的梳理和介绍只是一笔带过,用大量的篇幅进行评述,进而提出自己的研究设想,结果将综述写成了评论或研究计划。综述主要是梳理相关学科领域的研究现状及动态,厘清研究现状进展与困境,为后续的研究提供参考。因此,综述的重点在于"综",即其主要部分应是对前人观点的客观阐释和分析;个人观点,即适当"述",可以起到点睛式的评论或启示的作用,但不应是主体。

另外,综述提炼的观点必须以原始文献为依据,不能把观点强加给原作者;如果有不同的观点,可对原作者的观点进行评议,但论据必须充分,并能使读者分清哪些是原作者的观点,哪些是综述者本人的观点,不能混杂在一起。

(4) 避重就轻,故意突出自己研究的重要性。大学生写综述的目的是寻找学位论文研究的切入点和突破点。有些大学生在综述完成后,还是难以发现问题,便认为该领域已经无问题可以研究,为了完成论文便故意在综述中漏掉或弱化某些研究成果,或者放大已有研究的不足,以便突出自己研究的价值和意义。这样做的结果只能是重复研究。其实,未能发现问题的原因是多方面的。可能是自身的学术积累不够或思考不深入;可能是选题不当,过大或过小;也可能是学科发展处于"高原阶段"。但未能发现问题不等于没有问题,更不能随便拿一个研究过的问题敷衍了事。如果是自身原因,大学生应该在老师的指导下努力提高自身的水平,静下来认真深入思考,完成选题;如果是学科发展的问题,则可以尝试通过开辟新领域、使用新方法、提供新材料等方式完成选题。

一个人的智慧总是有限的,大学生通过撰写综述,对不同研究视角、方法,不同研究设计,特别是不同观点进行分析、比较、批判与反思,可以深入了解各种研究的思路、优点和不足,在掌握研究现状的基础上寻找论文选题的切入点和突破点,使自己的研究真正地"站在巨人的肩膀上"。通过学习、鉴别、汲取前人的研究成果,了解历史的经验,认识存在的问题,明确前进的方向,提高研究的效率和质量。

## 9.3.7 综述文章退稿的原因

(1) 译文式。由几篇外国文献翻译拼凑而成。很多词语中、西混杂，文法更不合中国人的习惯，看不懂，读不通，有些内容连作者自己也没弄明白。

(2) 读书笔记式。读几本书，抽出自认为重要的词句，摘抄下来，排列组合而成。其各部分平摆浮搁、交叉重叠、缺乏有机的联系。

(3) 选题不当。没有找到前沿的、热点的关键问题，知识陈旧，内容过时。

(4) 缺乏自己的相关研究及学术观点。不交代自己的工作与文章有何关联，不分辨各种观点的对错，不论述自己的看法。

具有前瞻性、引导性的综述论文，必须有好的选题，必须经过作者的思考、分析和归纳，必须包含作者已做过或正在进行的相关工作。将别人的综述文章改头换面变成自己的，这是最不可取的。作者应选择在学术上有重要意义的议题，通过综合分析已有的文献资料，提出其内在精髓和演变规律，指出其发展前景，使读者对该议题的过去、现在和将来有一个全面的认识。总之，要让读者看了受启发、有帮助、有收获。

综述性文章的参考文献不必太多，但一定要新、要全面，也不要只谈国际，忽略或只字不提国内有关研究现状。文献最好参考近5年在国内外核心学术期刊上正式发表的研究论文。

**【思考题9-3】** 在综述类论文的撰写中如何兼顾创新性与可行性。
**解题思路：** 从科学性、创造性、实用性等方面的特点进行综合思考。

# 9.4 学位论文的写作规范

学位论文是表明作者从事科学研究取得创造性的结果或有了新的见解，并以此为内容撰写而成，作为提出申请授予相应的学位时评审用的学术论文。根据相关编写格式、规则，学位论文的相关格式和要求如下。

## 9.4.1 内容要求

学位论文的内容一般由以下部分组成，依次为：封面；英文封面；学位论文原创性声明；学位论文使用授权声明；摘要；英文摘要；目录；图和附表清单；符号说明；正文；注释；参考文献；附录；个人简历、在学期间发表的学术论文及研究成果；致谢等。

## 9.4.2 格式要求

学位论文每部分一级标题从新的一页开始，各部分要求如下。

### 1. 封面

封面是学位论文的外表面，对论文起装潢和保护作用，并提供相关的信息，主要有学校代码，学号或申请号，密级，论文题目，培养院系，学科门类、专业名称、专业学位名称，导师姓名(职称)，完成时间等。

### 2. 英文封面

按照中文封面格式在封面相应位置填写英文名称，含中文封面的主要内容。

### 3. 学位论文原创性声明

本部分内容一般学校会有固定格式，提交时学位论文作者须亲笔签名。

### 4. 学位论文使用授权声明

本部分内容一般学校会有固定格式，提交时学位论文作者须亲笔签名。

### 5. 摘要

摘要应概括地反映本论文的主要内容，具有独立性和自创性，包括研究工作目的、方法、结果和结论，要突出本论文的创造性成果。

### 6. 英文摘要

英文摘要与中文摘要相对应，应注意外文大小写、正斜体书写符合有关要求。

### 7. 目录

目录应将文内的章节标题依次排列。

### 8. 图和附表清单

图表较多时使用。图的清单应有序号、图题和页码。表的清单应有序号、表题和页码。

### 9. 符号说明

如果论文中使用了大量的符号、标志、缩略词、首字母缩写、专门计量单位、自定义名词和术语等，应编写成注释说明汇集表。若上述符号使用数量不多，可以不设此部分，但必须在论文中出现时加以说明。

### 10. 正文

正文是学位论文的主体和核心部分，每一章一级标题应另起页，一般包括以下几个方面。

(1) 引言：包括研究的目的和意义、问题的提出、选题的背景、文献综述、研究方法、论文结构安排等。

(2) 各具体章节：各章之间互相关联，符合逻辑顺序。

(3) 结论：是学位论文最终和总体的结论，应包括论文的核心观点，交代研究工作的局限，提出未来工作的意见或建议。

### 11. 注释

当论文中的字、词或短语，需要进一步加以说明，而又没有具体的文献来源时，用注释。注释一般在社会科学中用得较多。应控制论文中的注释数量，不宜过多。由于论文篇幅较长，建议采用文中编号加"脚注"的方式。

#### 12. 参考文献

参考文献是文中引用的有具体文字来源的文献集合。参考文献中列出的一般应限于作者直接阅读过的、最主要的、发表在正式出版物上的文献。参考文献应按文中引用出现的顺序排列。

#### 13. 附录

有些材料编入文章主体会有损于编排的条理性和逻辑性，或有碍于文章结构的紧凑和突出主题思想等，可将这些材料作为附录编排于全文的末尾。

附录的序号用 A、B……表示，如附录 A、附录 B……。附录中的公式、图和表的编号分别用 A1、A2……表示；图 A1、图 A2……表示；表 A1、表 A2……表示。

#### 14. 个人简历、在学期间发表的学术论文及研究成果

个人简历包括出生年月日、获得学士、硕士学位的学校、时间等；学术论文研究成果按发表的时间顺序列出；研究成果可以是在学期间参加的研究项目、申请的专利或获奖情况等。

#### 15. 致谢

致谢是作者对该论文的形成作过贡献的组织或个人及参考文献的作者予以感谢的文字记载，语言要诚恳、恰当、简短。

此外，读者可以检索、学习《学位论文编写规则》(GB/T 7713.1—2006)的内容，了解学位论文的编写规则。

**【思考题 9-4】** 下载一篇学位论文，仔细阅读并分析内容和格式是否规范。
**解决思路：** 根据《学位论文编写规则》(GB/T 7713.1—2006)和所学的内容进行分析。

## 9.5 学术道德规范

学术道德规范主要是指科学共同体内形成并得到广泛认可的学术活动中应遵守的基本伦理道德规范的综合体。如果仅就大学生学习和研究过程中需要遵循的道德规范，可以视之为狭义的学术道德规范。

### 9.5.1 大学生学术道德规范的三个层次

从制定规范的不同主体来看，大学生学术道德规范可以分为三个层次。第一，国家相关法律规定，如著作权法、专利法、计算机软件保护条例等。这些法律对科学研究活动中的违法行为有较清晰的界定，以法律的形式确定在科学研究活动中的"可为与不可为"。

第二,各大学生培养单位制定的关于大学生学术道德规范的条例和规定。第三,科学界共同遵守的科学道德规范。

### 9.5.2 大学生学术道德不规范行为

大学生学术道德不规范行为,是大学生学术道德问题的一种突出表现形式。

#### 1. 科研过程中的不规范行为

科研过程中的不规范行为主要是指在立项、实施、评审研究项目或者报告研究结论等过程中存在的不规范行为。主要包括以下方面:

(1) 申报信息不实。为了顺利申报科研项目或者课题,谎报自己的个人信息,包括年龄、学历、科研成果等方面。

(2) 编造数据。在没有实际参与科研的情况下,或在科研过程中遇到困难时,随意编造数据来支撑科研项目或课题结论。

(3) 夸大科研成果价值。在没有达到预期目标的情况下,对外宣称自己取得了显著的科研成果,达到了预期经济效益和社会价值。

#### 2. 论文写作的不规范行为

论文写作包括学位论文写作和学术论文写作,大学生论文写作的不规范行为主要表现在以下方面:

(1) 抄袭严重。在论文写作过程中大量抄袭他人作品。

(2) 伪造数据。在数据、内容都没有一定的科学依据,更没有进行论证的情况下,就形成自己所谓的"研究成果"。

(3) 剽窃。把前人的研究成果,包括原理、模型、数据甚至结论,直接拿来当作自己的,这是严重的剽窃行为。

(4) 雇佣或充当枪手。花金钱雇人代写论文,或充当别人的枪手,只要有报酬,就代替别人写论文。

#### 3. 学术诚信方面的不规范行为

学术诚信方面的不规范行为主要有以下方面:

(1) 引用别人数据或者观点不标注出处。在撰写论文过程中,引用前人不少的数据或者结论,却故意不标注参考文献。

(2) 把别人在论文中表达的意思改头换面,有意隐藏别人的结论,甚至把别人论文的结论变成自己的。

(3) 随意标注参考文献。在写论文时,没有阅读或者搜集文献和资料,随意找几篇文章作标注。

(4) 随意署名。为了使自己的论文能够较快地发表,在没经过他人(如知名人士或导师)同意的情况下署名投稿。

### 9.5.3 案例学习

根据以下相关信息,请检索并阅读该图书中的相关案例。

书名:《研究生学术道德案例教育百例》

作者:复旦大学研究生院 编

ISBN:978-7-309-13749-1/G.1862

出版日期:2018年7月

**【思考题 9-5】** 根据大学生学术道德规范的相关条例和规定,思考如何遵守并避免学术道德不规范行为的发生。

**解决思路:** 首先,通过网络搜索校外、校内关于大学生学术道德规范的相关条例和规定并进行阅读;其次,结合大学生学术道德的不规范行为进行思考分析。

## 小 结

信息写作,是对现有研究不足的弥补或突破,任何研究课题的确立,都要充分考虑到现有的研究基础、存在的问题和不足、研究的趋势以及在现有研究的基础上继续深入的可能性。对大学生来说,查阅大量的参考文献、整合别人的研究成果、表达自己的观点、按照格式进行撰写,这是信息写作的步骤。当然,在实际的写作过程中,一方面,要按照本章介绍的信息写作的要求进行撰写,另一方面,为了做到有理有据,还需要通过对多次的实验结果进行比较分析、田野调查、相关访谈等,获得扎实的数据支撑。总之,信息写作是一个学习、思考、调研、写作的过程,是一个日积月累的过程。

## 思考练习

1. 结合摘要的特点、注意事项、写作误区等内容,分析下列论文中摘要的编写是否规范?

(1)《计算机病毒及其防治》一文编写的摘要为"阐述了计算机病毒采取的保护技术及其发展趋势,提出了两种防治计算机病毒的方法。"

(2)《基于 Android 平台的高校图书馆座位预约系统的设计》一文编写的摘要为"针对传统图书馆座位管理中存在的问题,以 Android 为移动端平台,对高校图书馆座位预约系统进行业务流程、功能模块设计,并对系统性能进行分析。系统在实际应用中运行效果符合设计要求,从而解决了困扰图书馆的'占座'问题,提高了座位的利用率。"

(3)《网络环境下数字遗产的继承问题研究》一文编写的摘要为"数字遗产包括互联网上的账号、密码、文字、声音、图片、影像、虚拟货币、游戏装备等。这些投入了大量的时间、精力甚至金钱的虚拟财产在拥有者去世后会不会像现实中的财产一样由亲人继承,目前还没有一个明确的答案。该文阐释了数字遗产的概念、类型和特征,分析了数字遗产继承的必要性、讨论了数字遗产继承的现状及存在的问题,提出了当前数字遗产继承的方法。"

2. 结合如何正确标引关键词、标引关键词常见的问题等内容,分析下列论文中关键词的标引是否规范?

(1)《计算机病毒及其防治》一文标引的关键词为"计算机病毒;病毒防治;计算机安全"。

(2)《基于 Android 平台的高校图书馆座位预约系统的设计》一文标引的关键词为"Android;座位预约;功能模块;系统性能"。

(3)《网络环境下数字遗产的继承问题研究》一文标引的关键词为"QQ;数字遗产;数字财产;虚拟财产;遗产继承"。

3. 下载一篇综述类论文,根据综述的特点、常见问题、退稿原因等内容分析综述的撰写是否规范。

4. 检索并阅读本校对学位论文写作规范的要求。

5. 检索并阅读"国务院学位委员会关于在学位授予工作中加强学术道德和学术规范建设的意见"及本校对大学生学术道德规范的相关条例和规定。

# 第10章　展望篇：信息素养教育趋势

　　信息素养教育是培养大学生终身学习能力的重要手段，是保障他们具有适应高度信息化社会，具有竞争能力和创新能力的必然要求。随着网络和信息通信技术的迅猛发展，为信息素养教育提供了更多软硬件保障和条件支持。同时，在"全民阅读"的大背景下，教育的主体开始趋向泛化和多元化，信息素养教育的模式和手段亟须创新和变革。本章将从大数据、人工智能、阅读三个角度剖析与探讨信息素养教育的新理念、新技术、新方法。

　　【场景】随着互联网与通信技术的飞速发展，"互联网+社会服务"将成为行业应用的新常态，用户信息素养的培养也将更加注重数据素养、媒体素养、网络素养、学术素养等素养，你在日常的课题研究与学术活动中，是否能够准确区分数据素养与学术素养；是否能够准确区分媒体素养与网络素养？大数据、人工智能技术的应用以及阅读活动的多元化开展，是否使你的学术科研活动更加便捷与专业？对于上述问题的考虑，将在很大程度上帮助你掌握大数据、人工智能、阅读三者给信息素养培养带来的机遇与挑战。

## 10.1　大数据与信息素养

　　大数据时代，数据被淹没在各种来源和形式的信息里，如何利用大数据对用户的信息素养提出了新要求。同时，大数据环境下用户信息行为呈现出对搜索引擎的依赖。用户习惯于简单易用的搜索引擎，却忽视了其他各类专业信息技术工具、数据库和高级检索模式的运用，以致很难获得全面准确的信息。面对这些问题，如何选择有效的途径来提升用户的信息素养成为当务之急。

### 10.1.1　大数据与信息素养的时代背景

#### 1. 大数据的概念及其发展

　　大数据越来越被各行各业重视和运用，已经成为人们研究的热点。"它是指大小超出了典型数据库软件工具的收集、储存、管理和分析能力的数据集"。大数据时代的到来，对用户来说既是机遇也是挑战。在信息爆炸的时代，人们在信息流动市场的要求下，在入学、购物、登录账号等各种日常生活中都要提交个人信息，形成大数据。如果这些个人信息遭到不当的收集，将会造成信息灾难，给用户带来不可预计的生命财产损失。因此，对个人信息隐私的保护已经刻不容缓，用户信息素养的提高不容忽视。

　　随着社会信息化程度的不断提高，用户处理信息的方式也发生了变化。数字化时代，人们获得信息的方式也由口耳相传转为网络信息检索。在大数据时代，用户缺乏的不是信息,而是如何从浩如烟海的信息中搜寻有用信息的能力。如何从繁芜无序的信息中搜索到有价值的信息成为亟待解决的研究课题。

**【思考题 10-1】** 2020 年年初新冠肺炎疫情防控期间,社区闭环管理成为重要且有效的防控手段,请思考该段时间大数据技术在疫情防控方面都发挥了哪些积极作用?

**解决思路:** 2020 年新冠肺炎疫情防控实行的是"群防群控+联防联治"模式,该防控模式需要较强的大数据技术支持,如"疫情地图""行踪扫码""生鲜电商"等;可以从自身学习和生活角度,如"网络授课""慕课平台""钉钉办公"等实践层面,思考大数据技术在疫情防控方面的具体应用。

### 2. 大数据背景下信息素养的内涵

当前,信息素养处于一种以参与技术为支撑的多种社会化媒体共同营造的大数据环境下,移动互联网、各种智能终端、社交网络技术等广泛应用于人们的日常生活、工作和学习中,彻底颠覆了传统信息语境的可靠性、稳定性,在这种虚实结合的流动信息空间中,权威性、真实性、准确性甚至知识的概念已经逐渐改变。

在大数据时代背景下,信息素养的概念和内容正在泛化,除了传统内涵外还包括媒体素养、视觉素养、数据素养、学术素养等。信息素养是一个不断发展的动态概念,大数据环境对它提出了新要求。

首先,对信息处理能力提出高要求。相对于可以用数据库二维逻辑表来表现的结构化数据,大数据环境下的海量数据,如文档文本、图片、HTML、各类报表、图像和音频、视频等信息,大多以结构化或半结构化的形式存在。随着数据生成的自动化以及生成速度的加快,需要处理的数据量也急速膨胀,类型也更加复杂多样。

其次,用户的媒体素养更加凸显。面对社交媒体和自媒体,信息素养对用户的要求更多地表现为媒体素养。社交媒体的产生,数据爆炸时代的来临,它要求用户在大众传播资源面前,具有独立意识和判断能力,对信息具有选择、质疑、评价的能力。同时面对自媒体,用户要具备制作发布信息的能力。

另外,信息素养不再局限通用层次。信息素养教育日趋普及化,已经被社会共同认定为一种素养。2005 年,联合国教科文组织,国际图书馆协会联盟和美国信息素养论坛发布了《信息社会在行动:关于信息素养与终身学习的亚历山大宣言》,宣称信息素养和终身学习是信息社会的灯塔,照亮通向发展繁荣与自由之路。2009 年 10 月,美国总统奥巴马签署"国家信息素养宣传月"的议案,指出"我们还必须学习掌握在任何情况下获取、整理和评价信息的必要技能,而非仅仅拥有数据"。2015 年 2 月,美国大学与研究图书馆协会(ACRL)发布了《高等教育信息素养框架》,以替代该组织之前制定的《高等教育信息素养能力标准》新框架,对信息素养的概念进行了重新阐释,认为信息素养是"信息的反思发现、理解信息如何生产与评价,以及利用信息创造新知识、合理参与学习社区的一组综合能力"。

**【思考题 10-2】** 从你的学科与专业角度分析,信息素养除了学术素养、媒体素养、数据素养等内涵,还应该包括哪些?

**解决思路：** 学术素养、媒体素养、数据素养是信息素养最为常见的组成部分，除了以上三种素养，是否还可以从网络、数字、视觉等角度探索信息素养更多的内涵，可以结合日常学习、科研与实习经历进行探索。

### 3. 数据素养及其培养

在大数据时代，我们的生活、工作学习中处处充斥着数据。在课题研究中的资料来源、研究方法、研究过程及结论大都是以数据的形式存在着。在庞大的数据背景下，为推动社会的发展，对数据素养也相应地提出了更高的要求。在大数据领域，数据素养已然成为研究大数据不可避免的新兴热点，数据素养已成为信息素养时代内涵中至关重要的组成部分。利用文献调查法、网络调查法，在知网、维普数据库中查看文献253篇，其中包括数据素养相关文献158篇，信息素养相关文献95篇(检索时间：2020年7月19日)。这些文献尽管对数据素养的定义各有不同，但归根结底数据素养包括三个方面：数据意识包括数据价值意识与数据安全意识；数据能力包括数据处理技能和数据应用技能；数据伦理，批判精神和数据道德是数据工作者的基本素养。另外，信息素养的侧重点在于信息的可搜寻和可利用，而数据素养的侧重点在于技术性更强的方面，如数据的生产、存储、管理与评价等。从测度体系方面而言，信息素养注重搜寻可用信息的过程和客户的反馈。数据素养更加注重对结果的评价，包括数据是否准确、是否处理妥当、是否可以得到长久保存。总体来说，数据素养衍生于信息素养，是大数据时代信息素养产生的一个新的分支，是信息素养的重要组成部分，具备信息素养的基本特点，是信息素养概念的进一步提高和深化。

全面推进并落实数据素养教育，有利于国家人才培养和大学生知识水平的提升，有利于提高大学生的数据检索能力以及信息素养能力。当代大学生在大数据时代必须具备的知识框架内容主要包括数据密集型的知识环境、数据统计与分析能力等，因此，国家将数据素养教育纳入高等教育的改革行业是非常必要的。数据素养的主要推动者是图书馆，图书馆开展了许多的讨论和实践。美国图书馆协会就曾指出：首先，图书馆工作人员是最好的数据素养教育者，例如，哈佛大学图书馆举办了图书馆馆员的"数据科学家"培训(一周一次，为期三个月)，在这一培训中，馆员自身的数据意识和数据处理能力得到提高，同时服务方式也发生了转变，使得客户的需求能够得到更好的识别；其次，图书馆可以提供最好的数据素养教育的课程，因为图书馆有大量的文献、数字资源、影像资源等，在资源管理、信息分析、数据管理方面具备一定的实际经验，在一定范围内，也可以整合数据素养较高的研究者，一同致力于数据素养教育。

## 10.1.2 大数据给用户信息素养提升带来的机遇

### 1. 海量的数据信息资源

世界经济与科技发展的全球化让我们国家的综合实力得到了提升，也拉近了我们与信息发达国家之间的差距。相对于过去较为闭塞的信息环境，我国对信息数据的开放更加成熟，特别是 BAT(B 为百度简称，A 为阿里巴巴简称，T 为腾讯简称)为代表的互联网公司的崛起。百度公司被称为中国的谷歌，数百计的国家每天都会在这个搜索引擎上试图获取自己想要的信息,每天新增数十亿字节的数据信息,处理 100PB 的数据,为使用户能精确定位到自己的网页,百度更是在引擎的能力上做足了功夫,以帮助用户尽可能快地达到目的。阿里巴巴作为金融购物平台,掌握的数据量更是如此。超过三十万台大型服务器在阿里内部运转,目前保存的数据量在近百 PB(对新浪微博的投资、对高德等的收购等行为,会进一步提高阿里巴巴可接触的数据量)。腾讯平台锁定了大量的用户群,早已占据最早的社交领域,在数据仓库存储的数据量单机群数量已经逼近五千台,并且这一数据还在以日新增 200TB 到 300TB,月增加 10% 的数据量不断增长,现在正在为 1000 个 PB 做准备。同时,随着字节跳动、美团网、滴滴出行等移动互联平台以及其他地图类、通信类、娱乐类等互联网平台的普及,包括电信、金融、保险等多个领域,都至少是海啸级别的数据载有量,我们生活在一个数据量空前的时代。

### 2. 开放的信息采集途径

过去和现在对书目、刊物的阅读索引已然无法相提并论,因为过去信息技术不够便利及其他限制,无法触及很多所需要的资源。科学技术的进步以及大数据时代的到来,让我们有机会改变自己的习惯。相较于过去烦琐的步骤而言,手机和计算机成了我们的网上图书馆,足不出户便可获取所需的大量资源。同时,书店中丰富的书目被智能化地进行了分类鉴别,更多的专业书籍被划分出来,我们不再像过去一样难以找寻资源,我们变得更高效、更有目的性地搜集信息。

再如国内高校图书馆作为一个庞大的资料库,更是为高校学生们采集信息提供了保障。每所高校图书馆一般会购买指定的书目,并且实时补充最新的书籍以供阅读。同时,高校定期会开展组织各类教授专家的讲座论坛,让同学们有面对面的机会近距离体验知识。

**【思考题 10-3】** 在你的日常科研活动中,除了高校图书馆采购的各种中外文数据库资源以外,你曾使用过哪些开放资源获取渠道?效率与优劣如何?

**解决思路:** 高校图书馆采购的各种中外文数据库资源具有资源集中、类别明细和使用免费的特点,但由于 IP 段使用限制,很多数据库无法在校外使用。以 2020 年初疫情防控期间高校毕业生毕业论文写作为例,居家防控期间很多图书馆数据库无法使用,此时开放资源获取就成了较好的资源利用渠道,可以从开放获取角度分析对比其优缺点。

### 3. 精确的信息传播途径

大数据对信息的精确传播意义巨大。下面用两个例子来简单说明:第一个例子,在不同的两个时间点走进同一家餐厅,餐馆提供的菜品是不一样的。因为可以通过技术手段让计算机智能分析人数,并且搭配出最适合的、最有效率的饭菜。等候的人多就提供可以快速就餐的简单餐食,等候的人少就可不用着急赶工,制作一些复杂的、高利润的菜品。第二个例子,想想我们去博物馆参观的时候,科技人员依据大数据进行视频开发和优化,若一个视频被大量观看,从大数据分析出其中某一段被反复地进行回放,依靠这份分析数据,优化人员就在这个时间点设计讲授知识难点,来提高观看视频的效率。这就是在大数据时代,庞大的数据让我们做任何事都有了分析的资料背景,可以把每个人区分开来进行个性化的服务。伴随着科学技术的进步，信息传播路径自然发生变化，烽火狼烟、飞鸽传书这样单纯的信息传递早已经满足不了需求，我们更看重的是在信息传播的过程里，满足每个独立个体的需求，让传播更加精确。

《舌尖上的中国》能在海外受到热播也是这个道理。在大数据时代，信息传播的过程中传播者对传播对象的选取进行了很好的定位，更精确地定位了每个人的根本需求。吃，是全世界每个人的基本需求，能使大多数人产生共鸣。传统的纪录片往往太严肃，让人感到气氛压抑，而最简单最贴近生活的东西让我们的情怀得到释放。因此在这全球化的大数据时代，在信息传播上更要重视和利用这种精确的传播方式，才能更有效地获得自己所需的资源。

**4. 先进的信息技术与设备**

信息技术的发展对现代社会的影响是全面的，特别是互联网的发展对传统工业产生了强烈的冲击。二维码、数字技术、机械自动化、移动平台、ERP 等技术的创造发展，让很多传统的工业企业迅速融合到现代化自动化的进程中。但硬件上的提高补充只是一部分表现，时刻关注企业内部变化，能够做到实时应对突发情况，了解在变化的过程中产生的各种不确定性，这正是我们所要关注的。

技术、设备的升级创新是大数据时代所配套的硬件设施，很多工业的转型升级、质量的提高等，都对传统行业的变革产生了重大影响。以全球制造业巨头(通用电气)为例，通用电气的发展蓝图中，大数据从来都是不可或缺的一环，这是他们打通互联网的重要法宝。利用大数据，他们将自己手头的资源整合利用，最大化地减少了浪费。在他们看来，合理利用大数据所提高的效率和创造的价值不亚于一次工业革命的意义。通用电气的这一决定给相关部门带来了翻番的利润增长。汽车制造商特斯拉也同样利用大数据技术，对用户的驾驶习性进行收集，如刹车点、油口踩的重度、方向盘的旋转度等，将这些数据结合技术部门以及市场部门进行再一次的信息提取，进而实现产品研发创新。在设备、产品诊断和预测方面，波音公司的飞机发动机、燃油系统、液压和电力装备等，每 30min 就会产生 10TB 的数据，用于诊断和预测故障，降低事故率，延长产品生命周期。

由于有了大数据的存在，我们从提取它们解决问题创造价值的过程中感受到了时代的变化，也一步步教会了我们最聪明的做事方法。要懂得把事物数据化，这样能得到最客观的分析，并且从数据中最精准地反映到所涉及的问题，先进的技术设备现在足以做到这点。

## 10.1.3 大数据在用户信息素养提升中的应用

**1. 厦门大学图书馆——阿里云站内搜索**

基于大数据分析与利用的云计算技术的快速发展，有力推动了各行各业的创新发展，利用云搜索服务已成为新的站内搜索技术方向，高校图书馆也可以借力智慧校园建设的东风，更好助力大学生信息素养提升。

厦门大学图书馆采用阿里云服务重构站内搜索，将云搜索封装为独立的搜索引擎。网站数据经过预处理后提交、生成索引,传递搜索字符串到云搜索引擎即可使用云服务,实现搜索及结果呈现。实践结果表明,阿里云站内搜索与原有站内搜索相比,在检索效率和功能等多方面有显著提升。它的"站内搜索"的功能将"阿里云搜索"封装为一个独立的仅提供搜索服务的小系统,实现搜索及搜索结果的呈现。其他系统只需要传递搜索字符串到该系统即可使用搜索服务,用户得到搜索结果后再引导到各子系统。采用这种实现方式的优势在于各子系统无须分别开发阿里云的调用模块,极大地节省了开发成本。"阿里云搜索"封装后嵌入图书馆系统,如图10-1所示。

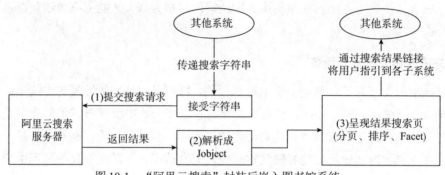

图10-1 "阿里云搜索"封装后嵌入图书馆系统

通过阿里云站内搜索平台,厦门大学图书馆快捷简便地构建了图书馆主页的站内搜索引擎,较好地弥补了原站内搜索的不足,满足了读者快速准确获取网站内容的需求,提高了资源获取与利用效率,也有效助力了师生用户数据素养与学术素养的提升。

### 2. 中国刑事警察学院图书馆——大数据分析与决策支撑平台系统

中国刑事警察学院图书馆的大数据分析与决策支撑平台系统在资源整合、信息整合、应用整合的基础上,构建"资源、管理、服务"三位一体的图书馆体系架构。该平台通过统一门户、个性化门户,利用图书馆各类服务应用为全校读者提供多元化服务应用,实现读者与图书馆全方位的互动。主要包含以下功能与特点:

首先,全馆资源整合,一站式搜索。元数据仓储管理系统采用统一资源管理框架,形成对图书馆数字资产的全面管理,对图书馆所涉及的各类数字资源和馆藏纸质资源全部纳入该系统中实现统一有效管理。全馆资源的一站式搜索类似于百度、谷歌的搜索引擎系统,通过智搜系统,可以一站式精准、快速搜索到所需的图书馆所有资源。系统是基于全馆服务为宗旨的图书馆统一服务平台。应用"六个中心""两大平台""一个基础"将图书馆各类服务工具聚集融合,同时提供个性化的实用工具,通过多元化方式为读者提供统一的综合服务平台。系统架构如图10-2所示。

其次,整合读者服务,个性化信息推送。图书馆使用各种工具来达到服务读者的目的,如阅读推广服务、个性化定制服务、参考咨询服务、学科服务、资源搜索服务等。通过大数据分析与决策平台,实现全方位集成个人图书馆的功能服务与互动交流,可以大大提高读者服务效率,增强读者黏性。系统以读者模型为基础,采用基于内容过滤的推荐技术,根据读者的属性、阅读行为、使用习惯等纬度,向读者推送可能感兴趣的资源信息,方便读者查看和下载。展示的文献资源信息有封面、标题、作者、关键词等，单击"换一换"按钮，系统可以为读者推送另一批文献资源。

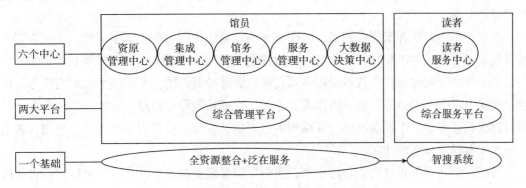

图10-2　大数据分析与决策支撑平台系统架构

另外，最为重要的则是大数据分析与决策支撑中心。系统通过对图书馆的资源与读者利用图书馆的状况数据的获取与记录、清洗/抽取/标注、整合/聚类/表达、数据分析/建模和数据解释等工作，完成资源与读者标签模型建设，形成一个数据池。同时系统对数据池内全部数字资源进行数据挖掘与统计分析，包含所有资源库统计(统计每个资源库的资源数量)、资源类型统计(统计图书馆所购所有资源库的各类型资源数量)、各数据库更新数据量统计等，通过数据的分析与挖掘得出数字资源与纸书资源的统计分析、读者行为统计分析、读者访问数据、读者下载数据、数字资源统计等数据信息。图书馆其他应用服务系统也可依据该基础数据形成各种各样的数据分析报告和应用服务。系统通过对图书馆数字资源进行挖掘分析，为图书馆数字资源建设提供决策依据。

中国刑事警察学院图书馆通过大数据分析与决策支撑平台的建设，可以对图书馆资源数量、使用情况、读者构成、行为轨迹等各类数据汇总分析，并以可视化报告或图表的方式呈现出来。在提升图书馆资源建设质量与使用效率的基础上，不断提升师生用户的视觉素养、学术素养与数据素养。

**3. 南方医科大学图书馆——"云服务"信息素养教育平台**

南方医科大学图书馆通过建设"云服务"信息素养教育平台，从网上课程中心、交流平台、网络习题库、翻转课堂、预约讲座、入馆教育、人员支撑等方面进行建设，为师生提供更广泛、更便捷、内容更多样化的个性化信息素养教育服务。该"云服务"信息素养教育平台主要有以下功能特点。

首先，构建网上课程中心。根据课程大纲和教材的编排顺序，划分网上课程中心课程的脉络索引，根据索引，在课程网站中心上设立授课教案、课件、教学录像、作业及实习题目等多种形式的教学资源。学生通过网上课程中心可自主、系统地学习此课程，也可使用多种方式(如计算机、PAD、手机等)来访问平台上的资源。

其次，搭建师生交流平台。课程网站还设有交流平台，学生遇到课程方面的问题均可在此处留言，也可以对平台的建设和资源提出建议，学生可以足不出户地与教师进行交流，极其方便，后台管理老师会以最快的速度应答。平台上还设有交流互动小组，学生之间可以交流讨论，寻求老师辅导或者是网友帮助，这样的方式更促进了学生—学生、学生—教师的互动交流。

再次，引入翻转课堂授课形式。为提高学生综合应用能力和主动学习性，平台设置了题库和检索课题，并以翻转课堂的形式完成答题。最后一次课前将课题任务布置下去，学生分小组在课下通过检索、查看课程网站视频、课件等资料的方式完成个人实习报告，最后一次课上进行小组讨论、由小组代表做汇报，完成后教师做点评。基本教学流程即"教师布置课题任务、学生提前准备—看课程中心视频、课件等资料—小组讨论、小组代表汇报—教师指导—总结提升"。

最后，创新预约讲座方式。通过"云服务"信息素养教育平台，读者可以进行讲座内容的建议，根据报名、留言情况管理员进行组织实施，例如，Office 系列讲座、美国执业医师资格考试资源、Citespace 文献可视化软件等内容都是根据读者在线提交的讲座内容建议来设定，这样减少了图书馆员自己设计讲座内容的主观性和局限性。同时，用户还可以以兴趣小组的方式预约各类专题讲座，这种方式更对口，提高了讲座的效率和实施效果。且每次讲座后的课件和视频资料会上传到课程平台上，如此扩大了讲座的受益面，也大大提升了信息素养教育的实际效果。

## 10.2　人工智能与信息素养

人工智能的突破性进展是人类发展史上一个重大转折，人类的思维方式和工作方式将发生重大转变，将推动信息时代进入人工智能时代，信息社会向智能化社会转型。当前，人工智能技术的飞速发展与广泛应用，对用户素质提出了新的要求，编程能力、计算思维及对智能化社会的深度认知，成为人工智能时代学生信息素养内涵的重要内容。

### 10.2.1　人工智能与信息素养的时代背景

#### 1. 人工智能的发展过程

人工智能是信息科学领域最前沿的学科之一，它对医疗、交通、商业、航天、农业等领域产生重大影响。智能机器的诞生，改变了传统的工业和农业生产方式，代替人类做单调重复性工作，帮助人类节省时间和精力投入到创造性工作中去，极大地提高了生产和工作效率，这也必将影响到我国未来的人才培养和就业。

2015 年 5 月，国务院发布《中国制造 2025》，把实现世界制造强国作为总目标，并提出九项战略任务和重点。该文件重点强调了人工智能技术对于各行各业发展的重大应用价值，并阐明人工智能技术能够促进战略任务的完成和实施。2017 年 7 月，国家发布了《新一代人工智能发展规划》和《新一代人工智能产业三年行动计划(2018—2020)》，标志着人工智能产业已上升为国家战略。2017 年 11 月 14 日，全球领先的移动互联网第三方数据挖掘和分析权威机构 iiMedia Research(艾媒咨询)发布了《2017 年中国人工智能行业白皮书》，指出在信息技术快速普及的今天，连接人与信息的信息流，成为信息时代的常态，而人工智能技术是构建信息流的关键技术。

可见，开展人工智能教育是面向人工智能时代所赋予的使命，培养能够发现问题，综合运用多学科知识解决问题的创新人才是教育界面临的重大挑战，也是构建创新型国家的必备条件。当前，推进学生学习人工智能技术，形成人工智能学科的话语体系和思维方式非常紧迫。在学生发展个性化、社会发展智能化的今天，信息技术教育的培养目标、内容、方式和评价都需要顺应 AI 时代的变迁，以符合国家人才战略需求。而培养符合智能化社会需求的创新人才，需具备良好的计算思维、编程能力和对智能化社会的深度认知。

**【思考题 10-4】**根据你对人工智能的理解，请简要说明你接触或了解过的人工智能产品或技术应用都有哪些？

**解决思路：**人工智能经历几十年的发展之后，对医疗、交通、商业、航天、农业等多个领域产生重大影响，结合自身经历和舆情事件，会发现人工智能已经悄然应用到学习、生产、生活多个层面。围绕人脸识别、无人驾驶、远程医疗、语音交互，你能够说出哪些人工智能产品或应用？带着对这些案例的思考更有助于掌握人工智能的应用逻辑与发展前景。

### 2. 人工智能背景下信息素养的内涵

信息素养是建立在信息技术基础上的一个多元化、有层次的概念范畴，是集信息技术知识与技能、信息观念与意识、信息伦理与道德、利用信息技术解决问题的思维与创新技能于一身的综合素养，其内涵具有动态性和发展性。随着 21 世纪"互联网+"的深入广泛影响，人工智能得到迅猛发展并影响深远，信息素养不仅关注技术应用，而且更加注重"能力和方法的数据素养、媒介素养等素养，强调利用信息创造新知识，注重信息交流的能力和解决问题能力"。

对信息素养的表征，社会、媒体、教育等领域依据自身特征已经衍生出信息能力、媒介素养、数字能力、互联网素养、信息技术素养、数字素养、数字能力等类似概念，到目前为止没有统一的术语，也没有公认的定义。欧美发达国家多用数字素养(digital literacy)取代信息素养(information literacy)；联合国教科文组织(UNESCO)用数字能力(digital competence)囊括前述各种素养，认为"数字能力指能够通过数字设备和网络技术，安全、适当地访问、管理、理解、集成、交流、评估和创建信息，以参与经济和社会生活。它包括各种素养，即计算机素养、信息技术素养、信息素养和媒介素养"。

当前，人工智能技术引发科技变革，推动人类社会从信息时代转型至智能时代，知识获取和能力培养的方式发生颠覆性变化。技术不再是游离于人类个体之外的辅助和补充，而是以智慧和普惠的形式，人机共存，虚实并行，形成人、物理世界、智能机器、虚拟信息世界构成的四元空间。未来公民的信息素养也需要从数字化、网络化向智能化升级，既要具备熟悉人机深度协作的意识观念，又要能够利用人工智能技术解决问题的思维及行为，具备对智能化社会的深度认知，应对由此引发的伦理和道德问题的能力。从信息素养概念和内涵的发展历程，可以发现信息素养已经从强调技术本身发展到重视综合素养或跨学科素养的阶段。

### 10.2.2 人工智能给用户信息素养提升带来的机遇

#### 1. 计算思维成为智能化社会公民的重要素养

2017年《美国国家教育技术计划》对新时期学习目标的描述是：让所有学习者都能参与并提升校内外学习体验，使其成为全球网络社会中积极并具有创造力、渊博知识和道德规范的参与者，将创造力放在学习目标的首要位置。该计划首次提出"知觉学习模块"(perceptual learning modules)，所谓知觉学习，就是学生能够对外在环境做出快速判断，在繁杂的信息中提取出关键信息的能力。这种能力的培养，有助于将学生的记忆力和临场反应能力提高至较高水平。

我们认为，该计划为信息素养注入了新的内涵，即对于学习者来说，面对网络世界中繁杂的信息，学会把信息抽象和分解，以具备完成复杂任务的重要能力。这种抽象与分解，需要掌握并完成问题的界定、数据的组织与应用、分析，随之实现问题的解决。这种能力与国际教育技术协会(International Society of Technology in Education, ISTE)和计算机科学技术教师协会(Computer Science Teachers Association, CSTA)所提出的计算思维(computational thinking)内涵基本一致。ISTE和CSTA对计算思维给出了操作性定义：问题解决过程，涉及问题的阐述、数据的组织、分析和呈现，包含解决方案的制订、识别、分析和实施以及问题解决过程的迁移。

#### 2. 编程能力成为实现创造力培养的重要支撑

《2017地平线报告(基础教育版)》指出，STEM(Science, Technology, Engineering, Mathematics)教育能将计算机知识、解决问题和创造力结合起来，将成为增强国家经济实力的重要方式。编程作为STEM教育中重要的一部分，在于帮助学生了解计算机运行规则，激发学生计算思维的兴趣，培养编程素养，较好适应未来发展趋势的需要。如今，越来越多的国家意识到计算思维的重要性，并将编程教育纳入基础教育。人工智能相关理论与技术的快速发展，能够促进跨学科学习环境搭建，逐渐消除不同学科之间的障碍。人工智能技术对于教学环境的支持，将改善现有的学习方式，由被动转向主动，课程内容与现实联系更加紧密，课程目标由获取知识转向创造知识及问题解决能力的培养，以帮助学生借助编程完成协作性问题解决和复杂性计算。

#### 3. 适应"人机协同"工作需要，掌握与机器人协作的技能

剑桥大学风险评估研究中心的联合创始人Lord Martin Rees表示，人工智能引发的将不仅是蓝领工作即将消失，学校、家长与社会更应关注未来就业市场的变化。但当前的学校课程，尤其是中学课程，并没有反映出机器人技术和人工智能技术带来的变化。计算机编程课程需要更高一级的教学目标，才能提升学生的创造力。人工智能的快速发展，将给

劳动力市场带来重大变化，有些工作岗位会被机器人取代，同时也会有新的工作机会产生。正如伦敦大学教育学院的人工智能教育专家 Rose Luckin 所言，未来社会的许多工作需要专业人士与机器人共同开展，即人与机器人协同工作将成为常态。因此，问题解决能力、协作能力和创造力变得越来越重要，学校应与时俱进更新课程体系，学生应花费更多时间和精力学会在合作中解决问题，并了解更多的人工智能基础知识及人工智能对智能化社会的塑造。

**4. 人工智能改变图书馆信息素养教学模式及资源组织模式**

伴随人工智能时代浪潮的到来，传统资源建设模式下的图书馆信息素养教学也随之发生改变。AI 技术能很好地针对不同的信息资源、不同的领域问题、不同的用户需求，将这些资源进行智能化整合处理，搭建大数据平台整合资源、管理者、图书馆教学主客体等相关用户，为图书馆教学提供有价值的参考。在 AI 技术的影响下，传统的信息服务模式也以被动的提供文献资源向主动服务读者、培养信息技能的方向转变。

同时，人工智能以对人体感官信息认知的虚拟化为显性特征，如面部识别、3D 虚拟技术、语音识别技术等信息数字化处理，以达到模拟人脑认知的目的。以往的信息组织以叙词表和编目为主，手段单一过程机械烦琐。将人工智能引入信息组织中可以实现语义信息自动化标引、自动识别计算自然语言、解析海量的语义数据。通过这些技术可以极大地拓展以往传统的信息编译方法和模式、为用户提供更人性化的信息服务。用户可以更流畅、更便捷的检索、使用和查询，实现信息组织的自动化处理。

这样，人工智能经历了从"智能化运算"到"智能化认知"的由低到高的发展过程。通过集成算法、数据、模型等先进的技术优势全面整合数据资源，并可以智能化挖掘数据价值，分析用户行为偏好，自动筛选符合用户需求的信息。在图书馆信息素养教学变革中应用 AI 技术是必由之路，必然将 AI 引入图书馆教学的全过程，淘汰机械性、重复性、简单化的程序。在图书馆检索教学、知识推送、好书推荐、知识共享等方面实现智能化，打造符合学生需求的图书馆信息素养教学模式。

**【思考题 10-5】**请结合 CANVAS、超星泛雅、钉钉直播等线上教学平台的使用体验，思考未来在信息检索教学活动中，有哪些环节可以引入人工智能技术或功能以提升授课效果？

**解决思路：**2020 年初疫情防控期间，线上教学成为全国多数学校和培训机构采用的教学模式，传统式教学平台有 CANVAS、超星泛雅等，直播式教学平台有钉钉直播、企业微信等。线上教学带给我们便利的同时，也会发现这些教学平台各有优劣，可以对多个线上教学平台的使用体验进行比较分析，归纳出可以引入人工智能的技术或功能，对未来的线上教育产业来说也是一个发展机遇。

## 10.2.3 人工智能在提升用户信息素养中的应用

**1. 厦门市图书馆——参考咨询服务智库建设**

厦门市图书馆基于智库的资源体系、服务系统、服务咨询以及品牌打造等尝试，较好地实现了智库理念下公共图书馆参考咨询服务的转型升级。

首先，整合多方资源，建设服务于智库的信息资源体系。厦门市图书馆在保证馆内信息总量提升的基础上，重视挑选优质信息资源，建设服务智库的参考咨询信息资源体系，整合了中国知网、龙源期刊网、社科文库、籍合网、中宏网、慧科搜索等数据库，分类纳入互联网数字资源系统，利用智能检索技术为用户提供一站式服务。同时，还根据智库项目的需求，结合馆藏优势探索地方文献的开发方法，建设了"厦门记忆""闽南地方文献联合目录库""厦门市非物质文化遗产""馆藏民国图书"等地方数据库，并向公众开放。

其次，依托信息技术，打造基于智库的参考咨询服务系统。厦门市图书馆根据读者的需求，打造了基于智库的参考咨询服务系统，该系统包含用户终端、信息咨询界面、信息处理后台、知识数据库等模块，用户可通过数据检索、专家答疑等方式获取已被高度提炼的信息，享受图书馆提供的精准服务。用户登录厦门市图书馆网上参考咨询平台后，在咨询界面发布问题，系统后台会将用户问题与知识库中的数据进行比对，向用户提供若干参考答案，若用户有更高层次的解答需求或知识库中没有用户满意的答案，则进一步提交给有关专家进行答疑，且该问题及答案将自动存储至知识库，用户可随时查看。厦门市图书馆基于智库打造的参考咨询服务系统如图 10-3 所示。

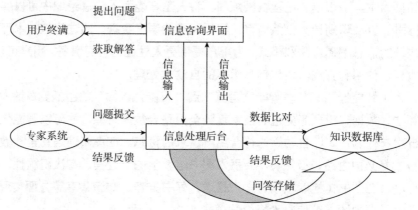

图 10-3　厦门市图书馆基于智库打造的参考咨询服务系统

另外，打造拳头产品，树立具有自身特色的智库品牌形象。厦门市图书馆参考咨询团队依托馆内丰富的馆藏资源和专业人才优势，成立了媒体跟踪小组，从《人民日报》《参考消息》等国家级权威媒体及《厦门日报》、厦门广电网等地方媒体上搜集社情民意，每年编制一本《"两会"信息参考》，为中华人民共和国全国人民代表大会和中国人民政治协商会议的代表委员们提供议案参考，并进驻"两会"现场提供资料检索、文献传递等服务。《"两会"信息参考》的选题包括近一年的当地经济、社会发展热点及民众关切的焦点话题，2019 年的"乡村振兴战略""文旅融合""人工智能""媒体看厦门"等 7 个专题，均受到了代表和委员们的肯定。

厦门市图书馆基于智库理念，对知识进行汇聚、重组和创新，智库工作者通过各种渠道搜集信息资源，进行加工处理，最终形成高质量、深层次的知识产品。同时，智库借助各种传播平台和推广渠道，以其研究成果对舆论进行正面的引导，发挥教育公众和培养人才的作用,较好地助力了市民信息素养提升与城市软实力提升。

### 2. 中国矿业大学图书馆——智能服务机器人

大数据、物联网、人工智能等技术的快速发展,为智慧图书馆的发展奠定了技术基础,实现了从自助借还、24 小时智能自助图书馆,到门禁人脸识别、智能座位预约等系统,再到现在的机器人的应用,智慧图书馆将成为未来图书馆发展的新趋势、新模式。

中国矿业大学图书馆运用语音识别、机器人运动控制、四元麦克风阵列等人工智能技术,设计与实现了高校图书馆智能服务机器人。该机器人的实践应用,不仅为读者提供了更加便捷地咨询、播报、引导服务,更为读者提供了智能化的互动体验,也是其智慧化发展的一次探索。该馆在智能服务机器人一期设计开发中实现 5 个功能,分别是:信息播报、语音互动、智慧咨询、引导服务、屏显系统。

(1) 信息播报。智能服务机器人能够对图书馆当天开展的重要活动、学术报告、各种讲座进行实时的信息播报,进馆的读者能够非常便捷地了解到图书馆当天的重要活动、学术报告、各种讲座等,可以根据自己的兴趣选择参加。

(2) 语音互动。智能服务机器人基于语音识别、语音合成、自然语言理解等技术能够和读者就知识百科、时间天气、新闻等日常问题进行语音交互,回答读者的日常问题,在解决读者问题的同时也给读者带来智能化、拟人化的体验。

(3) 智能咨询。智能服务机器人能够对图书馆的基本概况、常见问题、普适性问题等进行回答,和读者就这些简单重复问题进行交流。一方面让读者能够更便捷、快速地获得咨询服务;另一方面减轻了图书馆咨询馆员在普适性问题解答上的工作强度,可以有更多的时间和精力开展更深层次的咨询服务。

(4) 引导服务。通过对智能服务机器人进行运动控制,使其能够在一个楼层范围内,为读者提供引导服务,根据读者咨询的相关物理位置问题,能够进行简单的引导,使读者快速地找到要去的地方。

(5) 屏显系统。智能服务机器人胸前设置一块屏幕,读者通过触摸,可以感受一些功能,如馆舍图片展示、图书馆视频播放、音乐播放、机器人舞蹈等。开学季可以播放新生入馆教育宣传片,日常可以播放图书馆的微电影系列,重要活动、会议时可以播放相关宣传片。

中国矿业大学图书馆引入智能服务机器人,以其智能、高效、全面的人机互动方式,在革新服务模式、增强用户体验的同时,大大提升了参考咨询效率与资源使用效果,也更好助力了用户学术素养、数据素养、媒体素养、视觉素养等的提升。

## 10.3 阅读与信息素养

在网络时代,信息素养已成为大学生必须具备的一种基本能力。为此,许多国家都给予充分重视,纷纷将信息素养从战略高度纳入教育体系。2012 年启动的"高等学校创新能力提升计划"(即"2011 计划"),旨在充分发挥高等教育在科技第一生产力和人才第一资源重要结合点的作用,面向"国家急需,世界一流",集聚和培养拔尖创新人才。

　　一直以来,我国国民的阅读量与阅读水平都落后于发达国家,这也引起了国家的高度关注,采取了一系列措施促进阅读。2014—2020 年,"倡导全民阅读"连续七次写入政府工作报告,在这样的背景下,高校大学生作为社会发展和国家建设的主力军,具有良好的素养和渊博的才学离不开阅读的积累。本节就大学生的信息素养与阅读行为的内在联系进行探讨和研究。

### 10.3.1　阅读与信息素养的内在联系

#### 1. 信息素养的能力要求

　　信息素养是社会人在社会生活中应该具有的基本能力之一,而且是最重要的能力。主体概念由西方学者提出,进而在全世界推广。虽然目前各国学者对信息素养的理解和定义不尽相同,但都含有"信息技能、文化素养、信息意识、信息处理、信息分析"等内容,宗旨是利用计算机等信息技术手段高效获取并善用以及正确评价信息的能力。信息素养不仅要求人们有一定的信息学专业基础知识,更要求对信息有一定的敏感度,并且能够对获取的信息进行整理、利用、分析、评价等。

　　人类信息素养的显性意义在于:首先,要对信息有敏锐的感受力及持久的注意力,并能够对信息价值有一定的判断力,这是信息素养的前提;其次,还需掌握有关信息特点与类型、信息交流及传播的技巧、信息的作用及反响、信息检索途径及方法等方面的信息知识,这是信息素养的基础;再次,结合信息意识和知识基础去获取、加工、传递、应用、归纳、辨别信息价值;最后,在正确的法治观念及信息安全意识前提下去生成和利用信息,传播正能量,合法合理地使用信息资源,培育良好信息道德。

#### 2. 阅读推广的功能意义

　　阅读是一个人获取知识的基本手段,能力是一个人做事的基本要求。

　　高校图书馆作为学校文化育人的主阵地,在引领阅读潮流、提供阅读指南、开发阅读服务、实施阅读推广的进程中,要有主人翁的意识,积极拓展阅读推广形式,遵循阅读推广规律,利用图书馆自身的馆员力量,全面不遗漏地开展阅读推广活动,提高大学生阅读质量,为大学生信息素养的培育创造各种便利。阅读推广要把影响每个读者的阅读自觉和习惯作为立足点。一个人的阅读自觉和习惯是否养成,取决于对阅读价值和意义的认知程度,对阅读方法和效率的积极探求。只有建立了良好的阅读习惯,阅读才能对人产生长远的影响,持续不断地提高人的信息素养。

　　由此可见,信息素养与阅读推广是紧密相关的,在阅读推广的氛围中不知不觉地增长信息素养的知识,同时,在大学生心中种下信息素养的种子。

### 10.3.2　阅读与信息能力

　　信息能力是读者从检索、获取、筛选、鉴别到加工、整合、利用和创新等一系列能力的综合反映。信息能力是信息素养中最重要，也是最难全面掌握的一部分。大学生的阅读行为可以从一定程度反映出他们的信息能力。

### 1. 反映在确定读物过程中的能力

选择读物的能力是大学生完成阅读过程首先要实施的能力。这种能力表现出大学生的阅读层次和阅读水平，是能力显现的第一步。一些在中学时代就利用过图书馆，或者在中学阶段就接受过信息素质教育的大学新生，以及大部分高年级的大学生，尤其是硕、博研究生，在选择读物时明确果断，整个阅读过程有的放矢，而且不易受到阅读环境和阅读过程中情绪变化的影响，阅读效果良好。

中学时代从未接触过图书馆，或从未接受过信息素养教育的大学新生，他们的阅读行为表现出较多的盲目性。他们中多数虽有较强的信息意识，但他们不懂得用科学的方法利用图书馆资源。因此，当他们办理了借书证后，就急急忙忙到图书馆里大海捞针似地寻找图书，有的同学甚至一天都找不到一本适合自己的书籍，白白浪费了大量时间。而且他们选择读物比较随意，借书时间不定(例如，有的读者借书不到 1 小时就要还书，有的读者则因为某种原因将书丢在一旁而超期)。他们的阅读动机不清楚，阅读内容单调，阅读心理不稳定，其阅读过程常常伴随着一定的情绪化。在阅读一些理论性书籍时，常常会因为缺乏阅读兴趣，或没有阅读欲望，或其他某些主客观因素而产生阅读障碍使阅读中断。

### 2. 反映在鉴别信息过程中的能力

对于现代大学生来说，能否获得足够量的信息已不成问题，问题在于怎样鉴别信息的时效性、价值性和真伪性。事实上，大学生的每次阅读过程，都是对海量信息的提炼过程，是对有价值信息的筛选过程。

随着阅读量的增多，多数大学生的阅读内容自然而然地向着一定的广度和深度发展。大学生的阅读行为发展到这个阶段，多数能结合自己所学的专业，主动获取对自己有用的知识和信息，并且能努力克服各种阅读障碍实现阅读目标。一些大学生还把在阅读过程中汲取的精华内容写成阅读笔记，大学生做阅读笔记的过程，也是对所获取的信息进行鉴别的过程。在这种前提下，大学生的阅读行为是一种良性循环的行为，是向着积极健康充满阅读欲望的方面发展的行为。

**【思考题 10-6】** 2020 年，新冠肺炎疫情防控期间，你获取信息的渠道有哪些？是否获取过虚假信息？面对虚假信息，你的信息鉴别途径有哪些，效果如何？

**解决思路：** 2020 年，新冠肺炎疫情防控期间尤其是年初社区居家闭环管理期间，我们获取信息的渠道呈现出高度线上化的特点，获取信息的渠道也表现为各类手机 App，在此期间你一定也看到过"板蓝根防治新冠肺炎""喝酒抽烟预防新冠肺炎"等虚假信息，"今日头条" App 更是开辟了"鉴真辟谣"栏目。可以尝试从信息来源调查、信息事实取证、信息的地域性、信息的时效性等角度尝试概括信息鉴别的途径，你会发现在大众传媒时代，信息鉴别的任务更多地落在我们每个人身上。

### 3. 反映在整合与创新知识过程中的能力

信息能力中难度最大的，是能够把自己获取的大量的隐性的各种有价值的知识单元，通过大脑的认知和思维，转变成显性的对人类文明和社会发展有用的知识，并能创造性地将其加以发展创新的能力。进入高年级后，随着大学生对信息选择技能和鉴别能力的提高，其阅读内容的目标性和专业性程度不断加大。在这个基础上，多数大学生能根据自己的需要或老师的指点，利用图书馆的资源进行有序的系统阅读。当这种系统阅读积累到一定量时，他们的收获就会发生质的变化。他们会积极参加某一专题的讨论，或撰写某一研究性课题的综述，或结合实践写出一定水平的社会调查报告等。当他们的这一系列努力转变成被老师、同学和自我认可的成功时，一种向上的趋势会激励他们的阅读行为，因为人们的博学是由无数知识单元构成的。虽然单一的知识单元能够发挥的作用极为有限，但经过人类大脑认知和思维以后联系在一起的知识单元，就可以形成巨大的知识网，使人类有了智慧和才能。

### 4. 反映在具体课题研究过程中的能力

在信息网络日益普及的今天，许多大学生喜欢在电子阅览室阅读网络环境下的知识资源。虽然，网络环境下的知识资源，在一定程度上能对普通大众产生较强的穿透力或辐射力，甚至能起到形成一定文化潮流的影响力。另外，大学所研修的知识，其主干并非实用的技术规则，而是技术的原理，是"知识的知识"。当他们课题研究的阅读需求真正涉及深入研究的内容时，就离不开大学图书馆的馆藏资源(包括纸质版本和电子版本的资源)。这是因为，大学图书馆的藏书，从其本质上讲，首先是满足大学所研修的知识类资源，其次才是普通大众所需的实用性的技术规则类资源，而网络上所传播的知识资源，却是以后者为主。换句话说，网络环境下传播的知识资源，根本无法与大学图书馆馆藏资源的深度相比拟。因此，具有较强的汲取大学图书馆藏资源的能力就成为课题研究过程中的重要一环。

## 10.3.3 阅读与信息道德

道德是人们在日常行为中所应遵循的法律法规准则。信息道德则是人们在获取、鉴别、利用和创新信息的过程中，要遵循的法律法规准则。信息道德包括信息文明和信息使用者文明两个方面。特别要求信息使用者要尊重他人的知识产权，抵制知识侵权，防治知识泛滥，杜绝知识犯罪，要合理合法地使用、创建和提供信息。多数大学生对信息文明的概念比较清楚，表现在选择读物时，尤其是在网上选择读物时，基本上能自觉抵制不健康的带有反动言论或腐朽的伪科学内容的读物或信息。肖小云认为："信息道德是指个体在整个信息活动中具有的道德。信息道德是调节信息创造者、信息服务者和信息使用者之间相互关系的规范与总和。"

一个人的信息道德与这个人的道德修养及其人格关系密切。人格是由每个人所具有的才智、态度、价值观、愿望、感情和习惯以独特的方式结合的产物。心理学家弗洛伊德将人格视为一个动力系统，由本我、自我和超我三个心理结构组成。他将本我、自我和超我三种力量描述为既互相独立又互相矛盾的心理过程，通过冲突达到一种微妙的平衡。本我只按照快乐的原则行事，自我则按照现实原则行事，超我对于自我的思想和行为起着判断和监察的作用。超我的一部分是良心，反映一个人的道德标准。面对大学图书馆高品质的藏书资源，多数大学生能遵守图书馆的规章制度，并依靠自身人格的力量努力做一个文明的信息使用者。但仍有少部分大学生的阅读行为违背信息道德准则，主要有下列表现：

### 1. 占有性的阅读行为

比如，在开架借阅时，有的学生只顾自己方便，随意搁置被抽出的图书，有的故意将某本图书从此架藏匿到彼架，目的是不让其他同学发现此书，结果不仅造成严重的错架、乱架或"死书"现象，还给工作人员的整架工作带来很大的麻烦，但他们并不认为这种行为是错误的。还有个别学生很想拥有所借的图书，就谎称图书丢失，然后想尽一切办法，用尽可能低的价格赔偿，实际上是"买走"。有的学生将书中的核心内容或图谱撕下归为己有。在阅览室阅读时，有的大学生为了独自占用阅览桌，故意给旁边的座位上放自己的书或笔记本，给他人造成一种有人的假象。

### 2. 抄袭性的阅读行为

主要表现在一些低年级的大学生，在完成选修课作业，尤其是一些理科学生在完成社会科学或文学欣赏等文史类的选修课作业时，常常直接从网上下载几篇相关的文章，拼凑在一起当成自己的作业，有些甚至仅对所下载文章的标题略加修改，就签上自己的名字作为作业上交，但在作业中却不标明参考文献的出处。曾经问过许多同学，为什么不写参考文献，他们回答是老师不要求。在这一点上，高年级的大学生，尤其是硕、博研究生的情况要好得多，他们写论文时，尤其是写综述时，会很认真准确地标注参考文献，老师对大学生信息道德的形成有直接的引导作用。

### 3. 违规性的阅读行为

这些学生明明知道自己的行为是错误的还要抱着侥幸心理去碰运气。比如，在利用电子阅览室的设备阅读时，利用自己的计算机技术钻某些软件不完善的空子，恶意破解服务器密码或恶意打开病毒文件。在借阅纸质读物时，有偷书、偷报、偷期刊的行为，有的在阅览室看书报时，不爱护报刊书籍及其他公共设施，不注意保持公共卫生等。同时，有的大学生在阅读的过程中，不懂得爱护公物，在所借读物上开天窗、做题、写答案、圈点、涂画等，或非故意性地湿水、沾染污渍等，有的甚至写出自己的感叹词或评语等。

**【思考题 10-7】** 请检索"2020年度十大虚假新闻"，并以此为例从信息规范角度思考给我们带来的启示有哪些？

**解决思路：** 通过检索"2020年度十大虚假新闻"，会发现其涵盖了物流、交通、网购、工业、经济、生活等多个领域，说明了虚假信息的生产与传播具有较强的"辐射性"，其根源则是虚假信息的制造者未遵循相应的信息规范，而信息规范包括信息道德与信息法律，因此，可以从大众媒体在生存压力下的专业观念淡薄、惩罚机制的不健全降低了假新闻的生产成本等角度思考这些事件带给我们的启示。

## 10.3.4 阅读提升用户信息素养应用案例

### 1. 广东轻工职业技术学院图书馆——红色经典阅读角

以党的十九大精神特别是习近平新时代中国特色社会主义思想为指引，以"重温红色经典、弘扬红色精神"为主题，引导青年学子在阅读中感受红色精神，树立正确的世界观、人生观、价值观，坚定理想信念、激发爱党爱国情怀、自觉树立和践行社会主义核心价值观，营造乐于读书的书香校园氛围，这些举措都能够潜移默化地提升大学生的信息素养水平。

为了更好地指导学生研读红色经典书籍，提高学生信息素养中的文化素养水平，广东轻工职业技术学院图书馆创新地利用图书馆空间改造契机，设立了"红色经典阅读角"，开展了一系列丰富且具有趣味性的阅读推广活动，借助新媒体优势，多维度、多模式与读者进行多种形式的互动沟通与交流。红色经典书目、文学作品、电影原著等的借阅率大大提升，馆内各类红色图书借阅量几乎是过去三年同期同类图书借阅量的总和。

首先，图书馆员积极联系马克思主义学院专家教授等专业指导老师，有针对性地选定阅读角藏书目录，完善了马列主义经典著作、哲学、政治法律、教育文化、历史人物传记等类图书千余种。阅读空间放置红色经典书籍、报刊等供青年学子借阅，让广大青年学子在舒适的阅读环境中学习"红色"思想、感受党的光辉历程、提升自己的党性修养和信息素养。与此同时，借助该空间开展的一系列活动的影响力，图书馆的其他各类资源也被广大读者熟知，各类资源的借阅率和使用量都有不同程度的提升。

其次，广东轻工职业技术学院图书馆还利用现代信息技术，协同党委组织部、马克思主义学院等部门，在购置纸质红色经典必读书目的同时，充分利用线上虚拟空间的优势，在图书馆 App、馆内外电子图书借阅机上开设"红色经典阅读"专栏。学生不仅可以直接在移动图书馆 App 或电子图书借阅机上下载电子书目，还可以充分利用 App 的互动沟通功能，开设专题讨论小组，组织马克思主义学院和管理学院的优秀教师与青年学子进行书友交流讨论，对阅读的红色经典书目发表评论、感想，并在读书月期间，利用移动图书馆 App 举办"阅读之星"红色经典微书评大赛，有力地推动了红色经典阅读，通过这种线上线下相结合的形式，让阅读无处不在，全方位提高学生信息素养中的信息意识与信息能力。

同时，图书馆与校党委宣传部合作，策划开展以"回望历史、缅怀英魂"为主题的红色经典电影展播活动。通过播放红色经典电影进行阅读推广的活动模式，激发了大学生们对红色经典阅读的极大兴趣，展示了电影艺术和红色经典的双重魅力，吸引大学生们观影。品味原著，撰写影评，将电影展播与影评大赛紧密结合，从另一方面也提高了大学生信息素养中的信息搜集技巧能力。另外，广东轻工职业技术学院图书馆还举办红色经典诗歌朗诵比赛，激发学生爱党爱国情怀，树立正确观念。通过朗诵红色经典诗歌，加深大学生对优秀传统文化的理解，培养民族精神。在这个过程中，参赛者与观众都获得了真实、生动的文化熏陶，潜移默化地提升了自身信息素养。

总之，广东轻工职业技术学院图书馆通过建设红色经典阅读空间，开展一系列阅读推广活动，借助新媒体优势，多维度、多模式与读者进行多种形式的互动沟通与交流，有力地推广了馆内的各类红色经典书目，使广大学子理想信念、党性修养得到了提高。不仅如此，以红色经典阅读推广为切入点，带动全校师生都参与到阅读活动中来，逐步培养大学生健康积极的阅读兴趣，提升大学生的阅读方法和阅读技巧，最终建成人人爱读书、乐读书、多读书的书香校园氛围，读者的信息素养得到了极大提高。

**2. 上海交通大学图书馆——交图·安泰书道计划**

在国家和政府倡导的"全民阅读""立德树人""一流本科建设"精神的指导下，上海交通大学图书馆以高校学科院系育人需求为牵引，基于图书馆阅读推广、信息素养教育工作优势，启动了创新性新生培育项目——"交图·安泰书道计划"。该计划通过推荐书目、讲座、读书会、竞赛、共同阅读、朗诵、演讲、阅读 App、志愿者行动等复合方法，旨在培养与提升学生的阅读素养、信息素养、学术素养、人文素养。

"交图·安泰书道计划"采用思政老师和学科馆员指导、学生自主组织管理的模式推进。组织管理团队在"同阅读、读经典、勤思考、勇交流、乐互助"的阅读文化氛围下组织开展了经典共读书目、经典阅读 App、图书馆之夜、春季阅读创意嘉年华、素养与创新训练营等活动。

(1) 经典共读书目。经典推荐书目由图书馆与学院共同议定。学科馆员根据综合性的权威推荐书目《中国读者理想藏书》及各类专业推荐书目，精选一份同时包括人文经典和专业经典的书目提供给学院作备选图书。基于该书目，学院结合老师和学生的意见，确定最终的荐读书单，并于"交图·安泰书道计划"启动大会上面向所有新生发布。

(2) 经典阅读 App。依托于上海交通大学图书馆研制的"思源悦读"App 平台，创建"安泰书道"经典阅读 App 频道，设置"人文经典""专业经典""同学荐书""活动快讯""优秀书评""名师导读视频"6 个专栏，上线经典图书，动态更新活动资讯；创建安泰新生交流群组，推进线上共同阅读与交流。

(3) 图书馆之夜。为推进共同阅读、学习氛围，安泰 2016 级学生与图书馆约定在图书建立阅习基地，每周日晚上相约指定图书馆研讨室，开展 3 分钟读书演讲、学习和阅读的活动。通过共同阅读、学习及当众演讲，学生的交流表达能力、阅读学习能力均得到极大的提升。

(4) 春季阅读创意嘉年华。除了学期中的阅读推进，在学生相对较为悠闲的寒假，举行了寒假读书、书评选优、阅读视频大赛活动。2017 年寒假读书评选出优秀书评后，于春季邀请老师和家长一起举行"悦读时光"读书分享会，既推动了共同阅读的氛围，还激发了家校互动的效果。2019 年寒假读书评选优秀阅读视频，春季举行"书香传递，植书入心——TED 读书演讲大赛"，并将获奖演讲稿刊发于图书馆馆刊《思源知讯》，既展示当代大学生的读书风采，也弘扬了校园阅读之风。

(5) 素养与创新训练营。为提升学生的阅读素养、信息素养、创新创业能力，书道项目举办了主题丰富多元的讲座。在阅读主题方面，邀请北京大学王余光教授为学生带来《阅读，与经典同行》的讲座。为提升学生的信息素养与学术素养，以图书馆、学院教务部门主导的方式或应学生需求，开展了《图书馆资源与服务》《专业文献阅读与学术规范》《如何利用 Photoshop 设计海报》《如何美化你的 PPT》《Microsoft Excel 高级应用》等讲座。

为培养创新创业能力，以学生主导、图书馆辅助的方式，开展了《天地交而文理通，人生梦自共享始——梦想成真的通行证》《创业机会识别》的讲座。

上海交通大学图书馆"交图·安泰书道计划"的复合素质培养模式有效培育及提升了学生的阅读素养、信息素养、学术素养、人文素养以及责任意识、奉献精神、交流表达能力。同时，这种图书馆服务与学院人才培养融合的实施模式，解决了过去图书馆阅读推广服务、信息素养培养等服务单方面推进、学生却不甚了解及参与的问题，大大提升了图书馆服务效能。

## 10.4 信息素养综合提升路径

大学生要重视本身信息素养的提升，包括信息素养的 5 种能力和框架的 6 个方面。大数据提供了巨量的信息及其应用，人工智能对于信息素养有着更高的支持和要求，阅读是信息素养的重要部分以及个人发展的基础。信息素养综合提升路径如图 10-4 所示。

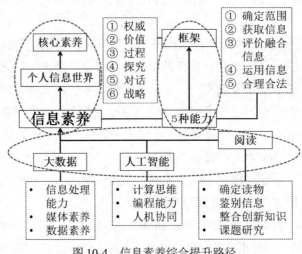

图 10-4 信息素养综合提升路径

### 10.4.1 信息素养发展的主脉络

**1. 信息素养的基础能力**

大学生首先要在解决具体问题中，切实提高信息素养的 5 种能力，具体内容参见 1.1 节的《高等教育信息素养能力标准》。信息素养能力标准为学生提供了一个指导他们决定怎样处理信息的框架，促使学生感到培养学习方法的需要，让他们认识到收集、分析和使用信息所需的明确的行动。

**2. 信息素养框架**

在逐渐具备信息素养 5 种能力的基础上，《高等教育信息素养框架》(以下简称《框架》)为大学生提供了一套更丰富、更复杂的核心理念。它是基于一个互相关联的核心概念的集合，可供灵活选择实施，而不是一套标准，或者是一些学习成果或既定技能的列举。《框架》主要采纳了"元素养"的概念。元素养是指学生作为信息消费者和创造者成功参与合作性领域所需的一组全面的综合能力,它开启了信息素养的全新愿景。《框架》设想信息素养将延伸学生学业中的学习范围,并与其他学术和社会学习目标相融合。

### 10.4.2 信息素养主体与外界的互动

#### 1. 善于利用各种资源拓展信息素养的应用

在学校开设的实验课堂或课程中,适应翻转课堂的形式。在课外要掌握相关信息及研究作业,从而可以应用概念并跟随教师从事合作课题。要在实验课堂或其他服务中完成多媒体设计和制作,将自己看作既独立又相互合作的信息制造者。在课程中通过多样化的形式和方法进行有效的互动、评价、制造和分享信息。要在教师的课程加强运用信息素养"框架要素"里的知识实践和行为方式。要善于利用学校的相关资源,有效提升信息素养,在学习与科研中成为内容创造者。

#### 2. 信息技术对于信息素养的影响

面对网络和现实世界提供的海量信息,大学生应该注意到在学科中需要掌握哪些专业信息技能,如使用第一手资料,获取并管理大数据集。大数据对于学生的影响不仅表现在个体所获取的数据、信息量逐渐增加,而且也推动个体增强数据意识、数据获取、数据分析、数据利用等方面的能力。由于人工智能技术的推动,把人、物理世界、智能机器、虚拟信息世界构成四元世界,信息素养需要结合人工智能素养,扩展到人机共存且虚实并行的知识、能力、素养和人格的全方位综合素养。

#### 3. 阅读在信息素养中的不可或缺性

《高等教育信息素养能力标准》的第三个标准,即有信息素养的学生评估信息和它的出处,然后把挑选的信息融合到他们的知识库和价值体系。这就要求学生阅读原文,汲取要点,并能够用自己的语言重述原文思想,然后准确挑选数据,找出信息产生时的文化的、物质的或其他背景信息,并认识到上下文对诠释信息的影响。可见信息素养与阅读密不可分。

当前的阅读发生很大的变化。学生在阅读结构严谨的细致作品,或是精简扼要的论文,或是需要运用严密思考的章节方面还有不小差距。巨量的信息不见得能提高学生的理解力。阅读除了兴趣之外,一定是主动的阅读,另外需要阅读技巧。阅读一方面是为了获得资讯,另一方面是为了求得理解。阅读使得学生了解这个世界以及自己,让学生更懂得生命,变得更有智慧,而不只是更有知识。

### 10.4.3 信息素养的超越

#### 1. 从信息素养到个人的信息世界

尽管大学生在同一个校园,理论上他们的"个人信息世界"不会有很大差异。但是个人信息世界的动力、智识边界、基础信息源、信息资产等方面仍有差距。大学生在知识传授过程中与教师、知识之间的交互作用模式,以及面对教育过程中知识传授的深度、广度、准确度及易学度等方面仍有个体差异。大学生在学校里要有意识提升目的性信息实践的动力，尽量扩展个人信息世界的边界，丰富个人信息世界的内容。

**2. 从信息素养到核心素养**

《面向未来：21世纪核心素养教育的全球经验》研究报告中提出：较之中等及以下收入经济体，高收入经济体更加关注信息素养、创造性与问题解决、跨文化与国际理解，特别是自我认识与自我调控。而中等及以下收入经济体更加重视科技素养、艺术素养、环境素养，特别是学会学习与终身学习。这也是在提倡信息素养的同时，提醒学生面对日新月异的社会与经济变革，思考从信息素养的提升到核心素养的全面培养，以更好地适应21世纪的工作与生活。

# 小 结

信息素养是"互联网+"时代必备的素养，信息素养教育对于用户的创新能力培养以及未来的发展高度都有重要影响。在当今时代背景下，大学生的信息素养要求变得越来越高，这就需要高校图书馆有一个实际的规划与长远的目标，在发挥信息素养教育的主导作用、做好文献检索以及传递信息资源的基础上，不断拓展培养内容、升级培养平台、创新培养手段，持续提高服务水平与服务能力。本章分别以大数据、人工智能、阅读为切入点，在对三者进行概念剖析的基础上梳理了信息素养的时代内涵；同时，从大数据、人工智能、阅读的技术与形态层面，对信息素养培养面临的新机遇、新挑战进行了归纳；最后从大数据、人工智能、阅读提升用户信息素养实践的角度详细剖析了相关典型案例，并重点展望了大学生信息素养提升的趋势与对策。

# 思考练习

1. 阅读全文：黄如花，钟雨祺，熊婉盈.国内外信息素养类MOOC的调查与分析[J].图书与情报，2014(12)：1-7。了解信息素养类MOOC的教学内容、互动模式、证书奖励、资金使用情况，思考：从国内与学校两个层面分析制约信息素养MOOC建设的阻碍？提出信息素养MOOC建设的应对策略？

2. 无人驾驶、人脸识别、远程医疗等技术及产品的出现，标志着人工智能在不同行业的应用逐渐成功落地，未来人工智能技术也将更深更广地融入人类的生产生活。请分别从搜索引擎与信息推荐两个角度分析人工智能技术的应用前景？

3. 2014—2020年，"倡导全民阅读"连续七次写入政府工作报告，国内年度好书的评选也日渐流行，请从纸质媒体、网络媒体、第三方机构三个角度检索出近三年的年度好书榜及其书目？

# 参考文献

[1] 安兴茹，周咏仪. 检索效果评价的数学模型研究[J]. 情报杂志，2007(1)：61-63，66.

[2] 白晓晶，张春华，季瑞芳，等. 新技术教学驱动教学创新的趋势、挑战与策略——2017地平线报告(基础教育中文版)[J]. 中国现代教育装备，2017(18)：1-20.

[3] 北京爱琴海乐之技术有限公司. NoteExpress[EB/OL]. http://www.inoteexpress.com/aegean/index.php/home/ne/index.html.

[4] 伯顿·克拉克. 高等教育新论：多学科的研究[M]. 王承绪，等，译. 杭州：浙江教育出版社，2001.

[5] 伯尼·特里林，查尔斯·菲德尔. 21世纪技能：为我们所生存的时代而学习[M]. 天津：天津社会科学院出版社，2011.

[6] 布朗·马克. 数字素养的挑战：从有限的技能到批判性思维方式的跨越[J]. 肖俊洪，译. 中国远程教育，2018(4)：42-53.

[7] 陈航. 学术期刊论文关键词的规范化问题[J]. 航海教育研究，2006(1)：110-112.

[8] 陈凯泉，何瑶，仲国强. 人工智能视域下的信息素养内涵转型及AI教育目标定位：兼论基础教育阶段AI课程与教学实施路径[J]. 远程教育杂志，2018(1)：61-71.

[9] 陈利燕. 助推大学生信息素养提升创新模式研究——以红色经典阅读为例[J]. 晋图学刊，2019(2)：33-35.

[10] 陈松云，何高大. 新技术推动下的学习愿景和作用——2017《美国国家教育技术计划》及启示[J]. 远程教育杂志，2017(6)：21-30.

[10] 陈幼华. 交图·安泰书道计划——融合创新型大学新生阅读培育项目[J]. 上海高校图书情报工作研究，2019(4)：33-35.

[12] 陈悦，陈超美，胡志刚. 引文空间分析原理与应用[M]. 北京：科学出版社，2015.

[13] 高萩蘋. 智库理念下公共图书馆参考咨询服务模式探析——以厦门市图书馆为例[J]. 河南图书馆学刊，2020(3)：16-17.

[14] 国家知识产权局. 文献服务[EB/OL]. https://www.cnipa.gov.cn/col/col1438/index.html.

[15] 韩丽风，王茜，李津，等. 高等教育信息素养框架[J]. 大学图书馆学报，2015(6)：118-126.

[16] 侯海燕. 科学计量学知识图谱[M]. 大连：大连理工大学出版社，2008.

[17] 黄如花，李白杨. MOOC背景下信息素养教育的变革[J]. 图书情报知识，2015(4)：15-17.

[18] 黄如花. 信息检索[M]. 武汉：武汉大学出版社，2012.

[19] 居占杰，李平. 研究生学术不端行为的成因及对策研究[J]. 研究生教育研究，

2014(4)：27-31.

[20] 李达顺，陈有进，孙宏安，等. 社会科学方法研究[M]. 北京：中国国际广播出版社，1991.

[21] 梁修娟. 科学知识图谱研究综述[J]. 图书馆杂志，2009(6)：58-62.

[22] 芦晓红，李旭，刘皓. 基于智慧图书馆的大数据分析与决策支撑平台建设[J]. 信息技术与信息化，2020(5)：246-247.

[23] 陆丹. 中国新闻传播学教育研究的知识图谱：2000—2014[M]. 武汉：武汉大学出版社，2016.

[24] 马费成，张勤. 国内外知识管理研究热点——基于词频的统计分析[J]. 情报学报，2006，25(2)：163-171.

[25] 马建平，李伏秀. 也谈关键词的正确标引[J]. 三峡大学学报，2009(12)：212-214.

[26] 孟广均. 信息资源管理导论[M]. 3 版. 北京：科学出版社，2008.

[27] 秦铁辉. 专业论文写作谈[J]. 图书与情报，2003(2)：24-28.

[28] 邱均平，王曰芬. 文献计量内容分析法[M]. 北京：国家图书馆出版社，2008.

[29] 邱均平. 信息计量学第五讲文献信息词频分布规律——齐普夫定律[J]. 情报理论与实践，2000(5)：77-81.

[30] 邱均平. 信息计量学[M]. 武汉：武汉大学出版社，2007.

[31] 任俊霞，曹君. 大数据时代高校信息素养教育体系创新研究[J]. 图书情报工作，2014(6)：236-237.

[32] 师曼，刘晟，刘霞，等. 21 世纪核心素养的框架及要素研究[J]. 华东师范大学学报(教育科学版)，2016，34(03)：29-37，115.

[33] 王昌度，熊云，徐金龙，等. 科技期刊论文关键词标引的问题与对策[J]. 编辑学报，2003，15(5)：349.

[34] 王孟博，柳青. 大数据时代下信息素养教育浅析[J]. 长春教育学院学报，2019(1)：65-68.

[35] 王琪. 撰写文献综述的意义、步骤与常见问题[J]. 学位与研究生教育，2010(11)：49-52.

[36] 王爽，陈俊杰，肖铮，黄国凡. 应用阿里云搜索服务构建图书馆站内搜索引擎[J]. 现代图书情报技术，2013(6)：86-87.

[37] 王绪本，向玉凡. 科学研究视域下的研究生学术道德规范探析[J]. 学位与研究生教育，2010(4)：37-40.

[38] 王燕. 思维导图在本科生毕业论文写作中的运用[J]. 教育理论与实践. 2012，32(12)：40-42.

[39] 吴朝晖. 交叉会聚推动人工智能人才培养和科技创新[J]. 中国大学教学，2019(2)：4-8.

[40] 吴永华. 农业科技期刊关键词标引质量控制[J]. 农业图书情报学刊，2012，24(7)：186.

[40] 许洁. 学术论文中几种常见的摘要写作误区[J]. 宜宾学院学报，2012(4)：97-99.

[42] 薛薇. SPSS 统计分析方法及应用[M]. 北京：电子工业出版社，2013.

[43] 杨倩倩，徐晓东. 国外中学计算思维教育案例分析[J]. 教育信息技术，2015(7)：27-30.

[44] 叶鹰. 信息检索：理论与方法[M]. 北京：高等教育出版社，2015.

[45] 于良芝. 个人信息世界——一个信息不平等概念的发现及阐释[J]. 中国图书馆学报，2013(1)：4-12.

[46] 于雅楠，顾萍. 高校云服务信息素养教育实践研究——以南方医科大学图书馆为例[J]. 图书馆学研究，2017(11)：12-15.

[47] 张怀涛，岳修志，刘巧英，赵春辉. 信息检索简编[M]. 2 版. 武汉：武汉大学出版社，2020.

[48] 张庆宗. 文献综述撰写的原则和方法[J]. 中国外语，2008(7)：77-79.

[49] 钟义信. 信息科学原理[M]. 5 版. 北京：北京邮电大学出版社，2013.